法之界，思無疆
黑駿馬法學漫畫

吴情树 著

法律的续章

知识产权出版社
全国百佳图书出版单位
—北京—

图书在版编目（CIP）数据

法律的续章/吴情树著.—北京：知识产权出版社，2024.5
（黑骏马法学漫丛）
ISBN 978-7-5130-9299-9

Ⅰ.①法… Ⅱ.①吴… Ⅲ.①法律—随笔—中国—文集 Ⅳ.①D92-53

中国国家版本馆 CIP 数据核字（2024）第 009859 号

责任编辑：庞从容　　　　　　　　责任校对：王　岩
执行编辑：赵利肖　　　　　　　　责任印制：刘译文

法律的续章

吴情树　著

出版发行	知识产权出版社 有限责任公司	网　　址	http://www.ipph.cn
社　　址	北京市海淀区气象路 50 号院	邮　　编	100081
责编电话	010-82000860 转 8726	责编邮箱	pangcongrong@163.com
发行电话	010-82000860 转 8101/8102	发行传真	010-82000893/82005070/82000270
印　　刷	三河市国英印务有限公司	经　　销	新华书店、各大网上书店及相关专业书店
开　　本	880mm×1230mm　1/32	印　　张	10.375
版　　次	2024 年 5 月第 1 版	印　　次	2024 年 5 月第 1 次印刷
字　　数	250 千字	定　　价	68.00 元
ISBN 978-7-5130-9299-9			

出版权专有　侵权必究
如有印装质量问题，本社负责调换。

感谢北京市京师（泉州）律师事务所与华侨大学法学院对本书出版的资助

序

行走在理想与现实之间

行走在理想与现实之间

从去年年底到今年年初，情树兄几次郑重地邀请我为其学术随笔集《法律的续章》作序。起初，我以为是他未经慎重考虑随口一提。在当前对于著作的"序"以及作序人似乎有约定俗成的定位背景下，我一直不敢应承。因为在年龄上，情树兄是兄长；在资历上，他比我早几年来华大法学院工作；在专业上，虽然多有讨论、偶有合作，但毕竟我们专业方向有别。可他以曾为我的专著写过书评、学术随笔集不是专著，甚至举了学界有年轻学者为前辈学者写序的理由和例证来劝说我，我想，要是再拒绝就显得有点矫情了，却之不恭，不如欣然从命。情树兄为了减轻我的压力，跟我说就写写我们的交往与印象，那我就撷取同事十多年来令我印象深刻的零碎片段，记录我对其为人为文的主观印象，权当为序。

"文如其人"这一规律在学术随笔这种文体中体现得淋漓尽致。《法律的续章》的书稿，是作者十年来写作发表的文章的合集，虽然里面的多篇文章在作者的微博、微信公众号等陆续阅读过，当这些短文汇集到一起时，给我印象最深刻的首先还不是观点或内容，而是整体呈现出的朴实无华、直陈观点、直抒胸臆的语言风格。即使是法治沉思、司法观察、热点冷议等栏目的文章，作者也是在简约素描后旋即转入法律问题分析，没有那么注重叙事技巧和修辞手法，这似乎也不是作者的追求。这种平实为文的风格，是作者性格的直接体现。

认识并熟悉作者的人，应该对其"直性子"印象深刻。在日常交往中，尤其是专业问题的讨论中，情树兄都不会客套，而是没有铺垫、开门见山地表达观点，再加上其勇于表达的性格、喜欢发声的习惯以及声音极具穿透力的特质，往往是"怼人"而不自知。我刚来华侨大学（以下简称华大）法学院工作时，有些惊讶怎么有这样一位说话"不留情面"的同事。但随着时间日久，我也熟悉并欣赏他"对事不对人、所说即所想"的风格，跟他的交往也就因简单直接而感到愉快了。这么多年来，仅因为我也坚持并还算勤奋地写作，他就隔三差五地给我发其各类文章（主要是各类法治时评、引经据典的辩护意见书等，偶有学术论文），让我给他提意见，我也是有想法就直接回复，没有想法就不搭理，甚至都不需要客套的解释。因此，翻看着《法律的续章》的书稿，这些平实通俗的文字，展示了作者真实的情感、真诚的表达。

作者是一位有法治热忱和平民情怀的人。通过系统阅读《法律的续章》的书稿，能够强烈感受到作者对我国的法治事业有满腔热忱，对人民群众饱含深情。这首先体现在书稿中用不少篇幅对"以人民为中心""法治的核心价值在于良法善治""依法治国的核心要义在于规范国家公权力"等法治理念、法治精神的重申与阐释，这些观点是常识，但作者在文章中结合法治实践提醒在法治建设高歌猛进中不能忽视了法治常识。作者的法治热忱还体现在，虽然他在书稿中、在平常交往中坦承，他花不少时间精力从事司法实务是"为稻粱谋"，但也不止步于此，他经常说会把每个案件都当作学问来研究，把每一篇辩护意见都当作学术论文来写作，常见到他的辩护词充满了学术论文式的脚注，书稿中的多篇文章是他从代理案件中提炼出的法律问题。"第二辑司法观察"以及其他部分的多篇文章是书稿中闪烁着实践智慧的光芒、饱含着推进"具体法治"期许的文字。作者还对鲜活的法治实践抱有极大热情，敏感于时事热点中蕴含的法治命题。十年来法治中国建设中的重要节点，比如员额制改革、废止劳教制度、法律职业资格考试等，作者均撰文评论；《"鸟事"何以重判》《医生误把活人宣告死亡而被送往殡仪馆是否构成犯罪》等文章则是对近些年来社会上发生的引起较大社会关注与争议的法治热点事件进行的专业评析。

立德树人是教育的根本任务，培养高素质法治人才是法学教育的重要使命。作者对法治事业的热忱还体现为他对刑法教学的高度重视，他在"执教断想"的多篇文章中，既有对如何处理好法学知识教学与司法实践的关系、法科学生如何提高自身的综合素质、在职法律硕士教育等法学教育理念与机制的宏观思考，也有刑法实践教学新模式、法考考生如何应对主观题考试、如何拓展"刑法分论"课堂的广度和深度等教学方式方法的微观观察与实践探索。

作者的勤奋也令人印象深刻。《法律的续章》一书中的不少文章是由作者十年来发表在《检察日报》《法治日报》《人民法院报》等报纸上的文章结集而成，这些报纸上的短文累积成近二十万字的书稿，是作者近十年笔耕不辍、积少成多的成果，仅是这种持之以恒的精神就令人敬佩。我刚来华大法学院工作时发现情树兄的办公室堆满了各种资料，他说他数年来坚持复印每一期的各种法律核心期刊上的所有刑法论文并系统阅读。尽管他一边从事着司法实务，办理案件，但在平时聊天时，发现他对我国刑法学界学术名家的著述及学术观点、研究动态等如数家珍。他说必须始终保持着与刑法学界的联系，要了解刑法学界研究的动向，这从书稿中的"第三辑 刑法时评"中的《刑法教学中的学派介绍》《刑法学派之争与学者的友谊》《犯罪成立四要件论与阶层论的比较》等文章中也能体现。这对刚博士毕业走上教学科研岗位的我触动很大、启发很多。虽然，在网络时代，收集研究资料、把握学术动态不一定都要通过这种方式，但这种"笨办法"体现出作者对专业的挚爱、对学术的敬畏以及勤奋的底色，依然令人感动。

陈兴良教授为作者的第一本学术随笔集《法律的断章》所作序言题为"期待'高头讲章'早日问世"。刘仁文教授在该书序言中"善意提醒"，"在写好短文的同时，也要写好长篇学术论文，甚至专著"。学界前辈的关爱和期许，是对作者的激励与鞭策，数年来，我听作者跟我多次提及要写好"高头讲章"。十年后，他拿出了《法律的断章》的续篇，即本书《法律的续章》。大概在六年前，我与几位年轻同事在学院发起了"学术午餐会"，到现在已举办了近五十期，情树兄是参与最积极且受益最多的人之一，他在"午餐会"上分享的多篇论文经讨论修改后陆续在《法学》《河北法学》《中国地质大学学报（社会科学版）》等期刊上发表。这些年来，他笔耕不辍，成果不断，但他的"高头讲章"与他的学术激情、学术积累与勤奋程度尚不匹配，这是他自己认识到并在交流时主动提出来的问题。他热爱专业、有志于学术，在日常交流中能感受到他的学术激情。与此同时，他说他出于生活所需、经济压力，他要花大量时间和精力于法律实务，在现实中又能感受他时常处于在学术理想与生活现实之间反复撕扯的心理状态。本质上，法学理论与法律实务之间并非二元对立，而是双向发展、互动促进的关系，现实中，却的确存在重心选择的差异。人生一直要在诗和远方与眼前的苟且之间犹豫，学术人生难免要在理想与现实之间撕扯，人生充满了选择，作出了选择也就内心安稳了。祝贺情树兄《法律的续章》出版，祝福情树兄早日内心安稳并再创佳绩。

华侨大学法学院教授、院长　刘超
2023 年 4 月

目录

序

行走在理想与现实之间　iii

第一辑　法治沉思

以人民为中心的法律实践展开　003

法治与人治的分水岭和试金石　009

学习十九大报告，推进合宪性审查　011

法治社会是构筑法治国家的活水源头　014

实现国家治理体系现代化的法治思维　017

依法治国的核心要义在于规范国家公权力　021

法治的核心价值在于良法善治　023

普及现代法治的基本常识　025

法治是一个良性的信任系统　028

"重新做人"与规则的意义　032

法律人应该有设身处地的公共理性情怀　036

如何做一个有灵魂的法律人　040

法律人的职业尊荣感在哪里　044

感悟佛学思想中的法律精神　047

超越法律的工具价值　051

如何认识和预防冤假错案　055

正视刑事法治的代价　061

第二辑　司法观察

严惩司法掮客　纯净司法生态　067

开设赌场罪中的"情节严重"的认定　070

亲民司法入社区，无讼解忧展天地　073

不起诉决定书应重视和记载律师的信息和辩护意见　077

起诉书和判决书应全面评价罪数形态中的各罪　082

热剧《底线》中刑事案件审理的启示与借鉴　087

在简易程序案件中，律师能否作细化的量刑辩护　094

证人（警察、专家）出庭"作证难"，难在何处　098

要彻底终结"留有余地"的判决　102

从《刑事诉讼法》规定"应当"一词引发的联想　107

法律职业共同体内部成员的转换与培训　112

案件质量终身责任制的职业保障　116

法院内部法官独立的断想　120

善待法官就是善待法治　124

律师在依法治国中的责任和使命　128

漫谈刑事辩护律师的作用　132

第三辑　刑法时评

刑法学人的内功心法与外在坚守　139

刑法教学中的学派介绍　147

刑法学派之争与学者的友谊　149

国外犯罪成立理论简介　151

我国传统四要件犯罪成立理论及改造　158

犯罪成立四要件论与阶层论的比较　167

犯罪成立理论的思维及基本要素　173

正当防卫的法律规定及适用偏差　177

正当防卫案件认定偏差的原因　181

无限防卫的提法准确吗　186

刑法中因果关系的判断　190

从刑罚的目的看反腐败效果的三重境界　195

量刑结论如何说理论证　200

"拐卖儿童罪一律判处死刑"不符合法律理性　204

收买被拐妇女儿童者，可以同情但必须治罪　208

要对网络虚假信息多一份注意　211

如何理解帮助信息网络犯罪活动罪的主观"明知"　214

第四辑　热点冷议

医生误把活人宣告死亡而被送往殡仪馆是否构成犯罪　221

什么样的"点餐"系侦查行为而不可诉　225

司法正义的网络营销　230

"鸟事"何以重判　234

废止劳教制度的法治意义　240

一条狗引发的执法争议　243

从《底线》中的方远看法官的"道德洁癖"　247

第五辑　执教断想

如何处理好法学知识教学与司法实践的关系　253

在职法律硕士教育的思考　256

刑法实践教学新模式的探索　259

法学教育应重视学生综合素质的培养　262

法科学生如何提高自身的综合素质　265

法学教育如何应对法律职业资格考试的改革　267

法考考生如何应对主观题考试　270

如何拓展刑法分论课堂的广度和深度　273

在考试中加强学生能力考核　276

刑法教学中如何评定学生的平时成绩　279

法科学生要带着什么去实习　281

第六辑　青春记忆

1995年：我傻傻地去读大学　287

生死与共的研究生时代　291

日本著名刑法学家山中敬一教授武大讲学记　296

深切怀念我的刑辩启蒙老师李明律师　304

海峡两岸法学交流的点滴故事　308

后　记　313

第一辑

法治沉思

以人民为中心的法律实践展开

2012年12月4日,习近平总书记《在首都各界纪念现行宪法公布施行30周年大会上的讲话》明确指出:"我们要依法公正对待人民群众的诉求,努力让人民群众在每一个司法案件中都能感受到公平正义,决不能让不公正的审判伤害人民群众感情、损害人民群众权益。"随后,"努力让人民群众在每一个司法案件中都能感受到公平正义"成为全国法院的司法指导理念和崇高追求而被镌刻在法院显要位置的墙壁上。2021年7月1日,习近平总书记《在庆祝中国共产党成立100周年大会上的讲话》中明确指出:"江山就是人民、人民就是江山,打江山、守江山,守的是人民的心。中国共产党根基在人民、血脉在人民、力量在人民。"2022年10月16日,习近平总书记在党的二十大报告中再一次明确指出:"江山就是人民,人民就是江山。中国共产党领导人民打江山、守江山,守的是人民的心。……"

人民,应该是习近平总书记在各种场合讲话中提到频次最多的一个词。"以人民为中心,人民至上,为人民服务,对人民负责"是习近平总书记一直强调的我们党执政的最高理念和崇高理想,也是我们任何一个党员干部应有的家国情怀和赤子之心。我国《宪法》第2条明确规定:"中华人民共和国的一切权力属于人民。"第27条第2款规定:"一切国家机关和国家工作人员必须依靠人民的支持,经常保持同人民的密切联系,倾听人民的意见和建议,接受人民的监督,努力为人民服务。"第41条明确规定:"中华人民共和国公民对于任何国家机关和国家工作人员,有提出批评和建议的权利;对于任何国家机关和国家工作人员的违法失职行为,有向有关国家机关提出申诉、控告或者检举的权利,但是不得捏造或者歪曲事实进行诬告陷害。"由此看出,人民才是我们这个国家至高无上的主人,民主是法治的发动机。但由于人民首先是一个抽象的政治概念,指的是一个群体,而不是个体,在法律实践中必须还原为具体的公民概念才有真实的内容,才能将"人民"这个抽象的词汇贯彻落实到每个具体公民的身上。因此,"以人民为中心,人民至上,对人民负责",本质上就是国家机关活动必须以每个公民为中心,每个公民至上,对每个具体的公民负责。反过来,每个公民对国家负有纳税的义务。《宪法》第56条规定:"中华人民共和国公民有依照法律纳税的义务。"公民必须向国家纳税,国家机关有了财政收入,才能更好地为每个公民提供良好的公共服务产品,更好地为人民服务。

但在我们现实生活中,一些人就是没有把"人民"这个抽象的概念还原为具有具体内容的公民概念,导致许多法律、法规或者政策在执行中发生了偏差,没有实现对每个公民负责的良好效果。在一些公共事件中,个别领导干部只是在口号上高喊"为人民服务,对人民的生命负责",而没有把每个具体的、有血有肉的公民看作人民的一分子,所谓的为人民服务,其实就是为具体的张三、李四、王五等公民服务。这反过来说明了我们这些领导干部内心深处只有抽象的人民概念,缺乏具体的公民概念,对具体的个体公民的生命缺乏敬畏之心，满脑子只有抽象、空洞的人民的概念！我们学法之人始终都要牢记："个体公民生命紧迫的危险＞抽象的人民健康安全！""紧急时法律让位于人的生命"，这个就需要价值判断和法益衡量，我们总不能一边高喊"为人民服务，对人民的生命健康负责"，一边在面对一个活生生的公民个体说："你不是人民，我不是为你服务，我是为人民服务！"如果一个个公民的个体不存在，人民又在哪里？

在现代法律和法治视野中，一个国家、一个社会的法治文明程度不是看他如何保障强者的合法权利，而是看他如何善待弱者，保障弱者的合法权益，让弱者更有尊严和更有保障地生活，如果一个国家的政府和全社会的公民都能够善待弱者，保护弱者，让他们能够有尊严有体面地生活，那么，那些强者的生活也更有尊严和更有体面。因为道理很简单，所谓的强者和弱者也是一个相对的概念：一个领导在下属面前是强者，但在更高的领导面前又是弱者；掌权者在无权无势的百姓面前是强者，但是在强大的国家公权力体系和上级领导面前，又是弱者。强与弱并没有绝对的界限，也不是永恒的，强者可以变弱者，弱者同样可以变强者。例如，古代那些农民起义领袖，起义成功前，是弱者，一旦成功登上大位就变成强者，而原先的统治者——皇帝本来是强者，后面就遭到起义者的屠杀，又变成弱者。法律要保护人民，首先要保护这些弱者，保护每个具体的弱者，我们才会出台了许多保护弱者的专门法律，例如《妇女权益保障法》《反家庭暴力法》《老年人权益保障法》《未成年人保护法》《残疾人保障法》等，保护了他们的合法利益，其实也是在保护所有人的合法权利。因为每个人都是母亲生的，每个家庭都有妇女，每个人都会从未成年走向老年，每个人都可能遭遇不幸而成为残疾人。因此，一部良好的法律或者说一个良好的法治国家，一定特别强调保护这些弱者,才能维护强者与弱者之间的平衡,才能避免人类社会沦为"弱肉强食"的丛林社会,才能避免社会解体,才能推动社会良性向前发展。

在刑事案件中,公民虽然犯了罪,但也是人民的一分子,在强大的国家机器面前,他们也是弱者,我们也要保护这些弱者,也要保障这些人民的合法权利。刑事辩护被俗称为"坏人"辩护,保障"坏人"的诉讼权利。一些人可能对此不理解。其实道理很简单,如果"坏人"的合法权利能够得到法律的保障,那么,好人的合法权利更容易得到法律的保障。如果他们的权利得不到有效保障,那么,好人也会有危险,因为好人和坏人并不是绝对的,好人也可能在不经意间变成"坏人","任何一个公民都是潜在的犯罪嫌疑人",保障了犯罪嫌疑人的合法权利,就是在保障所有人的合法权利。

在刑事诉讼中,对于公检法人员而言,律师也是人民,善待律师就是善待人民,服务律师,就是服务人民。在刑事诉讼过程中,以人民为中心自然要求公检法的办案人员能够重视律师,认真倾听辩护人的辩护意见,看看律师有什么看法和观点,这样,就能保证自己更加全面地思考案件,避免办错案,毕竟自己要对案件质量承担终身的责任。办案人员听听律师意见不仅没有坏处,还有好处,能够更加集中地去阅卷和思考案件的焦点和问题所在。可以说,一个能够主动打电话找律师要辩护意见、愿意听取律师意见的法官和检察官,一定是一个愿意对案件质量负责的优秀、明智的法官和检察官!而一个地方的司法文明程度,主要是看公检法办案单位对待律师的态度,如何对待律师的辩护意见。凡是越愿意认真听取律师的辩护意见的地方,这个地方的司法一定越开明,司法文明程度一定更高,反之,这个地方的司法越保守,司法文明程度也就越低。而这个又与当地公检法"一把手"的观念和法律专业水平的高低有着很大的关系，凡是法律专业水平和专业素养高，又重视法律和证据以及人权保障的领导，观念自然比较开明，司法文明程度自然就比较高。

例如，许多律师就普遍反映，江浙一带的司法文明已经走在全国的前列。我一个律所同事去浙江温州办案件回来之后常常感慨万千，时常向我提起他在温州办案的经历。某个女检察官看了辩护人的联系方式后，主动加微信，主动告诉自己的手机号码，并让律师好好研究案件，提出辩护意见。其实这个道理很简单，对律师的友好和重视，说明他们愿意听取反面的辩护意见，而这就需要办案人员宽阔的胸怀和很高的职业修养。

但在现实司法实践中，还是有一些公检法的办案人员不重视律师，不爱听律师的辩护意见，不愿意当面沟通，当律师给他们打电话，要求当面沟通的时候，他们总喜欢说"你们把书面意见邮寄过来就可以了"。可是，这是"看取"辩护意见，不是"听取"辩护意见。我国《刑事诉讼法》明确规定，办案人员要"听取"律师的辩护意见，如果不当面沟通，又如何"听取"？这种办案态度，本质上还是一种对人民和对案件质量不负责的态度。2023年3月2日，最高人民检察院、司法部、中华全国律师协会联合印发《关于依法保障律师执业权利的十条意见》（以下简称《意见》），《意见》第4条就明确规定：人民检察院听取律师意见，应当坚持"能见尽见、应听尽听"原则，充分保障律师向办案部门反映意见的权利。人民检察院拟决定或者批准逮捕犯罪嫌疑人的，应当在作出决定前征询辩护律师意见。拟当面听取律师意见的，应当由检察官或者检察官助理在专门的律师会见室进行，并配备记录人员，完整记录律师意见和工作过程。当面听取律师意见有困难的，可以通过书面、电话、视频等方式进行并记录在案。

在办案中，办案机关把承办人员的姓名和办公电话告诉律师其实也是一种义务，也是一种对人民负责的态度。有一次，我让律师助理去某检察院阅卷，交代他问一下承办检察官的姓名和办公电话，案管人员一看是年轻律师，不肯告诉。可是，因为辩护人有申请回避的权利，如果律师不知道承办人是谁，也不知道办公电话，如何知道其与案件是否存在影响司法公正的关系，又如何行使辩护人的回避申请权利，又如何与检察官沟通，让其听取意见呢？对此，《意见》第2条明确规定："……办案人员的姓名及联系方式也应向辩护律师提供。"只有这样，才能保障律师申请回避的权利不受限制，也能方便律师与办案人员沟通，让办案人员能够有机会听取律师的意见。

总之，"以人民为中心"不是简单的一句口号，而是富有内涵的一种执政理想和家国情怀，我们任何时候，做任何事情都要考虑人民的利益，将人民的概念还原为具有具体内容的公民概念，实现对每个公民负责，对每个当事人负责，保障每个公民的合法权益，因为我们每个人都是老百姓，都是公民。

法治与人治的分水岭和试金石

美国最高法院大法官道格拉斯曾说:"权利法案的绝大部分条款都与程序有关,这绝非毫无意义。正是程序决定了法治与随心所欲或反复无常的人治之间的大部分差异。坚定地遵守严格的法律程序,是我们赖以实现法律面前人人平等的主要保证。"法谚有云:"程序是法治和恣意而治(人治)的分水岭。"

在我国司法实践中,一直以来,坊间常常说的一句话:"大案讲政治,中案讲影响,小案讲法律。"事实上,只有大案和中案也都讲法治了,才是真正的法治,我们千万不要把讲政治与讲法治对立起来,否则,离开了法治和法律讲政治,其实就是一种人治。现实生活中,没有一种离开政治的法治,也没有一种脱离法治的政治。我们当下中国,最大的政治,就是人人讲法律、守规矩、讲法治,就是为人民谋幸福,为中华民族谋复兴,就是用法律保障每个具体公民的合法权利。

事实上,从历史来看,判断古代法制与现代法治的区别不在于大多数案件是不是依法办案,而是要看极少数重大、敏感、复杂案件是不是也是依法办案?而这才是一个判断古代法制与现代法治的试金石,也是区分古代人治专制社会和现代民主法治社会的分水岭。

因为在古代法制中，大多数时间内，大多数案件也还是依法办的，办案人员也是有强调基本的公平正义的，整个社会的公平正义也是有了基本保障的，否则，一个朝代不可能存续几百年。但不能由此就将古代社会称为法治社会。因为在古代，权力，尤其是皇帝的权力往往游离在法律之外，还有不少官僚集团享有大量的特权。其中，法律更多的是用来对付老百姓、管理老百姓的，而不是老百姓用来约束掌权者、控制掌权者手中权力的。总是还有一些重大、敏感、复杂案件不是依法办的，而是依照某个领导的意志办理的，或者是根据某个长官的好恶和利益来办的；因此，这样的社会无论如何都不能称之为法治社会，是人治社会和专制社会。在现代法治国家和法治社会中，法治首先用于治官治吏，法律用于约束他们的公权力（任何一个法律规范既是裁判规范，又是行为规范，因此，同时约束所有人的行为）。

因此，如果那些重大、敏感、复杂的大案或者中案也能够讲法治，根据法律来处理，即使是重大的政治问题，也能转化成法律问题，"政治问题法律化，法律问题技术化"，通过司法的技术分析来解决，那才是现代法治国家和法治社会的标志。海明威曾说："所有人其实就是一个整体，别人的不幸，就是你的不幸，不要以为丧钟为谁而鸣，它就是为你而鸣的。"我们每个人都是整体的一部分，我们是一个人类命运共同体，面对他人的不幸和遭遇，我们要同情他，支持他，因为他的今天也可能是我们的明天。面对法律适用的不公，我们每个人都要站出来呐喊几声，因为那个不公可能随时都会落到自己的头上来，这是法律人应有的一种精神品格。

学习十九大报告，推进合宪性审查

2017年10月24日，党的十九大在北京胜利闭幕，表决通过习近平总书记代表第十八届中央委员会所作的《决胜全面建成小康社会，夺取新时代中国特色社会主义伟大胜利》的报告（以下简称《十九大报告》）。习近平总书记在《十九大报告》中首次明确提出："要加强宪法实施和监督，推进合宪性审查工作，维护宪法权威。"这是执政党第一次在党的权威文件中提到合宪性审查，表明中央高层已经充分认识到合宪性审查对一个国家法治建设、国家治理能力的提高以及治理体系的完善的重要性。这个论断和命题的提出，对于全面推进依法治国，建设社会主义法治国家具有重要和深远的意义，值得法学界深入学习和研究。

众所周知，宪法是我国的根本大法，是治国安邦的总章程，具有最高的法律效力。2014年11月1日，十二届全国人大常委会第十一次会议表决通过了全国人大常委会关于设立国家宪法日的决定，设立每年12月4日为国家宪法日。我国现行宪法于1982年12月4日正式实施，将这一天设立为"宪法日"，对于弘扬宪法精神，履行宪法使命，推进依法治国具有某种象征意义。

2015年7月1日，全国人大常委会又表决通过了《实行宪法宣誓制度的决定》（2016年1月1日起施行，以下简称《决定》）。《决定》要求从中央到地方各级机关的公职人员就职时必须公开实行宪法宣誓，誓词内容统一为："我宣誓：忠于中华人民共和国宪法，维护宪法权威，履行法定职责，忠于祖国、忠于人民，恪尽职守、廉洁奉公，接受人民监督，为建设富强民主文明和谐美丽的社会主义现代化强国努力奋斗！"宣誓仪式根据情况，可以采取单独宣誓或者集体宣誓的形式。单独宣誓时，宣誓人应当左手抚按《中华人民共和国宪法》，右手举拳，诵读誓词。集体宣誓时，由一人领誓，领誓人左手抚按《中华人民共和国宪法》，右手举拳，领诵誓词；其他宣誓人整齐排列，右手举拳，跟诵誓词。宣誓场所应当庄重、严肃，悬挂中华人民共和国国旗或者国徽。

如果说国家设立"宪法日"和实行宪法宣誓制度是在理念层面上弘扬宪法精神的话，那么习近平总书记在《十九大报告》中强调要加强宪法实施和监督，推进合宪性审查工作，维护宪法权威，则是由理念层面转向了现实层面，强调宪法的活力和可适用性，让宪法从纸面走向了我们的现实生活，以激发宪法的威力，保证国家法律体系的统一性和权威性。

在宪法学中，合宪性审查是一个国家全面推进依法治国，建设法治社会和法治政府的发动机，是一个国家法律体系的心脏。没有合宪性审查机制，就没有法治建设的心脏，法治建设就难以全面推进，法律体系就难以统一。因为要全面推进依法治国，建设社会主义法治国家，首先要保证一个国家法律体系的统一性，任何法律、行政法规、司法解释、地方性法规、部委规章以及地方政府规章等规范性文件，都不能违反宪法和法律的规定，都不能违背法治的精神，都不能侵犯人权。

而推进合宪性审查工作，维护宪法权威，首先要求国家制定一部"合宪性审查程序法",并根据该法设立一个具有最高权威性的合宪性审查机构。这个合宪性审查机构代表宪法,可以对任何政党(包括共产党)、组织、国家机关以及公民个人的违宪行为或者违宪的规范性文件进行审查。同时,要赋予一些特定的政党、组织、国家机关以及公民个人可以对违反宪法的规范性文件或者行为,向合宪性审查机构提起合宪性审查的申请。合宪性审查机构受理这些申请之后,对这些申请进行筛选,选择一些对于国家政治生活、公民个人生活以及社会发展具有重要引领意义的规范性文件和行为进行审查。必要的时候,可以引入宪法法庭,允许双方公开进行法庭辩论。合宪性审查机构根据法庭辩论的结果,宣布审查的结论,并强制要求违反宪法的政党、组织、国家机关和公民个人及时纠正,或者废止违反宪法的规范性文件,以保障国家法律体系的统一性,维护宪法的权威。

[发表于《华侨大学报》2017年10月31日第891期第2版"教坛广角"]

法治社会是构筑法治国家的活水源头

2020年12月7日,中共中央印发了《法治社会建设实施纲要(2020—2025年)》,这是我国法治社会建设的行动纲领,也是我国法治建设的近期目标。纲要共由七部分组成:第一部分是总体要求,主要阐述法治社会建设的指导思想、主要原则和总体目标;第二部分至第六部分,主要从推动全社会增强法治观念、健全社会领域制度规范、加强权利保护、推进社会治理法治化、依法治理网络空间等五个方面明确了当前法治社会建设的重点内容,提出了具体举措;第七部分是加强组织保障,主要就强化组织领导、加强统筹协调、健全责任落实和考核评价机制、加强理论研究和舆论引导等方面作出安排部署。

早在2020年11月3日,党的十九届五中全会就审议通过了《中共中央关于制定国民经济和社会发展第十四个五年规划和二〇三五年远景目标的建议》,明确将"基本建成法治国家、法治政府、法治社会"作为到2035年基本实现社会主义现代化远景目标的重要内容。11月16日至17日,中央全面依法治国工作会议提出了"习近平法治思想",并确立其全面依法治国工作的指导地位,对法治社会建设提出了新要求,作出了新部署。

法治社会是构筑法治国家的基础，法治社会建设是实现国家治理体系和治理能力现代化的重要组成部分，实现了这个近期目标，可以很好地为实现党的十九大提出的到2035年"基本建成法治国家、法治政府、法治社会"的法治建设目标打下深厚的社会基础。

迄今为止，相对于人治而言，法治是一种较优的国家和社会治理模式，它不仅是人类梦寐以求的理想图景，也是我们中国人长期以来苦苦追求的梦想。法治是国家治理体系和治理能力的重要依托，要坚持在法治轨道上推进国家治理体系和治理能力现代化。而要实现法治国家的理想图景，就需要有一个强大的法治社会，法治社会可以为法治国家的建设提供源源不断的活水源头，因为法治国家的建设植根于法治社会，没有法治社会的深厚土壤，就无法培育出有效的法治政府，也就没有法治国家可言。换言之，法治社会可以为法治国家的建设打造一个深厚的民众和社会基础，可以有效地规制和监督国家和政府公权力的运行，实现将公权力关进法治的笼子当中，保障公权力运行在法治的轨道上，实现公权力对私权利的保障。

《法治社会建设实施纲要（2020—2025年）》明确提出，要建设法治社会，就必须做到全民守法，这是法治社会的基础工程。全民守法就必须树立宪法法律至上，维护宪法权威，增强全民法治观念，培养法律面前人人平等的法治理念，培育全社会的法治信仰，打破法律之外有特权的错误观念。这就需要增强法治宣传教育的针对性和实效性，做到人人知法和守法，引导全国人民忠诚于宪法和法律，让民众普遍认为，遵守宪法和法律才是追求幸福生活的不二法门，努力做到人人是社会主义法治的忠实崇尚者、自觉遵守者、坚定捍卫者，使法治成为社会共识和基本原则，也让法治成为民众日常生活的一种习惯。只有民众习惯了法治，社会才能不断接近公平，这也是习近平法治思想的核心价值追求。这就需要社会民众在日常交往生活中，心中有法律，遇事找法律、靠法律，纠正遇事找关系的不良思想。法治社会建设越发达，法律之外的社会关系所发挥的作用将越微弱，最终实现将各种社会关系和社会矛盾的处理与治理都纳入法治运行的轨道。

但"徒善不足以为政，徒法不能以自行"，法治社会的建设是一个复杂的系统工程，法治社会的建设就必须加强社会建设领域的立法，加快建立健全社会领域法律制度，完善多层次多领域社会规范，强化道德规范建设，深入推进诚信建设制度化，以良法促进社会建设、保障社会善治。国家和地方政府要为公众和法治社会建设提供足够的法律服务产品，保证公民的任何权利受到侵害都有一套有效的救济手段。同时，要唤醒民众参与法治建设的权利意识，引导民众依法理性维权，尤其是在互联网发达的现代社会，网络空间不是法外之地，要推动社会治理从现实社会向网络空间覆盖，建立健全网络综合治理体系，加强依法管网、依法办网、依法上网，全面推进网络空间法治化，营造清朗的网络空间，这就要求每个人在互联网上"不信谣、不传谣"，不发表任何侮辱、诽谤性的言论，理性发言，依法讨论，远离各种网络诈骗、网络赌博等违法犯罪活动。同时，国家和地方政府要不断健全公众参与国家和地方重大公共决策机制，努力保障社会公众对国家和地方公共建设的知情权和参与权，保障行政执法中当事人的合法权益，加强人权的司法保障，引导民众相信司法，崇尚司法。

[发表于《华侨大学报》2020年12月29日第1011期第2版"教坛广角"]

实现国家治理体系现代化的法治思维

2013年11月，中共十八届三中全会提出"国家治理体系和治理能力现代化"的重大命题。有学者将这个概念简称为"国家治理现代化"，认为是继"工业、农业、国防和科学技术四个现代化"之后的"第五化"。那么，从法治的角度来看，应该如何通过法治实现国家治理体系和治理能力的现代化呢？笔者认为，应该从理念和制度设计上入手，实现法律参与社会治理的法治化和现代化。

一、要树立处罚法定原则的理念

在法治社会和法治国家中，始终要坚持这样一个基本现代法治原则，即对于国家公权力而言，只要法律或者法规没有授予的，任何机关和个人都不得行使；而对于公民个人而言，只要法律或者法规没有禁止，任何人都不受处罚。因此，国家机关要处罚一个公民，首先要有明确的法律依据，其中，包括处罚种类的法定、处罚机关的法定以及处罚程序的法定。例如，根据《立法法》的规定，对于限制和剥夺人身自由的处罚必须由法律规定，这里的法律是狭义的法律，只能是全国人大及其常委会通过的规范性文件，其他国家机关，包括国务院都没有权力制定这样的规范性文件。国务院以前颁发的《卖淫嫖娼人员收容教育办法》就违反《立法法》的规定，因为对公民进行收容教育也会限制和剥夺公民的人身自由。所以，2020年3月27日，时任国务院总理李克强签署国务院令，公布《国务院关于修改和废止部分行政法规的决定》，其中就包括《卖淫嫖娼人员收容教育办法》在内的10部行政法规被废止。

二、要坚持人身自由受剥夺或者限制必须接受司法审查的原则

在我国政治体制中，由于公安机关的权力过于强大和集中，很容易导致警察权力的滥用和腐败。例如，根据我国《治安管理处罚法》的规定，公安机关可以自行决定行政拘留，时间可以长达15天，这项严重剥夺人身自由的行政处罚，却不需要经过法院的裁决。还有，在刑事诉讼中，没有经过法院或者检察院的决定或者批准，公安机关可以对公民进行刑事拘留，时间可以长达37天。这种不受司法审查制衡的行政权力，构成了对公民人身自由的巨大威胁。在许多群体性案件或者涉法涉诉案件中，公安机关内部可以根据自己的需要，动用这两种权力，对民众或者上访人员进行行政拘留或者刑事拘留。尽管根据我国《刑事诉讼法》的有关规定，公安机关自己没有决定或者批准逮捕的权力，这种权力只归检察院和法院享有，公安机关只有执行逮捕的权力，逮捕一旦作出，可以长期地羁押公民。但目前这种羁押审查程序还远远未实现诉讼化的构造，虽然可以对公安机关侦查权形成有力的制衡。

因此，笔者认为，有关人身自由限制或者剥夺的程序构造中，应该慢慢地引入法院司法审查的力量，任何限制或者剥夺人身自由的决定都必须经过法院的裁决，法院在审理过程中，允许当事人聘请律师，必须听取辩护人的意见，以此实现剥夺或者限制人身自由程序的诉讼化改造，这才符合现代法治的基本精神，也才能实现公权力相互制衡，私权利制衡公权力的司法构造，为公民的人身自由增加一道法律的保障，以免公民的人身自由遭到任意的剥夺或者限制。

三、要尽快制定一部统一的"保安处分法"，构建二元的社会治理体系

劳动教养制度废止后，其他一些类似劳教制度的措施也就失去了合法性。而在社会上，一些虽然不构成犯罪，但对社会又可能存在着某种威胁的人群并没有由此消失，对这些人仍然需要由政府给予教育和感化。例如，对特殊需要收容教育的人，如不满14周岁经常有严重违法行为的人、又聋又哑的人或者盲人违反《治安管理处罚法》，依法不予处罚的，有毒瘾的吸毒人员以及缺乏正常道德感经常嫖娼、卖淫的人等，对于这些人员，由于我国目前没有一部统一的"保安处分法"，尽管刑法中也有零星地规定一些保安处分措施。例如，我国《刑法》第17条第5款规定："因不满16周岁不予刑事处罚的，责令其父母或者其他监护人加以管教；在必要的时候，依法进行专门矫治教育。"但这种专门的矫治教育也会剥夺或者限制未成年人的人身自由，由于修改之后的《刑事诉讼法》没有专门对此作出特别诉讼程序的规定，使得这种专门矫治教育就失去了程序法上的依据。

笔者认为，为了将这种专门矫治教育纳入法治的轨道，保证与刑法的相互衔接，国家立法机关有必要尽快出台一部集实体和程序为一体的"保安处分法"，其中，应明确规定：对于这类人实施的主要不是惩罚，而是通过专门矫治教育，矫治其不健全的人格，使其恢复正常人的思想和生活。同时，增设治安法官。当然，在对这些人进行教育感化中，一定会涉及其人身自由的剥夺或者限制，同时，可以借鉴2018年修订的《刑事诉讼法》所增加的精神病患者强制治疗措施的特别程序,在这部法律中应特别规定,对于这类人员的教育感化必须经过法院的司法裁决,同时增加对这类人员可以进行社区矫正,通过参加社区服务或者社区矫正来消除他们危险人格的规定。

四、适时修改《治安管理处罚法》,增设治安法官

目前,我国对违法犯罪行为矫治惩罚机制主要是《治安管理处罚法》(小"刑法")和《刑法》,但二者在处罚上出现了衔接不紧密的问题。如,治安拘留处罚最高期限为15日,而刑法规定的拘役的最低期限为1个月以上,中间存在15日的处罚空档,这不利于行为过错与法律责任相一致原则的体现。因此,必须通过修改《治安管理处罚法》、《行政处罚法》以及《刑法》,将公民的违法犯罪行为统一纳入行政处罚和刑罚的范围,将拘役的最低期限下调到15日,以保证行政处罚与刑罚的衔接,使行政处罚和刑罚之间不留空档,不给违法犯罪行为留下可钻的法律漏洞。

同时,为了避免治安处罚和轻微刑罚的随意性,保障公民的基本人权,应该在法院内部增设治安法官,统一受理微罪和违法行为的案件,对于可能受到治安拘留处罚的违法行为和微罪案件,由公安机关或者检察院提交给法院裁决,由法院决定是否采取治安拘留或者轻刑,从而实现治安处罚的司法化改造,这既可以以司法来控制行政权,实现权力的相互制衡,又可以有效地保障公民的人身自由。

依法治国的核心要义在于规范国家公权力

1997年,在党的十五大上,中央就提出了依法治国,建设社会主义法治国家的目标,后面又写进了《宪法》。十八届四中全会通过的《中共中央关于全面推进依法治国若干重大问题的决定》(以下简称《决定》)又进一步提出了全面推进依法治国的一些战略和方针。在法治建设上,我国属于后发国家。而民主和法治主要还是通过自然演进的方式慢慢长出来的,没有民众权利意识的日益觉醒,没有民众坚定不移的契约精神,没有政治家在政治活动中的妥协和宽容精神,没有全民的理性精神,就不可能建设民主和法治。有什么样的土壤就造就什么样的人民,有什么样的人民,就会有什么样的土壤,未来中国的法治建设,需要从两个方面入手:一是通过制度建设,慢慢改变人心和观念;二是通过人心和观念的改造,保证制度能够得到很好的推行,制度与文化,法律与人心,二者都是相辅相成、缺一不可的。

依法治国的关键在于正确处理党的领导与国家权力之间的关系,规范党权和国家公权力,将党权和国家公权力关进党纪和法律制度的牢笼当中,让其运行在党纪和国法的轨道上。

就司法改革而言,就是要保证检察独立和审判独立,实现司法公正。这一次中央提出司法权是中央事权,是对司法规律的深刻认识,才能保证国家法治秩序的统一。例如,在刑事司法实践中,公诉人是代表国家在指控犯罪,而不是代表某某检察院在指控犯罪,因此,在每个刑事案件中,准确的表述是:"中华人民共和国诉某某案"!既然如此,检察院就只能代表国家,严格执行法律,只对法律和良心负责,无须对其他人负责,而法院则是国家设置的代表公平正义的一种力量,法官也只对法律和良心负责,用于解决国家与个人之间以及个人与个人之间的争端,以实现社会的公平正义。故,依法治国迫切要求首先是将国家公权力和党权关进法律制度和党规党纪的牢笼中。为此,《决定》提出:"完善确保依法独立公正行使审判权和检察权的制度,建立领导干部干预司法活动、插手具体案件处理的记录、通报和责任追究制度,建立健全司法人员履行法定职责保护机制。"

在《决定》中,中央多次强调党领导司法,这里的领导主要是思想和组织领导,而不是对具体个案的领导。因为法律是党领导人民制定的规范性文件,它既体现党的意志,也体现人民的意志。既然如此,司法机关只要严格执行法律,就是在贯彻党的领导,维护党的权威,检察官、法官只要严格执行法律,就是在执行党的意志和人民的意志,就是在维护党的领导。但在现实司法实践中,还是有极少数党政领导干部以党对司法的绝对领导为由干预法检人员办案,破坏了检察独立和审判独立,阻碍司法公正的实现。

总之,在笔者看来,在坚持和维护党领导的前提下,司法过程就是在贯彻党的领导,就是把党的领导贯彻到依法治国全过程和各个方面的集中体现,因为司法司的是党领导人民制定的法,而不是其他人的法,只要司法机关严格执行法律,就是在贯彻和尊重党的领导,维护党的权威,就是在贯彻执行党的意志和人民的意志!

法治的核心价值在于良法善治

自从 2014 年 10 月党的十八届四中全会之后，全面推进依法治国就成为国家和社会的主流核心价值。在 2015 年 3 月落幕的"两会"上，依法治国，建设法治国家、法治政府以及法治社会成为代表、委员热议的话题。所谓的法治，西方哲学家亚里士多德在其名著《政治学》中就明确提出："我们应该注意到邦国虽有良法，要是人民不能全部遵循，仍然不能实现法治。法治应该包含两重意义：已成立的法律获得普遍的服从，而大家所服从的法律又应该本身是制订得良好的法律。"即法治 = 良法 + 善治，这就要求国家制定出来的法律，任何人都要遵守，而国家制定的法律本身能代表自然正义和体现人民的意志。

法治就是一个良性的信任系统，只有大家都遵守了法律，所有人对自己的行为才能预测，行动才可以有自由，社会交往才能进入一个良性循环的系统，社会交往成本才会降低，因为良好的法治是实现所有人的正义，保障所有人的利益；相反，在一个没有法治的时代，任何人都没有安全感可言，时时刻刻都要担心受到来自公民个人违法犯罪行为以及国家公权力滥用的威胁，其中，国家公权力的滥用和腐败是对法治最大的破坏和威胁，它摧毁的是公民对国家权力公正行使以及法律权威的信赖。在此意义上，可以说，法治的核心价值在于规制国家公权力，保证权力运行在法治的轨道上，才能充分地保障人权。具体而言，"对于国家的公权力，法律没有明文授权的，不得行使；对于公民的私权利，法律没有明文禁止的，不得处罚，即法无授权不可为，法无禁止便自由。"这个是全世界范围内普遍适用的法治公理。

正如时任国务院总理李克强在回答记者会上明确指出："大道至简，权力不可任性。"对于国家及其国家机关的任何权力，都必须通过法律的方式作出明确规定，人民正是通过法律的方式将自身的权利委托给国家及国家机关行使，因此，任何国家机关，尤其是行政机关，要制定出明确的权力清单、负面清单和责任清单，有权力意味着有责任，权力的行使意味着责任的承担，只要法律没有明确规定国家机关可以行使的权力，任何国家机关都不得行使，滥用或者超越职权，都要承担相应的法律责任；相反，对于公民的任何行为，只要法律和行政法规没有明确禁止的，任何国家机关都无权进行惩罚，这样，公民的自由就能够得到法律的保障。

普及现代法治的基本常识

现代法治的核心价值在于规制国家公权力，保障所有人的人权，因此，法治首先是治官和治吏，而不是治民。其中，刑法和刑事诉讼法的核心价值在于控制司法权，防止国家刑罚权的恣意发动，保障所有人的人权。在法治状态中，"任何人都在法下"，对于国家法治最大的威胁和破坏力量来自国家权力自身的滥用，而不是普通公民的违法犯罪，因为后者对国家整体法秩序的破坏是局部的、有限的，而且，受害者还可以寻求国家公权力机关的救济。但是，如果是国家权力机关本身滥用权力，则是对国家整体法秩序全局性、根本性的破坏。正如培根所言："一次犯罪行为污染的是水流，但是一次的司法不公破坏的却是整个水源。"例如，国家以法的名义错杀一个公民的危害性肯定比普通公民故意杀人罪的危害来得大。因此，在建设法治国家的过程中，我们要时刻警惕国家权力本身的恣意发作和滥用，要通过法律将公权力牢牢地关进铁笼子，这个庞大的"利维坦"一旦不受铁笼子的约束，冲破了铁笼子，那么，对整个国家和民族法治的危害是巨大的。

形象地说，在法治国家中，政府等公权力机关就如一匹野马，而人民（公民）是骑马的人，人民（公民）正是通过法律这条缰绳来不断地规训和驯服它,让它变得服服帖帖,服从人民的意志,为人民服务,权力只有在法律和人民面前保持谦卑的姿态,才能彰显人民的尊严和伟大。

可见,权力永远是一把双刃剑,用得好是阿里巴巴的宝库,给人们带来取之不尽的宝物;用不好则是潘多拉的魔盒,给人们带来无尽的危害。因此,必须把权力关进制度的笼子里,而这个要关住权力的"制度",绝不是说在嘴上、写在纸上那些毫无执行力的制度,而是真正能够把权力关进"笼子"里的制度,也就是习近平总书记所强调的"不敢腐的惩戒机制、不能腐的防范机制、不易腐的保障机制"。例如,刑法的机能并不是为了打击犯罪,维护社会秩序,而是为了限制司法权,保障人权。刑法规范首先应当是裁判规范,其次才是评价规范,这是现代法治的一个基本常识。

但在现实生活中,还是有不少人对于国家和法律的认识总是停留在古代,他们总是认为法律,尤其是刑法是打击犯罪的刀把子,而不是控制国家公权力的利剑。他们心中没有真正把人民当作主人和主体来看,而是当作客体来对待。事实上,现代法治的核心是权力法定,其价值和意义在于控制公权力机关的权力,只有控制了它们的权力,法治才能得以实现。法治越发达,程序就越严格。但一些人由于现在是掌权者,他们手中拥有权力,其内心肯定不大愿意接受法律的约束。事实上,任何一个人并不能永远掌权,即使一辈子掌权了,也并不意味着下一代的人还能掌权,我们要建设法治,要保障人权,唯一的途径就是建立一套良好的法律,并严格执行和遵守之。

大家要知道,一部恶法的出台,任何人都可能是受害者,你今天掌权了,可以不遵守法律,随意打压别人,但当你有一天不掌权了,你就成为一个普通的民众,这样的制度和法律对你也是同等适用，你也会成为这部恶法的受害者，整个社会的交往就会陷入"万劫不复"的恶性循环系统。

可见，在一个不符合法治的机制运行中，任何人都可能是受害者。因此，作为法律人，一定要牢记这样的基本法治常识，一部良好的法律，一个国家良好的体制，都是为了保护所有人的利益，都是为了实现所有人的正义，都是为了保障所有人的自由。相反，一部恶法，一个国家的人治和专制，所有人的利益都可能受到侵害，所有人的正义都实现不了，所有人的自由都保障不了。

习近平总书记说："努力让人民群众在每个司法案件中都能感受到公平正义。"这是法治的终极梦想，也是每个法律人的终身追求。法国思想家卢梭曾说："一切法律中最重要的法律，既不是刻在大理石上，也不是刻在铜表上，而是铭刻在公民的内心里。"法治国家，人人有责，只有每个人行动起来，认真遵守国家的法律，认真对待手中的权力，所有人的利益才能得到保障，所有人的正义才能得以实现，这就是一个法治的基本常识。但要普及到人民心中，要让每个官员都真正领会，还需要我们大力启蒙和普及。

法治是一个良性的信任系统

良性与恶性，人治与法治，可以有四种不同的组合：良性的法治、良性的人治与恶性的法治、恶性的人治。显然，良性的法治好于良性的人治，而良性的人治又好于恶性的法治，恶性的法治可能又好于恶性的人治。总之，良性的法治最好，是治国理政的最佳选择，恶性的人治则是治国理政最差的选择。我们正在全面推进和建设社会主义法治国家，就是要倡导良法善治，本质上就是实施一种良性的法治。这不仅要求宪法和法律本身是良好的，而且这些良好的宪法和法律能够得到有效的贯彻实施。良性的法治是一个信任系统，强调善善轮回和善善报应！你善待他人，就是善待自己。任何一个掌权者认真公正地善待手中的公权和他人的私权，其实就是在善待自己，因为你也会获得别人同样的善待！在良性的法治中，在我们的社会交往领域中，一种良好的规范，尤其是法律规范的有效性和获得信任则是保障社会交往有效进行的基础……由一系列法律规制所构建的法治大厦就犹如一个由国家强制力提供保障的庞大的信任系统。

美国著名学者伯尔曼教授曾讲过的"法律必须被信仰，否则它形同虚设"早已经成为法律人脍炙人口、津津乐道的法律格言。法律是法律人的圣经，法律在被信仰之前，首先要得到所有人的普遍信任，之后才能进一步提升到信仰的高度，从而转化成每个人心中坚定不移的信仰。

在社会学上，一个社会秩序的维护要靠社会成员之间普遍的相互信任，信任是建立社会秩序的主要工具之一，因为信任可以使一个人的行为具备更大的确定性和可预期性，信任通过对人们行为一定程度的控制，为良好的社会秩序的建立做出贡献。目前，我国正在从传统的以熟人社会为主的社会结构慢慢转向以陌生人为主的社会结构。传统的社会结构主要是依靠人格信任系统得以维系和运作，而在转向以陌生人为主的现代社会结构中，整个社会的交往则主要依靠法律信任系统和货币信任系统，尤其是在市场经济活动中，更要依靠有效的货币信任系统才能保证经济秩序的有效运转。法律是一种规范，规范是保障人们能够以实践的意图展开社会性交往的一种制度系统，其目的就是保障人们展开有效的社会性交往，尤其是保障陌生人之间展开有效的社会交往。

具体而言，在现代经济生活的交往中，主要依赖货币信任系统进行，因为货币就是经济交往的一种媒介，而信任则是这一媒介的关键，一旦失去信任，货币将不值钱。货币是一种信任系统，或者说是一种系统信任（相对于人格信任），正如德国社会学家卢曼教授所言，人类需要不止一种简化机制，几乎所有媒介都具有简化功能。货币的简化功能几乎是所有媒介中最出色的。也有教授认为，货币不仅抹杀了被它换算的客体的特征，也漠视了相互交换的主体的特征，它是"匿名"的。这种"认钱不认人"的"匿名"性既是简化功能的特征，也是普遍原则彻头彻尾的体现。而货币的可信任性不是靠着外力建立的，这一系统信任是在使用货币的不断确认中自动确认的，它不需要广告和推销，可以自我扩张。可见，由于货币的本质是一种信用，一种货币（现在主要表现为纸币）之所以能够在市场领域中畅通无阻，能够具有强大的购买力，实质上就是因为其背后是由国家提供强制力所确认的，人们可以反复交换的强大信用，让大家都相信它的真实有效。如果没有国家通过强制力提供强大的信用作为支撑，那么，纸币是很难在市场经济领域畅通无阻的。

同样在其他社会交往领域中，一种规范，尤其是法律规范的有效性和获得信任则是保障社会交往有效进行的基础。但法律规范与自然规范不一样，不能自己来证明自己的有效性，必须通过惩罚、刑罚的反复适用才能保障规范系统始终处于一种有效和真实的状态。因此，法律就如表现为纸币那样的货币，是由国家制定的并由国家强制力提供后盾的信用规则，由一系列法律规制所构建的法治大厦就犹如一个由国家强制力提供保障的庞大的信任系统。在社会交往中，为了保障交往的有效性、真实性及确定性，就要求大家普遍信任法律。在此意义上，可以说，法治就是一个具有良性循环功能的信任系统。在这个系统中，要求大家像信任货币那样来信任法律，尊重法律，依照法律来展开社会交往。只有当大家都普遍相信、信任和尊重法律了，具有良性循环功能的法治信用系统才能被建立起来，法律的功能才得以发挥，由此大家就可以进入一个良性循环的交往领域。在这个领域中，大家奉行同一套交往规则，使用同一套话语系统，法治的普遍性、确定性决定了其保障的是所有人的利益，实现的是所有人的正义。

在司法实践中，要求所有的国民（包括官员）都把法律当作真实的社会交往规则，每个人都应该有一点较真的精神，而不是把法律当作儿戏或者工具。试想，在社会交往中，如果大家都不相信法律，或者有人相信法律，有人不相信法律，那么，社会交往就会产生"劣币驱除良币、好人向坏人看齐"的恶劣效果，即相信法律的人没有得到好处，不相信法律的人得到了好处，这个社会的评价机制就会发生颠倒，并且马上形成一个不良的示范效应，使得大家都不相信法律，法律就会变得毫无用处。如果国民不相信法律这种明规则和显规则，而是相信那些说不清、道不白且负有顽强生命力的潜规则，那么，法律就会被架空，法律就会失去生命力，法律真的就会变成一张写上人民权利的纸而已。

总之，法律就如国家发行的货币那样，本质上是一种信用，而法治就是一个良性的信用系统，如果大家都把法律当真了，即信法为真，都尊重法律，那么，大家的社会交往就会进入一个良性的循环系统，社会就会形成一个有机体。在这个机体中，大家相互信任，相互尊重，社会交往的成本就会大大降低。

特别值得一提的是，我们法律人对法律的规定更要有一种较真的精神，把法律当作一种真实有效的存在。在法律人共同体内部，法官、检察官和律师仅仅是职业分工和立场不同，但最终目标是一致的，都是为了让法律得到更好的实施，都是为了实现法律的正义。因此，法律人之间就应该相互信任、相互尊重，而不是相互拆台、相互仇视。只有大家都像信任货币那样信任法律，法律的有效性和真实性就会凸显出来，法律在保障社会交往上才能更加有权威性，社会交往才能变得更加便捷和顺畅。

[发表于《法制日报》2013年4月17日思想部落版]

"重新做人" 与规则的意义

德国著名的刑法学家雅科布斯教授认为,良好的规则使交往成为可能。在一个匿名的社会中,人都是依靠规则来进行交往的,没有规则,就没有交往,也就没有社会。刑罚不是为了惩罚犯罪,也不是为了预防犯罪,而是为了证明规则的有效性和权威性,只有惩罚那些破坏规则的人,才能证明这些破坏规则的行为是错误的,是不值得效仿的。那些遵守规则、忠诚于国家法律的人是正确的,是值得褒奖的,是通往幸福的唯一路径,我们应该向那些遵守规则的人学习。雅科布斯教授进一步提出了引起争议的敌人刑法与市民刑法的理论。他认为,谁从根本上破坏了一个社会的基本规则,谁就成为一个社会共同体的敌人,也就是规则上的敌人,对于这种人就应该从社会共同体中清除出去。

但笔者认为,尽管雅科布斯教授关于敌人刑法的思想引起了国内学者的诸多争议,甚至是误解,但雅科布斯教授关于规范(规则)意义的发现、挖掘以及深邃的法哲学思想却值得我们重视和进一步思考。因为他发现了人与动物一个最大的区别在于,人懂得规则的意义,谁不懂得遵守规则,谁破坏了规则,尤其破坏了法律规则,谁就不是这个社会共同体的成员,只有通过教育和挽救,才能让他重新回到社会的共同体中来。

具体而言，在刑法中，惩罚与教育相结合被认为是我国刑法没有明文规定的基本原则之一，其中，惩罚仅仅是手段，教育才是根本的目的。而教育的内容就是要唤醒罪犯内心一时被钝化的规则意识，强化其对规则的认同感。

例如，在法庭上，我们时常听到被告人在最后陈述中自我忏悔时说：请求法庭给我一次"重新做人"的机会，我一定痛改前非，积极改造，洗刷罪过……其实，何止是被告人，就是被告人的家属或者一般公众，也是有这种认识的，这种忏悔和认识说明，在被告人以及社会公众看来，被告人由于犯罪，破坏了国家的刑法规则，一度不是"人"，虽然被告人在生理和物理意义上还是一个活生生的人，但是在伦理和法律意义上，这种破坏刑法规范的人已经一度丧失了做人的基本资格，连被告人自己都觉得因为犯罪而被规则视为"不是人"，或者说不是一个依靠规则交往的社会共同体中的人格体，我们只有通过刑罚的教育改造，唤醒罪犯内心迟钝的规则意识，才能恢复法律上"重新做人"的资格，才能成为法律意义上真正的、大写的"人"。

大自然有大自然的运作法则，这种法则就是自然规律。在动物界，这种法则就是"丛林法则"。在这种丛林法则中，弱肉强食，优胜劣汰，适者生存，使得整个动物界出现了两个极端：吃者与被吃者。面对这个丛林法则，人类有必要通过自己的力量来进行干预，努力平衡吃者与被吃者之间出现的两极分化状态。有关动物保护的法律法规其实就是人类干预自然界丛林法则的一个体现。人类试图通过加强对一些比较弱势动物的保护，来平衡自然界的生态。

动物界是如此，人类社会更是如此；动物界需要人类制定出的规则予以纠正和干预，人类社会更需要一套规则予以平衡和干预。

一个社会如果没有规则，而是完全按照自然界的"丛林法则"进行运转，也会出现弱肉强食的不幸局面，使得强者更强，弱者更弱，这个社会就会出现极端化的倾向，最终弱者可能联合起来对抗强者，大规模的起义和战争就会爆发，整个社会就会动荡不安，生灵涂炭，社会共同体将会解体，强者和弱者终将同归于尽，最终人类自己也会面临灭亡的危险。因此，为了维持社会共同体的存续和发展，人类需要通过国家的强制力量，制定一套规则，通过这个规则，削弱强者的力量，增强弱者的力量，使得强者和弱者能够保持一定的平衡。我们经常说，法律是用来保护弱者的，弱者更需要法律的力量，其原因就在于此。而且，人类天生都有对弱者的一种同情心，即恻隐之心，这种同情心需要通过国家的力量体现出来。于是，国家就制定了许多法律来增加这些弱者的力量，世界各国都专门针对弱势群体制定了一系列法律，如我国的《老年人权益保障法》《妇女权益保障法》《未成年人保护法》《残疾人保障法》等，希望通过这些法律给弱者一定的力量支撑，保障弱者与强者之间适度的平衡，社会才不至于分裂成两个极端，整个社会也才能保持一种最大限度的稳定。

因此，我们可以说，我们都生活在规则之下，没有规则，就没有交往，也就没有社会。规则赋予人类生活的意义，反过来，人类也要通过遵守规则，使规则的有效性和权威性得以体现。谁破坏了社会共同体的规则，谁就不是这个社会共同体的成员，也就不是规则意义上的人。一个不遵守社会规则的人，最多只能像那些按照"丛林法则"生存的动物那样，是一个具有两条腿并直立行走的高级动物而已，已经丧失了一个人的尊严，也丧失了做人的资格。

总之，我们与动物最大的区别在于我们能够制定一些交往的规则，并懂得规则的意义。人类之所以是人类以及人类何以成为人类，大概正是人类懂得了规则的意义。而选择规则的治理大概也是人类迄今为止能够找到的一种社会共同体最好的治理方式，因为目前人类除了信赖规则，选择规则治理，实在难以找到其他更好的社会治理方式。

［发表于《法制日报》2013年1月30日法学院版］

法律人应该有设身处地的公共理性情怀

在民主国家中，人民是国家权力的享有者，而人民的权力通过选举的方式委托给由民意代表组成的民意机关（国会、议会或者人民代表大会）行使，由民意机关再通过法律授权的方式委托其他国家机关行使。这就需要通过法律的方式将国家权力的行使纳入法治的轨道，故民主也需要法律的保障。民主是法治的内容，法治是民主的保障，二者是国家治理体系的一体两面，缺一不可。这就意味着，在法治国家中，体现人民意志的法律就是最高统治者，所有国家机关，包括执政党以及公民个人都应该受到法律的约束和控制。对于公权力，法律没有授权的，不得行使；对于公民的私权利，法律没有明确禁止的，不得惩罚。

因此，立法者在立法时，一定要想到这些法律也同时适用于自己。法律犹如一把双刃剑，用得不当，国家和个人都要深受其害。正如意大利神学家、法学家阿奎那所言："无论何人，如为他人制定法律，应将同一法律应用于自己身上"，只有如此，才能逼着立法者尽量制定出良好的法律。同样地，执法人员在执法时，也一定要想到自己也要遵守法律，如果自己不幸违反法律，成为法律制裁的对象，那么，执行良法以及依法办事对他个人也有好处，因为其他执法者也必须按照同样的法律方式来对待他，依法尊重其合法权利，而不能随意剥夺其合法权利！这就要求我们法律人，尤其是立法者和执法者都要有一种设身处地的公共理性情怀，要有一种换位思考以及"己所不欲，勿施于人"的大智慧，有一种处处为他人着想的良好品德。

在我国当下的立法中，偶尔还会出现一种"部门立法"或者"利益执法"的现象。所谓的"部门立法化"以及"利益部门化"的立法问题依然存在，"执法个人化"或者"执法单位化"的执法问题也同样存在。这是或许因为这些立法者和执法者在立法或者执法的时候，缺乏一种设身处地为他人着想的大智慧。总是想到自己的部门利益，没有想到国家利益；只顾个人利益，没有顾人民利益；只看到眼前利益，没有看到长远利益。他们甚至还会错误地认为，我是立法者或者执法者，我立的这个法，就是让你们遵守，我就是对你们执法。但他们似乎没有想到，其实这些法律同时也是要用来约束自己的，自己也可能会成为法律制裁的对象。因此，国家拥有一个良好的法律体系以及践行法治，其保障的是所有人的利益，实现的是所有人的正义，相反，如果国家没有一个良好的法律体系或者良好的司法制度，那么，将损害所有人的利益，阻碍所有人正义的实现。

司法也是如此，正如美国法学家富勒所言："法治，就是一种使所有人服从规则治理的事业。"即法治就是要求大家都遵守国家制定的法律，遵守同一套游戏规则，法治本质上就是一种匿名社会的交往系统，只有根据良好的法律，人与人之间、国家机关与国家机关以及国家机关与个人之间的社会交往才能进入一个良性的循环系统；相反，如果不实行法治，不依法办事，那么，大家就会进入一个恶性的循环系统。通俗地讲，如果你今天对别人不依法办事，明天别人也同样不对你依法办事，那么，我们的整个政治生活以及社会交往就会进入一个"丛林法则""万劫不复"的恶性循环系统，没有人可以幸免，没有人是安全的，任何人都可能成为人治或者恣意司法的牺牲品！

例如，目前由于我国一些地方的侦查手段和侦查技术还比较落后，少数侦查机关在侦查犯罪的时候，比较依赖口供，希望通过口供来获取犯罪的证据或者线索，这很容易造成刑讯逼供问题，冤假错案也就难以避免。此时的这些办案人员似乎没有想到，如果自己有一天处于相同境遇，别人也可能会用同样的方式来对待，这就是报应或者恶性循环，用一句网络语言来说，就是"出来混，迟早要还的"。因此，我们每个立法者以及执法者严格遵守已有的法律，不仅是在维护法治的尊严，同时也是在为自己积德，避免有一天自己遭到同样的对待。假如今天某个领导或者执法人员在掌权执法时，可以随意限制或者剥夺嫌疑人的合法权利，那么，等有一天，自己不幸沦为阶下囚，别人也会采取同样的手段来对付，不知道那时会作何感想？是不是会感慨：怎么我也会遭受这样的不法待遇?！例如，2011年年底，河南省一位基层法院院长刘德山在长时间遭受司法不公而被平反之后曾说，如果将来还有机会做法官，对被告人的权利，他会更加重视，对办案中程序的审查，会更严格，对案件最终的判决，会更加慎重。因为，这次司法体验已告诉他，"很多法律规定被架空，而当事人、被告人，实在是太弱势了"。可见，只有通过法律对权力的不断规训，才能保证权力的行使不脱离法治的轨道，才能保证权为民所赋、权为民所享、权为民所用。

总之，国家只有实行法治，大家才会有安全感，大家才都是受益者。今天你依法办事，明天别人也必须对你依法办事，降低办事成本，提高办事效率，净化社会环境，提高法治水平；相反，如果国家不推行法治,仍然要搞人治,法律得不到应有的尊重,那么,所有人都可能是受害者,没有人可以免于恐惧的自由,没有人是安全的,我们整个社会交往和运转成本就会大幅度增加。因此,我们要不断宣传法治,倡导法治,呼唤法治,践行法治,法治的春天才能慢慢到来。

如何做一个有灵魂的法律人

法律是正义的文字表达，但本身并不代表正义，而仅是指引司法人员通向正义的路牌，法律的正义、灵魂和活力需要法律人去赋予，法律的精神需要由法律人来阐释，法律人就是法律的代言人。如果没有法律人的解释和赋予，法律本身就无法鲜活起来，法律就没有生命，这就要求每个法律人都要有一颗良心，一种悲悯情怀，一身正义之气。因此，善良才是最高的法律，司法人员必须怀着善意去执行法律；良心才是正义的最终保证，司法人员必须秉持良心才能实现司法正义。一个人如果内心充满阴暗和邪恶，肯定学不好法律，更用不好法律。我们的司法人员学习法律的最高境界，就是即使面对着不合理的法律，也能运用自身的智慧和才华，对法律进行合理解释，实现良好的正义，得出妥当的办案结论。在这个过程中，法官和检察官要善于多倾听辩护人的意见，善于从反面思考案件是否成立，注意办案结论的可接受性。由于正义是多面的，不同的人会看到不同的侧面，因此，办案人员要综合评判而作出一个大多数人能够接受的裁判结论。这就要求法律人要保持一种鲜活的正义感，善于运用良心和正义感来解释法律，让解释结论在国民的预测范围之内，善于运用证据裁判规则来归纳和概括案件事实。这些都需要自己要多学习、多看书、多看案例，反复比较和训练。

但在现实司法实践中，由于"案多人少"，有一些办案人员成天疲于办案，工作太忙，很辛苦，没有闲暇时间读书和思考，又见过太多的社会丑恶行为，习以为常，慢慢地就将自己变成了一架没有温度的办案机器，办案变成了一个简单地按照法律和相关司法解释对照案件事实的流水线作业，从而在无形当中将嫌疑人、被告人看作这条流水线上的产品，起诉书和判决书一旦写成，检察院和法院的公章一盖，被视为流水线上产品的被告人、犯罪人就此诞生。即使被告人不服上诉到二审法院，不少二审的法官也根本不开庭，不认真听取辩护人的意见就直接维持原判了，这注定会造成一些冤假错案。在一些检察官、法官眼里，这些案件似乎不是涉及一个个有血有肉、内心世界丰富的人，而是一件件产品，只要这个产品经过刑事诉讼这条流水线多个环节的检验，判决书一出，就可以生成产品检测结果。这样的法官、检察官往往就会在不经意之间失去了灵魂，失去了良心，办错案就难以避免了。

更值得注意的是，在审判和检察不完全独立的情况下，一些人更加不敢根据法律人的专业知识、理性、经验和良知对案件作出独立的思考，良心的判断有时无法发挥作用。例如，在办理一些为了生计而犯罪的穷人的案件时，机械地适用法律，没有表现出法律人所应有的悲悯情怀，从而沦为一群没有灵魂的法律人。

例如，我办过一起案件，一个小伙子从网络上下载了 6 个淫秽视频和 12 张淫秽照片，谎称自己是里面那个女孩，在网上发布消息说：如果支付 199 元，可以看视频和照片；如果给 299 元，可以线下见面摸胸。共有 124 个网友付了钱（其中，有一半人付了 299 元），看了视频和照片，一个多月里共赚了 3 万元。公诉机关认为，小伙子贩卖淫秽物品的数量是要将淫秽物品的个数再乘以购买点击的人数，即 6×124＝744 个淫秽视频、12×124＝1488 张淫秽图片，构成了"情节特别严重"的贩卖、传播淫秽物品牟利罪，可以适用 10 年以上有期徒刑或者无期徒刑。

这样的司法就是一种没有灵魂的司法，没有充分考虑互联网电子信息时代淫秽物品的特殊性、可复制性以及无限扩张性，混淆了淫秽物品的自然数量和点击数量，严重破坏了罪责刑相适应原则，根本无法实现刑罚的公正。事实上，在现代互联网电子信息时代，淫秽物品犯罪的量刑应该采取综合判断法，即综合考虑购买人数、传播范围、违法所得、行为人的一贯表现、淫秽电子信息的内容和数量、传播对象是否涉及未成年人等情节，综合评估案件整体的社会危害性，运用法官的内功心法，调节相应的基准刑，最后才能恰当地确定宣告刑，以确保罪责刑相适应原则和刑罚公正的实现。但如果办案人员内心丧失了正义感，为了图省事，采用简单地以复制个数来裁量刑罚，而不是考虑案件的综合情况，这就是一种典型的教条、机械司法，名义上维护了法律的权威，实则"以法之名，行不正义之实"。

再如，根据我国《刑法》第 358 条第 1 款和相关司法解释的规定，组织卖淫罪是一种重罪，一旦入罪，最低法定刑就是 5 年有期徒刑，并处罚金；而一旦卖淫人数达到 10 人，就属于情节严重，最低法定刑就是 10 年有期徒刑，并处罚金或者没收财产。值得深思的是，由于立法者将组织卖淫罪与强迫卖淫罪规定在一起，并配置相同的法定刑，导致组织卖淫罪的刑罚配置明显偏重，也非常的不合理。因为在组织卖淫罪中，并没有侵犯卖淫人员的自由意志，其人身法益并没有受到侵害，其社会危害性相对较小，而强迫卖淫罪则不一样，它完全侵犯了卖淫人员的自由意志，严重危害了卖淫人员的人身法益，社会危害性较大。立法对二者刑罚配置得不合理应该尽量通过司法予以"矫正",一个优秀、聪明的法官自然会运用其司法智慧,巧妙地通过对案件事实的归纳和对法律的解释来保证刑罚公正的实现。例如,可以将卖淫窝点的大多数人员认定为从犯,减轻处罚,以保证实现个案刑罚的公正。

那么,为什么法官、检察官不敢有自己独立的思考和判断呢?在具体原因上,许多法官、检察官总是担心如果独立地根据自己的专业知识和良心作出判断,会受到领导或者上级机关责任的追究,尤其在目前所谓的错案责任追究制下,更是有如此担心,这种担心不无道理,就是因为我们国家还是缺乏一套完善的法官、检察官的职业保障体系和责任豁免机制。

总之,一个有灵魂、有良知的法律人,一个有良心的检察官、法官,应当把每个被告人当作一个有血有肉有灵魂的人,如果检察官、法官因为客观环境和主观因素而失去灵魂和良知,司法正义无从实现,因为检察官、法官的良知才是实现司法正义的最后保障。日本刚刚去世的著名刑法学家西原春夫在《刑法的哲学与根基》一书中提出:"在刑法的脸中,包含着受害人的父母、兄弟的悲伤和愤怒,也包含着对凡人的怜悯,更包含着对凡人将来的祈望,在充分理解凡人的犯罪动机的同时,不得不对他们的犯法行为动用刑罚,而这其中必然包含着审判官的泪水。"北京市人民检察院著名检察官刘哲说:"你办的不是案子,而是别人的人生。"因此,办案人员在审查办理案件中,更应该深入思考犯罪发生的原因,考虑被告人的生活困境和犯罪动机(单纯为了谋生),对他们倾注应有的同情。

法律人的职业尊荣感在哪里

法律人的职业尊荣感在哪里？每当我在为法官、检察官和律师上课时，我都会提出这样的问题，而当他们听到这个问题时，一般是会心一笑，进而回答说："累死累活地办案件，怎么可能有尊荣感？"他们的回答令我陷入了沉思。

大家知道，英美法系的司法官往往深居简出，一般不会在酒店、娱乐场所等地方抛头露面，司法官比较喜欢去的地方是大学的法学院。司法官如果去法学院授课，不会像去酒店、娱乐场所那样引起公众对司法公正的怀疑，相反，公众还会认为，司法官去法学院授课，能够熏陶在校学生的法律人格，有利于推进司法正义的实现。这样，民众对司法官就会保持着一种神秘感，进而就会产生深深的敬畏感，这种敬畏感就会进一步提升司法官对自己职业的尊荣感。换言之，司法官需要与民众保持着某种距离，而不能走得太近，才能保证裁判的客观性和公正性。

法律正义的实现，需要依赖法律职业共同体的共同努力。法官、检察官、律师都是法治大船上的舵手，而社会公众则是法治这条大船上的乘客。法治这条大船能否在"法海"中平稳航行，需要法官、检察官、律师的共同努力。因此，法律人的职业尊荣感主要来自两个方面:一方面是法律人对自己职业的认同感和自豪感,要充分认识自己的职业是一份追求司法正义的事业。其中,司法官要保持对法律的敬畏之心,对裁判权力的慎重之心,在社会交往中做到自尊自重。另一方面来自社会公众对法律人的信任感和尊重感。社会公众要始终保持对司法官应有的信任和尊重,相信他们就是法律正义的最终裁判者。

就司法官个人而言,我认为,司法官职业的尊荣感主要应从以下三个层面认识:

首先,要让司法官真正认识到,自己只对法律和良心负责。这就需要保持司法官职业的独立性,让司法官能够根据自己的法律专业知识和良心对案件作出判断,而不受外来的长官意志、人情世故、上访等法外因素的干扰。而只有让司法官保持独立的人格,才能充分发挥他们内心的自由意志,才能激发司法官的正义感,也才能发挥司法官的智慧和才华。当然,司法官的独立并不意味着司法官可以不受监督,可以恣意妄为,司法官仍要接受当事人、律师、上级法院、检察院以及新闻媒体的监督。

其次,要保障司法官职业的连续性和终身性。司法官是一份非常需要丰富的人生阅历和经验的职业,是一份需要保持对人性和社会深刻洞察力的工作。通常情况下,司法官的年纪越长,对案件的理解就越深刻,这就需要保持司法官职业的连续性,不能随意调换司法官的职位。同时,也要保障司法官职业的终身性,这就意味着司法官除非有故意犯罪或者有意地徇私枉法、枉法裁判外,不会被随意免职。

最后,在物质层面上,要实行高薪养廉的制度,大幅度提高司法官的待遇。例如,西方一些发达国家的法官收入水平比一般公务员高得多,这样,才能让他们在收入上有某种成就感,进而激发他们职业尊荣感。

而要实现上述目标，就需要大力推进司法体制改革，将整个司法系统从国家行政机构系统中剥离出来，在财政和人事上保持应有的独立，实现法院、检察院的去行政化。

当下中国的社会交往似乎都进入了一个恶性的循环系统。民众对法官、检察官、律师不大信任，再加上少数法律人的腐败，加剧了民众对司法公正的怀疑，削弱了司法的公信力，这样的社会交往系统开始出现某种紊乱。要改变这种紊乱状态，就需要国家按照司法规律重建司法体制，以保证整个社会交往，尤其是法律交往进入一个良性的循环系统。

[发表于《检察日报》2013年9月17日学术版]

感悟佛学思想中的法律精神

法律是一门实践性很强的学科,也是一门世俗性的学问,是研究构建一套解决人际交往规则和社会纠纷机制的学问。而佛学属于宗教的一个分支学科,主要是解决人们的心灵寄托,思考人生的终极意义,加强人的修身养性,提升人生境界的学问。二者看起来似乎没有什么交叉和共同点,但仔细探究,其实二者存在着许多共同之处,值得法律人去慢慢领悟。

追求人人平等

从人性的本源上看,法学与佛学,法律与佛教都强调相对的自由意志,启发人们的善念(众生皆有佛性,众生皆平等),引导人们"热爱他人,敬畏生命",鼓励和引导人心要向善而不作恶,如"戒杀戮、戒杀人、戒奸淫、戒偷盗",都提倡避免"冤冤相报何时了"的恶性循环。可以说,佛学讲究的是人生的境界,需要佛教徒依靠自身长期修行方能领悟,并达到心灵的自我净化,相信每个人只要全心向善,都可能成佛。当尼采喊出"上帝已死"的时候,事实上每个人心中的上帝就已经诞生了,这就是一种向善的意志。而法学研究和法律适用也讲究人生境界,鼓励人们向善而不作恶,法律责任的伦理基础也是相对的自由意志，法学和法律修为需要长期的知识积累和经验积淀。在这一点上，法学与佛学、法律与佛教可谓殊途同归、异曲同工。要知道，当年日本著名的法学家小野清一郎在研究刑法达到一定的境界之后，曾经将佛学思想中的因果报应、岁月轮回和道义责任（罪过思想）等理论引入刑法研究，从而提升和拓展了日本刑法学研究的深度和广度。

违反者要受到惩戒

在金庸小说《天龙八部》中，"带头大哥"即少林寺方丈玄慈大师在少林寺受刑之前的一番话，不仅说出了佛家的戒律精神，也道出了法学的思想和法治的真谛，我们每个法律人都应该认真去领悟和理解其中的道理。

玄慈方丈说："老衲犯下了佛门大戒，玷污少林清誉，国有国法，寺有寺规，任何门派寺院，也难免有不肖子弟，要保护清誉，不在乎门人是否犯错，而在乎戒律是否严明，执法是否公正。"因此，为了保护少林寺的百年清誉，玄慈方丈自行要求处罚，而且是加倍处罚。可见，在玄慈大师看来，少林寺的纪律严明不在于事实上能否要求所有的少林弟子都能遵守寺规，而在于任何少林弟子违反了寺规都要受到惩罚。

事实上，也不是所有少林弟子都能遵守这些清规戒律。在有关少林寺的影视剧中，我们经常看到，有少林弟子一边吃狗肉、喝酒，一边高唱"酒肉穿肠过，佛祖心中留"来安慰自己。因此，对于这一点，玄慈方丈是很清楚的；但他的可贵之处在于强调，任何违反寺规的弟子都应受到惩戒，通过惩戒来证明这些寺规的真实性、有效性和权威性。

同样，在一个法治国家中，与可以自证有效性和真实性的自然法则不同，法律规则本身并不能自证其有效性和真实性，而必须依靠外部的国家强制力制裁。因此，法律规则本身的有效性和真实性不在于要求人人事实上能否遵守法律，而在于任何人违反了法律都应当受到处罚。违法与处罚之间、犯罪与刑罚之间的因果关系必须建立起来，有因必有果，才能维护法律的尊严，才能防止一些人怀着侥幸的心理去破坏法律，才能维护法律之下人人平等的法治原则！这就如德国刑法学家雅科布斯教授和我国刑法学家冯军教授所言，犯罪是对法律规范的违反，刑罚的目的不仅在于惩罚犯罪，保护法益，还在于维护法的规范的有效性和真实性，确证法规范的效力不容否定。要让犯罪人知道，违反规范是要受到处罚的，违法犯罪不是获取幸福的手段，遵守法律才是追求幸福的方式，从而维护法的规范的权威性，引导国民对法的规范的忠诚，进而更好地保护未来的尚未被侵害的法益。

倡导遏制人性贪念

《天龙八部》中那位在藏经阁扫地的老僧被认为是该书中武功最强、佛法最深、境界最高的人。他在训诫和教化鸠摩智时说："为什么少林寺数百年来只有达摩祖师练成了少林七十二绝技，因为每一项绝技都足以置人于死地，所以，每一项绝技都必须以相应的佛法来化解。只有佛法越高，慈悲之念越盛的高僧才能练习越多的绝技，否则，强行多练只会内伤越重，早晚有一天会导致走火入魔。"金庸小说把佛法视为人生的最高信条，认为佛学是一门最精深的学问，正所谓"佛法无边"，信仰、研修和领悟佛法是人生的最高境界。在扫地僧看来，武功很容易被用来杀人，因此，一个人如果武功越高，其杀生的可能性就越大，就越要用佛法来化解心中的戾气，用佛法来制衡和指引武功的使用。因为佛法代表了人类的一种慈悲精神、一种悲悯情怀，一种正义的力量。

如果将扫地僧的这番话引入法律与权力的关系上，两者应该作如下的阐释：如果一个人掌握的权力越大，其野心和贪念就可能越强烈，就越容易走火入魔，迷失方向，滥用权力，甚至出卖权力，最终不仅会害了自己，还会危害人民、社会和国家。此时，就更要加强法律的研修，强化法律在心中的地位，培养对法律的敬畏感，并以法律来化解和制衡心中的戾气和贪念，让权力能够正确地运行在法律的轨道上。这就要求我们在法学教育中，不仅要加强法律知识的传授，更要加强法律人职业伦理和人文社会科学知识的宣传和教育，以开启学生灵魂深处的智慧之门和慈悲情怀。

[发表于《检察日报》2014年4月1日学术版，与山东省高青县人民检察院李银萍合著]

超越法律的工具价值

在我国古代，法起于兵、源于刑，其实质是统治阶级实行统治的工具。这种法律工具观在我国具有十分悠久的历史和根深蒂固的传统。例如，唐朝的吴兢在《贞观政要·公平》中就言道：法，国之权衡也，时之绳尺也。权衡，所以定轻重；准绳，所以取正直。唐太宗也提出："法者，非朕一人之法，乃天下之法，何得以无忌国之亲戚，便欲阿之？"的著名论断。此外，还有人说："法者，天下之度量，而人主之准绳也。"这些表述都是仅仅把法律当作治国理政的工具，没有上升到从法律的本体论来理解法律存在的自身价值和意义。

在现代的一般法理教科书中，也一直坚持法律是统治阶级意志的体现，是统治阶级维护其统治的工具。这种法律工具观在现实生活中，往往被片面地理解为，包括宪法在内的各种法律是公权力掌握者统治和管理老百姓的工具。可以说，这种法律工具观是对法律功能的片面理解：只看到法律是公民的行为规范，没有看到法律同时也是一种指向掌权者，限制公权力的裁判规范；只重视法律具有维护社会秩序的价值，不重视法律还具有保障公民个人自由的功能。

在一些公权力掌握者心中存在着某种特权思想和观念，错误地认为法律是规制普通公民行为的规则，而不是同时规制自己裁判行为的规则，似乎可以逃避法律的约束，可以游离于法律之外，而只有在自己受到侵害的时候，才会想起法律的作用和权威。例如，坊间流行的一段戏言颇能形容目前少数官员的普遍心态：你给领导讲法律，领导给你讲政策；你给领导讲政策，领导给你讲政治；你给领导讲政治，领导给你耍流氓；你给领导耍流氓，领导给你讲法律。可见，绕了一圈又回到法律的原点。法治是一个相互尊重的信任系统，为什么沟通双方不一开始就讲法律呢？如果双方一开始都讲法律，那么双方都会同时进入一种法治的良性信用系统中，社会主体的沟通交往将更容易进行，双方的交易成本也将大大降低，这将非常有利于节约整个社会的资源。

当下，"把权力关进制度的笼子里"不仅是一句家喻户晓的名言，也是我国政治体制改革的共识。在这里，将制度形象地比喻成笼子，非常生动和贴切。其中，所谓的制度主要是指包括宪法在内的各项法律制度，更准确地说，只有推行法治才能真正实现"把权力关进制度的笼子"的目标，因为法治的首要含义就是要将公权力这头怪兽关进法律的这个笼子，而笼子就是人民所能采取的控制权力的工具，人民通过民主的方式制定法律，然后再通过法律的方式来对国家权力进行授予和限制，在此意义上，可以说，法律就是控制公权力的工具，就是保障人权的工具，只有让权力运行在法律的轨道上，权力才不至于滥用和腐败，公民个人的自由才不至于被侵犯。相比而言，这样双向理解法律的工具价值极大地提升了法律的价值，深化了我国执政者对法律功能的认识，对于法治建设而言是一个重大的历史进步。

但需要特别强调的是，我们对法律的功能和作用的认识不能仅仅停留在上述的工具观上，即不管是早期将法律看作规制公民行为，维护统治的工具,还是目前将法律看作控制公权力,保障人权的工具,依然仅仅将法律视为一种工具,都只发现和重视法律的工具价值,没有发现和重视法律本身所具有的独立价值和意义,或者说都贬低了法律的价值和存在的意义。

事实上,法律本身就是正义的文字表述,法律的存在本身就有价值,这种价值就是宣示社会正义的存在,宣示天下公理的存在。法律就是每个人安身立命的根本,是维系社会存续和正常运转的一种制度设计,也是我们每个人的存在本身,理应成为我们每个人信仰的对象。试想,人类如果没有法律,社会的交往和沟通就无法实现,人类的生活就会失去意义,人类就会退回奉行"丛林法则"的自然界。因此,法律功能和法治的最高境界要求将法律当作一种内心信仰,当作每个人心中的一种价值维系以及人生意义的追求,当作一种社会正义和公平的化身。例如,在西方文明的源头古希腊,法的基本含义包含了公平、正义、权利。罗马法学家塞尔苏斯就提出:"法乃善与正义之科学。"

因此,在我国的法治建设过程中,对法律功能和作用的认识必须超越法律的工具价值,因为把法律仅仅视为是一种工具,那会大大贬低法律本身的价值和尊严,也会贬低人的价值和尊严。在立法者和司法者看来,既然法律是一种工具,那么就会得出:只有当这种工具对其有用的时候,我才将其视为法律,但如果对我没有用,我则弃之不用,这就会使得法律本身失去其独立存在的价值和尊严而沦为一种纯粹的可用可不用的工具,这种法律工具观就会导致法律难以在国民心目中产生某种尊贵感,难以获得社会公众的信赖和认同,以至于出现了"老百姓信访不信法"和"信权不信法"的反法治(人治)局面。

总之,在我国,法律是人民意志的体现,是每个人的理性表达,是我们每个人心中崇高的道德律令，是一部保障每个公民自由的圣经，尊重法律就是尊重自己的意志和理性，破坏法律就是不尊重自己，违反法律就是不把自己当作一个理性主体。只有这样理解法律，才不会贬低法律本身的价值和尊严，相反，才能提高法律的价值，也才能提高人的价值和尊严。

[发表于《法制日报》2013年3月20日思想部落版]

如何认识和预防冤假错案

2014年12月15日，内蒙古自治区高级人民法院向呼格吉勒图父母送达再审法律文书，撤销原判，判决呼格吉勒图无罪。党的十八大以来，各地司法机关加快平反了一些冤假错案，全国共有几十起重大冤假错案得到纠正。例如，河南"赵作海案"、云南"杜培武案"、湖南"佘祥林案"、河北"聂树斌案"、海南的"陈满案"、浙江"张氏叔侄案"等。在这些冤假错案中，有些是因为"亡者归来"或者"真凶落网"而得以平冤昭雪的，有些则是在媒体报道和律师的积极推动下，因为证据不足、事实不清而被法院基于"疑案从无"的证据裁判规则宣判无罪的。

一、冤假错案是如何产生的？

在人类社会发展历史上，发生冤假错案是任何一个国家司法不可避免的现象和问题，法官不是上帝，不可能回到犯罪现场，不可能完全知道案件的真相，错判和误判在所难免！虽然说，一个国家司法的最高境界当然是"天下无冤"，做到每个案件都能够公正处理。但这是一种理想境界，理想很丰满，现实很骨感。目前还没有哪个国家可以达到这个境界，这是人类的无奈，也是法治和司法的无奈。但这不意味着我们要放弃司法的理想追求，一个国家司法还是应该尽量追求最大限度地避免冤假错案，才能增强司法公信力，才能保证司法公正以及民众对司法公正的信赖。每发生一起冤假错案，虽然对于整个国家而言，可能仅仅是万分之一的错误，但是对于当事人而言，则是百分之百的错误和不公正。司法人员从无数个公正案件所积累起来的司法公信力都可能因为一个案件的错判而丧失殆尽，都可能因为一个冤假错案而足以摧毁司法机关的权威性和公信力！

那么，从司法规律的角度来看，发生冤假错案的原因有哪些呢？笔者认为，主要有以下几个原因：

一是司法人员的人权保障的理念还没有完全树立起来，还停留在以前打击犯罪，维护社会秩序的层面上。司法人员应意识到，司法更要保障人权，至少打击犯罪和保障人权并重，必须全面收集有利于嫌疑人和不利于嫌疑人的证据，而不是强调一味地收集不利于嫌疑人的证据。事实上，或许不是他们没有这个理念，他们对于这些司法常识和道理也很明白，只是在现实各种考核利益面前，出于利弊权衡，放弃了这些原则和理念。

二是现行司法运行体制过于强调公检法三家的配合，相互制约不足。根据刑事诉讼法的理论，"审判引导公诉，公诉引导侦查"，侦查人员是法庭的仆人，其一切侦查活动以及取得的证据都必须对法庭负责，都必须经过法庭的举证和质证的考验。但在司法实践中往往异化成"侦查主导公诉，公诉主导审判"。按照坊间的说法："公安是做菜的，检察院是端菜的，法院则是吃菜的，而律师则是看着吃菜的"，人家做什么、端什么菜，法院都要吃，律师看着"毒菜"一直说不能吃，却也无可奈何。法院应该有"不吃他们做和端上来的菜"的勇气和胆量，更应该多听听律师的提醒。如果法院"照单全吃",自然会吃出病来,案件质量就无法保证。

尤其是在当前审判中心主义或者庭审实质化没有全面展开的背景下,许多案件证据的真实性根本无法判断。例如,在一些重大、疑难、复杂的刑事案件中,辩护人往往会向法院申请关键证人出庭作证,但是法院基于各种原因就是不通知出庭或者不愿意强制这些证人出庭作证,从而使得这些关键证人的证言不能得到法庭有效的质证。还是依靠传统那一套,由公诉人宣读笔录,然后,由被告人及其辩护人进行质证。被告人及其辩护人面对着没有出庭作证的证人的笔录,又怎么质证呢?质证之后,又由谁来回答呢?没有控辩双方有效的交叉诘问,根本就无法判断这些证言的真实性,无法发现和逼近案件的真相。

但是,审判人员往往认为这些证言笔录先天具有真实性,一旦律师提出与证人证言不一样的证明内容,公诉人或者审判人员或许就会认为,这是律师在作伪证或者教唆证人作伪证,这样的情况下,又有哪个辩护人愿意或者敢去调查取证呢?事实上,侦查人员作伪证、毁灭证据、隐匿证据的现象比律师要严重得多,危害更大,胆子更大。

在我看来,在这些冤假错案中,检察院、法院的办案人员凭借他们的专业知识和经验,也可能知道证据存疑,但由于领导或者其他公权力部门的干预或者有被害人的上访或其他过激行为,他们为了所谓的"维护社会稳定",听不进律师的辩护意见,也不敢按照刑事诉讼"疑罪从无"的证据裁判规则坚决地作出无罪判决,从而酿成悲剧。

三是刑讯逼供屡禁不止。警察在办案的时候,为了追求"命案必破",迫于各种压力,没有严格按照法律的规定,全面收集证据。在侦查中,公安过于依赖口供,认为"口供是证据之王",只要能够撬开嫌疑人的嘴巴，获取嫌疑人的口供，就能获取案件的其他证据，就能侦破案件，在这种背景下，有些公安人员往往就采取刑讯逼供的手段，屈打成招，或者进行诱导性的讯问，最后逼着嫌疑人随便说，或者承认自己没有干过的一些事情。例如，赵作海、佘祥林、杜培武等人，这些人在面对这些子虚乌有的指控时，迫于强大的刑讯逼供的压力，虽然知道一旦承认杀了人，必然要面临着被判处死刑的危险，但是，他们仍然被迫违心地承认自己杀过人，侦查机关也像模像样地收集了一大堆当事人有罪的证据材料，并移交给检察院，检察院迫于压力，也起诉到法院。当辩护人质疑这些证据的合法性和真实性，要求法院排除这些非法证据时，法官一般不相信被告人的辩解和辩护人的意见，也没有胆量和勇气根据法律的规定予以排除，于是，发生冤假错案就变得不可避免了。例如，安徽"张高平、张辉叔侄冤案"中的张高平就说："在刑警队里审了我几天几夜，用各种方式折磨我，不让吃饭睡觉，拿烟头烫，往身上浇冷水，把我按到地上让我闭上嘴往鼻子里灌矿泉水，往两个鼻孔里插烟，用毛巾蘸肥皂水往我眼睛里弄……"更令人发指的是，"看守所里的犯人打我，警察来说态度好、认罪就不会从严。我说我没犯罪，被牢头打得受不了……"除了牢头的毒打外，"牢头让我每天晚上抓50只蚊子才能睡觉，我拖着脚镣走来走去，全都是血。"这样的侦查注定会制造出冤假错案。

四是在具体案件的诉讼中，辩护人的意见得不到重视，法官听不进去，即使听懂了，也不敢采纳律师的辩护意见。可以说，在这些案件中，律师往往都做了罪轻辩护或者无罪辩护，但法官没有采取独立判案的立场，迫于各种压力，对案件质量不负责任，采取疑罪从有或者疑罪从轻原则作出有罪判决，而不敢以证据不确实、不充分作出无罪判决！因为如果法官敢于作出无罪判决，往往会得罪检察院和公安机关，他们会觉得法院很不给面子，影响他们的考核绩效。如果公检法三家就这样互相照顾，互相给面子，结果就会是牺牲无辜被告人的利益，损害国家司法的公正。例如，在笔者办理的两起强奸案件，结合案发背景、证据材料，笔者一直坚信是被陷害设套的错案，但是，一审判决有罪，二审不负责任，没有发挥纠错功能就简单草率维持原判，结果肯定是造成被告人为伸冤而不断地申诉、上访。

五是科技手段的落后而导致侦查技术手段跟不上时代发展。例如，DNA 鉴定技术在没有得到普及之前，往往采取血型鉴定，但血型鉴定不一定准确，因为血型鉴定的结论并不具有唯一性，相同血型的人很多，如内蒙古那起案件中，当时虽然其他地方有 DNA 鉴定，但内蒙古没有这方面的鉴定，于是，侦查机关就采取简单的血型鉴定，但这个鉴定结论并不具有唯一性和排他性，结果就铸成了错案。

二、如何预防和避免冤假错案？

在如何预防和避免冤假错案上，笔者认为，我国必须大力推进司法改革，维护检察独立和审判独立，任何一级的公权力机关及其领导不得干预和插手具体案件的办理。在这一点上，十八届四中全会已经全面地说清楚了，中央也出台了不少文件，这样就可以让检察院和法院能够依法独立行使职权，根据事实和法律，该怎么判，就怎么判。同时，在刑事诉讼中，要认真听取辩护律师的意见，按照疑罪从无以及排除一切合理怀疑的精神，只要证据存疑，无法排除一切合理怀疑的，要敢于作出无罪判决！为此，司法人员要提高自己的法律素养，转变司法理念，树立打击犯罪与人权保障并重的司法理念，学会不偏不倚地倾听双方的意见！

公安机关在侦查的时候，一定要严格按照法律的规定全面收集证据，既要收集有罪的证据，也要收集无罪的证据。在笔录的制作上，不要先入为主，不应采取概括性、选择性的笔录，甚至做好笔录之后，再让嫌疑人签字，而是应该全面、如实地记录被告人的供述和辩解，允许辩护人复制、查看讯问的同步录音录像，这样才能对公安机关的办案形成一种制约力量，杜绝刑讯逼供等非法取证的发生。未来应该一步到位设置讯问时律师在场权，保证控辩双方在证据的掌握上处于同一条起跑线。

在审查起诉阶段，检察机关不能过于轻信被告人的供述和笔录，而是尽量从客观证据的审查、分析入手，做到排除被告人的有罪供述也能定案的程度，对于非法取得的言词证据一定要排除，这些证据绝对不能成为庭审的材料，更不能成为定案的根据！审查案件的时候，能够重视和听取律师的辩护意见。

在审判阶段，对于刑讯逼供获得的证据以及侦查行为，法院一定要启动非法证据排除程序，宣告侦查行为违法以及取得的证据无效！重视关键证人出庭，重视和倾听律师的辩护意见，让庭审实质化，而不是走过场，让案件真相能够真正被发现于法庭。

"今天你们是法官、检察官，但你们的子孙不一定是法官、检察官，如果没有法律和制度的保障，你们的子孙很有可能和我一样被冤枉，徘徊在死刑的边缘。"这是浙江2003年5月19日的"强奸致死案"于2013年3月26日在浙江省高级人民法院再审时，两位被冤枉者之一的张高平在法庭上的一番话。这样的话值得成为中国所有司法工作者的座右铭，每个办案人员应该将其印在纸上，贴在法庭的后墙上，让每一个法官、检察官抬头就能看见，时刻告诫自己不可轻忽法律，更不可玩弄法律。

正视刑事法治的代价

迄今为止，法治是人类社会所能找到的最好的治理国家和社会的方式，国家只能通过法治提升治理能力，进而实现国家治理体系的现代化。而中国的法治建设没有完成时，只有进行时，在未来几十年，乃至上百年的时间里，"法治中国"将一直是这片古老的土地上最强的时代主题，"全面推进依法治国"将是执政党所能选择的治国理政的伟大战略。

大家知道，在国家和社会治理的方式中，主要有法治与人治两种治理手段。假如法治必须是良法之治，而人治则必须是贤人之治的话，那么，可以说，这两种治理手段各有千秋，也各有不足。例如，由于法治更强调法律的普遍性和一致性，那么，法治更容易实现一般正义和形式正义，更容易实现国家和社会治理的一体化和普遍化，但法治也有其内在先天的、不可克服的缺陷，在具体个案中很可能会损害个别正义和实质正义，导致个别正义和实质（实体）正义无法实现；相反，由于人治更强调贤人的品性和具体个案的差异性，所以人治也可能在具体个案的处理中更容易实现个别正义和实质正义，但其必然难以实现国家和社会治理的一体化和普遍化，可能很容易牺牲普遍正义、一般正义和形式正义。

我们可以做一个形象的比喻，假如国家和社会治理的完美标准是 100 分的话，那么，贯彻和推行法治所能实现的正义总量将达到 60 分以上，相反，贯彻和推行人治所能实现的正义总量可能只达到 40 分左右，况且，这种贤人不仅不好找，也找不到。可见，法治也并非是一种十全十美的国家和社会的治理模式，但相对于人治而言，法治更有优势，更能提升国家的治理能力，更能实现国家治理体系的现代化。经过利弊权衡，我们毫无疑问应该选择法治的治理模式，既然如此，国家就应该充分发挥法治的优点和优势，克服法治存在的缺陷和弱点，忍痛放弃和舍去人治所存在的各种优点，而这就是法治所要付出的代价，这个代价就应该由国家以及组成国家的全体国民来承受，大家也应要做好接受法治所需要付出代价的心理准备，我们在选择法治的同时，也必须正视和坦然承受这种代价，理性对待一些危害社会的行为。

例如，在刑事领域，由于国家实行了罪刑法定原则，由于刑事诉讼贯彻无罪推定和疑罪从无的证据裁判规则，那么，在我们现实生活中，必然存在着不少危害社会但刑法又没有明文规定而无法定罪的案件，必然存在着由于警力不足和侦查手段的有限而永远无法侦破的案件（如犯罪黑数），必然存在着由于科技手段的不发达和侦查手段的有限性而导致证据不确实、不充分，最终无法被法院宣判有罪的案件，而这些就是国家践行刑事法治必然要付出的代价。

例如，众所周知的福建"念斌案"虽然被福建省高级人民法院宣判无罪了，但笔者发现一个很有意思的现象，有不少检察官、法官以及警察仍然相信念斌就是真凶，只是没有充分、确实的证据，不能从法律上认定念斌有罪，这就是客观事实与法律事实之间差异的无奈。但也有不少律师则持相反观点，他们不仅支持福建省高院的无罪判决，更相信念斌在客观上也是无罪的，真凶另有其人。同时，也有不少人抱怨，如果念斌不是真凶，那么真凶又是谁呢？丁云虾一对遇害小孩的正义又如何实现呢？这对于丁云虾一家是否不公平呢？但不管怎么样，这两类法律职业人员大多非常尊重、支持，乃至接受福建省高级人民法院的无罪判决，将其称为中国版的"辛普森案"，并认为这是中国法治建设的进步，法治中国的春天已悄然来临。

在刑事诉讼中，法律事实永远都只能不断接近客观真实，但也许永远也不可能和客观真实相一致，因为案件发生之后，大家都没有"穿越"的本事，办案机关也不可能再复原或者回到案发的现场。当时案发的情况，也许只有被告人心里最清楚，而我们这些案外人则是难以真正和彻底地了解和判断案件的真相。由于笔者没有参与案件的审理，也没有看过念斌案的卷宗材料，不便对此发表评论，但笔者同样非常尊重和支持福建省高级人民法院的无罪判决。因为本案在证据上确实存在种种疑点，在证据的证明力上难以达到确实、充分的程度，不能排除一切合理怀疑，因此，不能从法律上由此断定念斌就是真凶，而这与丁云虾一家的正义如何实现则是两个不同的问题。也许我们可以说宣判念斌无罪，丁云虾一家的正义尚未实现。在宣判念斌无罪之后，要实现丁云虾一家的正义唯有依靠公安机关的继续深入地侦查，找到和抓获真凶，依靠确实、充分的证据将真凶绳之以法，以此才能告慰这两位不幸的小朋友。但也有可能出现相反的结果，由于本案发生所跨度的时间太长，许多案发现场已经被破坏，证据正在一点一点地流失，公安机关已经很难再收集和获取到确实、可靠的证据，最终无法将真凶送上法庭，这就意味着丁云虾一家的正义将永远无法实现，而这就是实现刑事法治所要承受的代价。

当然，为了抚慰丁云虾一家受伤的心灵，国家最好能够启动补偿机制，对丁云虾一家进行适当的补偿，毕竟国家负有保护国民生命安全的义务，国民的遇害可以说是国家保护不力的结果，同时，在国民遇害之后，国家又不能有效地侦破案件，不能实现被害人的正义，国家就必须给被害人一定的补偿，以抚慰被害人受伤的心灵，让他们感受到国家依然是他们坚强的后盾，是他们继续生活下去的力量。

[发表于《法制日报》2014年10月15日法学院版]

第二辑

司法观察

严惩司法掮客　纯净司法生态

掮客，是指为买主与卖主之间签订买卖（如房地产、货物或证券）契约（合同）收取手续费或佣金的人，他们的角色就是经纪人或中介人，起牵线搭桥的作用。在现代社会，"掮客现象"已经渗透到我们生活的各个行业。甚至在一些不该出现掮客的领域，也出现了掮客，比如在司法领域中的司法掮客。

在全面推进依法治国的进程中，随着中央"三个规定"的深入人心，越来越多的党政干部已经意识到要尊重司法，而不敢不愿干预司法。因此，在司法实践中，不管是刑事诉讼、民事诉讼，还是行政诉讼，当事人或者家属真正能够通过司法掮客接触到公检法领导，通过他们干预司法，从而为当事人谋取非法利益的情况几无可能，绝大多数司法掮客根本就接触不到公检法领导或者办案人员，也难以影响办案人员公正办案。但这并不影响这些司法掮客敢于欺骗当事人及其家属，他们只要觉得自己与办案人员有一点点关系，就敢于夸大其词，拍胸脯向当事人及其家属保证一定能够打赢官司，或者保证嫌疑人不被逮捕、不被起诉，或者保证被告人一定会被判缓刑，甚至无罪释放。而一些人居然相信了这一套，迷信关系可以搞定一切，迷信金钱可以摆平一切。

这些司法掮客扮演的更多的是骗子的角色，他们向当事人或者家属收取的费用，包括各种公关费用，往往比律师费高出好几倍。这些司法掮客利用了家属病急乱投医的心理以及对法律、案件事实的无知，利用双方信息的不对称，让当事人付出了高额费用。而从理论上讲，任何一个民事案件都有赢有输，任何一个刑事案件都有不逮捕、不起诉、判处缓刑，甚至无罪的概率。于是，当有人被抓，案件还在侦查阶段的时候，就已经有人布下陷阱，再加上许多制度规定不允许办案人员与当事人家属接触，不能向当事人家属透露案情，这种信息不对称也为司法掮客创造了空间与机会。

那么，有人在遇到问题的时候，为什么首先想到的不是法律如何规定，行为后果是否严重，而是想着找关系或者想尽一切办法"捞人"呢？因为他们迷信"有权可以通吃一切"，而不是相信法律，更不去相信办案人员的公正，这也深刻地折射了我国法治社会建设的任重而道远。其实，在现实生活中，老百姓万一遇到需要打官司的情形，或者有亲戚朋友被抓了，千万不要病急乱投医去花钱找关系，这极容易上当受骗；相反，首先应当找一个专业精湛、品行可靠的专业律师对案件和案情进行专业分析，精准判断，看看案件有没有打赢或者辩护的空间，如此才能谋求当事人最大的合法权益。

毫无疑问，不管是什么类型的司法掮客，其行为的社会危害性是巨大的。一方面，他们不仅破坏了国家的政治生态和司法环境，也滋生了大量的腐败，还严重污名化了公正办案的司法人员，动摇了公众对法律和司法机关的信赖。另一方面，他们与正规的律师争夺法律服务市场，影响了律师正常执业的开展，不利于当事人合法权益的保障。司法掮客某种程度上已经变成了危害司法生态与社会公平的毒瘤，应该予以严厉打击。

而要打击这些司法掮客的气焰，也需要我们每一个办案人员都依法办案，打破司法的神秘性，保证司法公开和公正，"努力让人民群众在每一个司法案件中感受到公平正义"；同时，对于当事人而言，也要从内心深处破除那种"有权可以通吃一切"的错误认识，相信现在是一个人人"讲法律，讲道理"的法治社会，专业的问题需要通过专业的司法来解决。这样才能让司法掮客（包括骗子）失去生存的土壤。

［发表于《人民法院报》2023年5月21日第2版］

开设赌场罪中的"情节严重"的认定

20多年前,香港"六合彩"传入内地之后,司法机关一直在严厉打击这种非法彩票,司法实践中对于销售"六合彩"的定性主要有赌博罪、非法经营罪、开设赌场罪三种类型,目前基本趋于一致,以开设赌场罪定罪处罚。但是,销售"六合彩"的开设赌场罪中的"情节严重"亟须司法解释予以调整明确。主要可以分为两种情形:

一是架设赌博网站销售"六合彩"型开设赌场行为中"情节严重"的司法解释滞后于司法实践。2010年8月31日,最高人民法院、最高人民检察院、公安部印发的《关于办理网络赌博犯罪案件适用法律若干问题的意见》(以下简称《意见》)规定了开设网络赌场行为的入罪标准和情节严重的标准。根据《意见》规定:开设赌场行为,具有下列情形之一的,应当认定为《刑法》第303条第2款规定的"情节严重":1. 抽头渔利数额累计达到3万元以上的;2. 赌资数额累计达到30万元以上的;3. 参赌人数累计达到120人以上的;4. 建立赌博网站后供他人组织赌博,违法所得在3万元以上的;5. 参与赌博网站利润分成,违法所得数额在3万元以上的……鉴于网络赌博犯罪的高发和严重性,2021年3月1日起施行的《刑法修正案(十一)》将《刑法》第303条第2款规定开设赌场的法定刑直接从 3 年以下有期徒刑、拘役或者管制，提高到 5 年以下有期徒刑、拘役或者管制，并处罚金；情节严重的，则提高到 5 年以上 10 年以下有期徒刑，并处罚金。

2001 年 12 月 7 日，《最高人民法院 最高人民检察院关于适用刑事司法解释时间效力问题的规定》并未明确规定刑法修订后旧司法解释是否可以继续适用的问题。但考虑到司法解释的效力适用于法律的施行期间，即使开设赌场罪的法定刑发生了变化，司法实践中 2010 年的《意见》仍然具有效力。此时对于常见的"赌资数额累计达到 30 万元以上""抽头渔利数额累计达到 3 万元以上"情形判处 5 年以上有期徒刑，刑罚有过重之嫌，司法实践中大部分案例也是在"情节严重"的法定刑下限进行判决。而对于认定为网络销售"六合彩"型开设赌场罪中的从犯，由于现行司法解释"情节严重"标准较低，其量刑起点高，即使经过量刑情节的调整，最后宣告刑也存在刑罚过重的问题，不符合罪责刑相适应原则。

二是线下销售"六合彩"型开设赌场行为中"情节严重"并无明确标准，如果参照网络赌场"情节严重"的标准，又明显不当。由于社交软件的不断普及，大量销售"六合彩"的行为通过微信、QQ、纸飞机等软件点对点、一对一地进行操作，实践中有司法机关对于这种行为仍参照《意见》规定的"情节严重"标准作出判决。

事实上，该行为仅是利用社交工具传输数据，并非《意见》第一条所规定的建立赌博网站并接受投注的行为，也不是利用手机软件搭建网上赌博平台，其参赌规模、公开程度、社会危害性与网络赌博均有所区别，不应参照《意见》中规定的"情节严重"标准。

笔者发现某中级人民法院采纳了检察机关的抗诉意见，即认为一审判决认定该案属网上开设赌场行为及情节严重情形，适用法律错误，导致量刑错误，应予纠正，建议在 5 年有期徒刑以下改判。

该法院对一审判决将线下销售"六合彩"行为参照《意见》标准认定为"情节严重"的案件予以纠正。

综上,开设赌场罪中的"情节严重"亟须司法解释予以重新明确,以指导全国的统一司法,实现罪责刑相适应,保证刑罚公正的实现。

[发表于《人民法院报》2023年6月8日理论周刊,与安溪县检察院刘继伟合著]

亲民司法入社区， 无讼解忧展天地

社会管理创新是国家治理社会的一种新思路、新理念，社会管理创新既是活动，也是活动的过程，是以社会管理存在为前提的，其目的在于使社会能够形成更为良好的秩序，产生更为理想的政治、经济和社会效益。2009年，中央政法委明确提出"社会矛盾化解、社会管理创新、公正廉洁执法"三项重点工作。因此，法院要积极探索社会管理的创新模式，有效地化解社会矛盾，让老百姓所发生的各种纠纷能够得到及时的解决，让正义得到伸张，让正义能够以看得见的方式呈现。正如时任最高人民法院院长王胜俊指出的，"积极参与社会管理创新，既是司法审判工作的一项重要内容，也是司法机关承担的一项重要社会责任"。法院要延伸司法"手臂"，全力参与社会管理创新。注重发挥司法功能，在抓好社会管理创新项目落实中推进法院整体工作，服务保障社会建设事业。

在推进社会管理创新的实践活动中，在海西建设所倡导的先行先试的实验中，晋江法院始终保持着"敢为天下先"的探索精神，率先把闽南茶文化中的"礼让、友爱、和谐"的精髓融入审判实践中，独创了"司法功夫茶"——茶桌调解法，在全省率先设立"劳动争议法庭"，在全国首次使用了巡回法庭审判专用车，真正创立

"流动法庭"的司法模式,倡导法官进社区,推进无讼社区的建设。晋江法院这种司法模式的创新证明了我国法治的建设完全可以立足于本土,利用本土有效的资源,开创一种不同于西方社会纠纷的司法解决机制,从而形成一种具有本民族和地方特色的纠纷化解模式。

以西方发达法律国家为代表的现代法治社会,更多地建构在马克斯·韦伯组织合范性中的合理性权威,由此派生出的司法技术主义,对社会正义的生产和民众行为规范的形成上,有着重要的形塑意义。但如果据此认为西方范式就是中国人民司法的唯一路径,则未免有"西方咖啡壶泡中国功夫茶"的路径隐患。迥异于西方法治生长土壤的中国当前社会情境和习惯于"和合"与"无讼"文化传统的司法受众,决定了中国法官们面临着比西方同行更为棘手的现代法治化实践。而晋江法院在基层所推行的司法"接地气"系列活动,无疑就是这种法治实践的积极尝试。

在马克斯·韦伯的组织合范性体系中,除了合理性权威之外,还包括了传统权威和个人魅力权威。由于传统权威的既存性和稳定性,可能的司法创新只能诉求于个人魅力权威。因此,无论是巡回法庭审判专用车,倡导法官进社区,推动"无讼社区"建设,还是"司法功夫茶"(即茶桌调解法),晋江法院所试图植入的就是法理权威之外的法官服务意识和规则条文之外的血肉情感,以拆除横亘在群众与法院之间因为司法技术主义所存留的司法门槛,增强群众对代表理性权威的法官的亲近感和认同感,从而真正落实"司法为民"的法治理想。

巡回法庭审判专用车巡审的是法律案件,却无缝地让司法空间从"衙门大堂"重回到了马锡五"田间地头"的场域中。这不但有助于非正式庭审等简易人性化的审判程序机动展开,也将司法公开、公正的形象直接走进人民群众的眼里心中。除了硬件方面全信息化以对接法院审判管理系统,打造随车"亲民"法官的"软件"配备更凸显了晋江法院制度创新中的人民群众面向:除了法律业务素质外,服务意识强和善用"群众语言",成为巡回法庭独特的审判知识系统。这对于在司法现代化过程中,防范和警惕出现布厄迪所指出的"基于法律的裁决与基于朴素的公平直觉的裁决之间的分离不断加大"的趋势不无裨益,借由法官在语言层面的"常识化偏向",巡回车将完成生动的人民司法权威的再造。

基层人民法院,还需要确诊最真实的群众司法吁求。除了适用法律定分止争,软化社会纷争背后的对立外,修复邻里之间冲突后的关系,则成为当下中国基层司法的重要任务。相比于机械套用更强调两造对审结构的正式庭审路线,挂点法官入社区,向人民群众输入一种更易被接受的"听诊"式非讼纠纷解决方式无疑是更具有现实意义。在这种坐诊、听诊、问诊式的司法中,以老百姓的道理和直观事实为基础,从滋生纠纷的病理性人际关系着手,晋江法院已经开始自觉或者不自觉地运用了日本学者棚濑孝雄教授所形容的"治疗型调解",以调整治疗并恢复社区秩序。

特别值得肯定的是,情感因素在司法中的引入并不意味着法律的消退,而是走向了一种灵巧的、更能彰显法律的司法能动。在巡回车内,在调解圆桌旁,在无讼社区里,"你们可以到相关部门投诉,也可以就相邻关系到法院起诉"的法官话语,透露出的是基层司法对当事人程序选择权的尊重;在重大劳资纠纷应急中,在基层人员与执行对象实名联动中,在民企"未成年人帮教基地"建设中,诉前保全、老赖强制和矫正"禁止令"的司法创新,折射的是基层司法能动运用司法机制的智慧和决心。

司法从来都不是简单的法条涵摄,或者是自动售货机一般的贩售裁决。高度专业化的现代司法虽然具有理性权威,但是却容易远离人民群众的朴素正义观念，造成人民司法在塑造正派社会过程中的短板。晋江法院所实践的"转作风，访民意，解民忧，促审判"系列活动，是在法官面向上深入联系群众的有益探索，是在司法知识上融合法理人情的有效做功，是法院系统民心工程再造的有为实践。

［发表于《人民法院报》2012年8月30日实务周刊，与陈慰星教授合著］

不起诉决定书应重视和记载律师的信息和辩护意见

根据《刑事诉讼法》的有关规定，律师在侦查阶段、审查起诉阶段以及审判阶段的角色都是辩护人，在三个刑事诉讼阶段都可以提出相应的辩护意见书。例如，在侦查阶段，针对案件事实，可以提出不予逮捕的辩护意见，即使逮捕之后，还可以向检察机关提出启动羁押必要性审查申请的辩护；在审查起诉阶段，可以当面向检察官发表辩护观点，也可以提交书面的辩护意见书，检察机关应当听取辩护律师的意见，并将辩护意见书附卷；在审判阶段，律师可以当庭发表辩护意见，事后还可以提交详细的辩护词。因此，对于有律师参与辩护的刑事案件，司法机关都必须在法律文书中载明律师的身份信息，体现律师的辩护观点和意见，即使不采纳律师的意见，也要相应地予以回应和解释。

2014年12月23日，《最高人民检察院关于依法保障律师执业权利的规定》（以下简称《规定》）也有明确的规定和要求。《规定》第8条规定："人民检察院应当依法保障律师在诉讼中提出意见的权利。人民检察院应当主动听取并高度重视律师意见。法律未作规定但律师要求听取意见的，也应当及时安排听取。听取律师意见应当制作笔录，律师提出的书面意见应当附卷。对于律师提出不构成犯罪，罪轻或者减轻、免除刑事责任，无社会危险性，不适宜羁押，侦查活动有违法情形等书面意见的，办案人员必须进行审查，在相关工作文书中叙明律师提出的意见并说明是否采纳的情况和理由。"但是，在司法实践中，各地检察机关做得并不到位，于是，2023年3月2日，最高人民检察院、司法部、中华全国律师协会又联合印发了《关于依法保障律师执业权利的十条意见》（以下简称《意见》），《意见》中第4条内容为：人民检察院听取律师意见，应当坚持"能见尽见、应听尽听"原则，充分保障律师向办案部门反映意见的权利。人民检察院拟决定或者批准逮捕犯罪嫌疑人的，应当在作出决定前征询辩护律师意见。拟当面听取律师意见的，应当由检察官或者检察官助理在专门的律师会见室进行，并配备记录人员，完整记录律师意见和工作过程。当面听取律师意见有困难的，可以通过书面、电话、视频等方式进行并记录在案。第5条意见为："人民检察院应当全面审查律师就办案工作提出的意见，有事实和法律依据的意见应当吸收。在案件办结前，应当通过约见、书面、电话、视频等方式向律师反馈意见采纳情况及不予采纳的理由，并记录在案。制作法律文书时，应当写明律师相关信息，并载明律师意见、检察机关采纳情况及不予采纳的理由"。这里的"制作法律文书时，应当写明律师相关信息，并载明律师意见、检察机关采纳情况及不予采纳的理由。"自然包括制作不起诉决定书，这就要求不起诉决定书不仅应该写上辩护人的信息，而且，还应该简要地归纳和摘抄辩护人的观点及其理由。

大家知道，不起诉决定书是检察院作出的终结性法律文书，标志着一个案件的审查终结，也意味着被告人是无罪的。在检察院的审查起诉阶段，如果嫌疑人或者家属有委托律师参加辩护，那么，检察官应该认真听取辩护人的辩护意见，才能更加全面、客观、公正地作出判断（辩护人其实是检察官和法官办案的最好助手，多听取辩护人意见可以最大限度地避免办错案）。如果检察院作出了不起诉决定，那么，也说明辩护人提出了无罪的辩护意见对其案件处理结论的形成起到一定的作用，在这种情况下，不起诉决定书不仅应该一并写上辩护人的信息，还应该在法律文书中简要地归纳和概括辩护人提出的观点及其理由，这是检察官对辩护人工作的一种尊重。当事人在收到不起诉决定书之后，才能知道辩护人到底在案件中提出了什么观点及其理由，也才能感受到辩护人的辩护意见对案件结论的形成是有贡献的，才会更加信任和尊重律师。

那么，为什么有些检察院会不写辩护人的信息呢？这可能是因为在审查起诉阶段，当事人常常更换律师，有时候当事人先后聘请和委托的律师超过了两人，这些律师可能先后都提交了辩护意见书，检察官也不知道应该写上哪个律师的信息。其实，这个问题很好解决，只要写上当事人最后委托的律师即可，因为此前当事人委托的律师已经被解除了委托关系，在案件审结时，他们自然不是该当事人的辩护人，只有最后委托的律师才是该案件的真正辩护人，对案件最终结论的形成起到最后和决定性的作用。同时，不起诉决定书只有写上辩护人的信息，律师事务所在归档的时候，才能保持法律文书与委托手续、律师事务所函等材料的相互一致。

同时，不起诉决定书还应该一并写上实习律师的姓名。在办理案件中，如果律师曾带着实习律师一起办案，在提交辩护意见书或者与承办检察官沟通的时候，肯定会署上律师和实习律师的姓名，检察官肯定是听取律师的辩护意见，不可能单独听取实习律师的辩护意见；因为实习律师不可能单独去与检察官沟通，检察官也不可能会单独听取实习律师的辩护意见。在这种情况下，不存在写上实习律师的姓名会被误认为检察官单独听取实习律师的辩护意见。而且，在不起诉决定书中写上实习律师的姓名，对实习律师也是一种激励和鼓励。因此，考虑法院作出的判决书都一并标注和记载实习律师的姓名，检察院作出的不起诉决定书作为一种终结性的法律文书，更应该标注和记载实习律师的姓名；同时，一并写上实习律师的姓名，律师事务所在归档的时候，同样才能保持法律文书与委托手续、律师事务所函等材料的相互一致，方便实习律师在接受入职考核、申请律师执业证书的时候，可以更加清楚地表明自己参与了该案件的办理。

总之，在不起诉决定书上，是否要写上辩护人的信息，全国检察机关并不统一，最高人民检察院也没有作强制性的统一规定，但从上述《意见》的规定以及办案的规范要求来看，如果有律师参与检察院审查起诉阶段案件的辩护，那么，检察院就应该在不起诉决定书上一并写上律师的信息，如果该律师带着实习律师一起办理，那么也应该一并写上实习律师的姓名。

在这个问题上，2021年2月，宁波市检察院联合市司法局和市律师协会共同出台《关于合力促进新时代检律良性协作互动的意见》，文件中提到了三个"首次"，其中包括首次将辩护律师姓名及单位写入不起诉决定书中，宁波的这个做法值得全国办案机关学习。最高人民检察院在未来规范法律文书的写作中，应该统一规定，要求全国检察机关在不起诉决定书中一并写上辩护人（包括律师和实习律师）的信息，这是法律职业者之间相互尊重的一种表现，也是象征了检察官和辩护人一起共同努力，推动案件的公正办理，标志了法律职业共同体成员共同努力、共同成长，共同推动社会主义法治国家的建设。

事实上，不仅不起诉决定书要重视律师意见，刑事判决书更要重视分析和回应律师的辩护意见。因为刑事诉讼涉及公民生命、自由和财产的剥夺，刑事判决书理应比民事判决书更需要讲理，更注重分析。但是，在司法实践中，民事判决书往往比刑事判决书更讲道理，更注重分析，法官会把双方的诉讼请求以及理由、证据全部列出来，然后归纳和概括双方争议的焦点，最后根据焦点逐一分析和评判。而刑事判决书对于辩护人提出的辩护意见，常常就以"于法无据，与事实不符"为由不予采纳。可是，法官心中的法是什么法，他们的事实又是什么事实，为什么辩护人提出的这些辩护意见就"于法无据，与事实不符"呢？刑事法官难道不应该进行严密论证和细致分析后再给予判定吗？

起诉书和判决书应全面评价罪数形态中的各罪

在我国罪数形态理论（犯罪竞合论）中，主要有持续犯、继续犯、想象竞合犯、法条竞合犯、牵连犯、吸收犯、结果加重犯等，其中，想象竞合犯、法条竞合犯是因侵犯多个法益或者符合多个构成要件而触犯了多个罪名，而牵连犯或者吸收犯则是因为行为人实施了多个行为而触犯多个罪名，只因行为与行为之间存在着牵连关系或者吸收关系而则择一重罪处断。

在司法实践中，对于这些罪数形态，除非法律有特别规定应当数罪并罚外，最终也都是以一罪起诉和判处，即检察院会以自认为较重的犯罪起诉到法院，法院一般也是按照起诉书所认定的罪名作出判决。但对于行为人触犯的其他罪名，在起诉书或者判决书中并没有得到相应的体现和说明，这不能不说是当前法律文书写作上的一个缺陷，缺乏说理成分，没有将刑法理论贯彻到司法实践中；同时，也无法体现出刑法对被告人各个行为的全面否定性评价和谴责。

一、起诉书和判决书应全面评价罪数形态中各罪的学说依据

张明楷教授曾指出，"对被告人具有数个有责的不法行为，在宣判时，应将其一一列出，并作客观、全面、充分的评价，以便被

告人能从判决中了解其行为触犯了数个罪名，从而让一般人得知什么样的行为构成犯罪，有利于实现特殊预防和一般预防，这才是想象竞合的明示机能。"他还指出："行为人和普通民众很少通过直接阅读刑法来了解或规范自己的行为，但通常他们会通过各种判决书和公布的案例来了解刑法。可以说，刑法只有通过公布各类裁判文书的形式应用到具体生活中才具有现实意义。"换句话说，"裁判文书就是对刑法条文的生动解读，解读得越详细，就越能发挥它对一般人行为的规范作用，当然，要充分发挥这一作用，就必须注重想象竞合的明示机能。"这一点越来越受到刑法学者的重视。例如，周光权教授就认为："想象竞合犯中行为人的行为究竟符合哪些犯罪的构成要件，需要法官在一份份逻辑严谨、说理翔实的判决书中一一列举，以便判断行为人所触犯的多个罪名孰轻孰重，以及法官对从一重罪处断的把握是否准确，以防止司法人员不当行使司法权。"我国台湾学者黄荣坚教授也持一致观点，并说得更通俗易懂。他认为，"法官的审判工作，并不只是判一个刑就好了，而是也要让人知道，行为人错在哪里。犯罪宣告的本身，也是在宣示什么事情是错误的，是不被容许发生的。从此一观点出发，到底行为人做错了什么事，我们必须有清楚的交代。"

二、起诉书和判决书缺乏全面评价罪数形态中各罪的现实状况

由于我国《刑法》对想象竞合、法条竞合或者牵连犯的适用原则没有明确的一般性规定，在司法实践中，除非有《刑法》明确规定数罪并罚，否则，按照刑法的基本理论，都是择一重罪处罚。当然，这一前提必须是行为人同时侵害了多个法益，触犯了多个罪名，起诉书和判决书应该对此有所回应并进行全面、充分的评价。

但长期以来，在司法实践中，起诉书或者判决书一般都不写被

告人的犯罪行为所触犯的全部罪名，也不写罪数形态的处断原则。其中，检察官是直接根据自己的判断，以其中一个重罪起诉，并提出量刑建议，而对被告人的同一个犯罪行为同时还触犯其他罪名的情形，在起诉书中则不作评价，这就导致代表国家的公诉机关对该犯罪行为同时还具有侵害其他不同法益的不法性质没能作出全面充分的否定性评价。法官亦是如此，根据不告不理的刑事诉讼原则，刑事判决书也仅仅针对起诉书指控的罪名和检察官提出的量刑建议作出判决，而未列明被告人实施的同一个犯罪行为同时还侵害其他法益，触犯其他罪名的情况，使得判决书缺乏说理性，也不能充分发挥想象竞合的明示机能或者宣示机能。

反观我国台湾地区法院在涉及想象竞合犯的刑事案件中，法官都会在判决书中将被告人所触犯的罪名一一列明，然后，根据罪数形态原理对该案择一重罪作出处断，这一点值得我们大陆地区的检察官、法官学习。为此，这就要求我们检察官在涉及罪名竞合案件的起诉书中列明被告人的行为所触犯的全部罪名，同时，因被告人只实施一个犯罪行为而作出适用择一重罪处断原则进行起诉并提出量刑建议。同样，法官在判决书中，也应列明被告人所涉及的全部罪名，并比较这些罪名之间刑罚的轻重，择一重罪作出判决。这样才能充分体现刑法对不同法益进行充分、全面的保护，同时，也能告诉被告人其行为侵害了哪些法益，触犯了哪些罪名，让社会公众知道国家在保护哪些法益，侵害这些法益会构成什么罪，从而可以更好地实现特别预防和一般预防犯罪的作用。

三、提倡起诉书和判决书应全面评价罪数形态中各罪的意义

笔者认为，案件涉及不同的罪名都应该在起诉书或者判决书中得到体现和反映，以体现刑法全面否定评价和谴责的精神。理由和

意义如下：

1. 刑法全面否定评价不法行为以及谴责行为人的基本要求。在办案中，案件事实与法律规范要相互对照，在事实与规范的相互对照和调适中，罪责刑相适应原则和量刑公正要求司法机关对于案件事实不得进行重复评价，从而额外加重被告人的责任，同时也禁止司法机关进行片面评价，以免漏掉刑法对被告人行为的否定和谴责。犯罪的实体是违法与责任，在对具体案件的认定中，要求司法机关对案件的事实，包括符合构成要对行为事实以及犯罪情节、数额等违法事实和责任事实进行全面的评价，才能体现出被告人行为的违法性和行为人的有责性，才能充分说明被告人行为总体的社会危害性。

对于牵连犯、吸收犯而言，往往是因为行为人实施了多个行为而触犯了不同的罪名，而对于法条竞合、想象竞合犯而言，虽然行为人仅仅实施了一个行为，但因为其触犯了多个法律条文或者侵犯了多个法益而符合不同构成要件所对应的罪名，这些最终都是按照一个罪从重处断。但在目前的起诉书、判决书中却都只将最终的处断结果描述出来，而没有将其所触犯的罪名全部写进法律文书，无法反映该行为的法益侵害性和行为人的可谴责性，无法体现刑法对行为不法与行为人责任的全面评价。

2. 起诉书、判决书简要说理的体现。起诉书是指控被告人犯罪的法律文书，而判决书则是确定被告人犯罪的法律文书，不管是起诉书，还是判决书都应该尽量进行一定的说理和论证，尽管起诉书的说理比较简单，判决书的说理相对复杂和全面，但本质上都是要进行一定的法理推导和论证，才能让被告人知道自己被指控和判决有罪的法律依据和理论依据。因此，如果起诉书、判决书能够将被告人所实施行为所触犯的罪名全面描述出来，然后在法律文书中说明，根据刑法通行的理论，本案择一重罪处断，那么，就能增强起诉书和判决书的说理性，提升起诉书和判决书的质量。

3. 司法人员综合法律素养的表现。目前，由于没有法律明确规定司法人员个体可以独立解释法律，司法解释的过度化和泛化，使得司法人员总体法律适用能力都较低，突出表现在司法人员深深地陷入了司法解释的依赖路径中，没有司法解释，不少司法人员就不敢或者不会办案，没有司法解释，司法人员不敢或者不懂得凭借自己的法学素养、法律知识和良心，运用法学的基本原理对现有法律进行解释，进而对案件作出自己的判断，这就使得司法人员的法律适用能力无法得到有效的提高，相反，陷入了一种可怕的恶性循环当中。例如，在面对着重大法律适用的疑难案件的时候，总是表现出惊慌失措，无从下手，自己都不敢做主，不能独立地根据法律原理和内心正义感对案件作出自己的解释和判断。长此以往，司法人员就难以具备独立起诉和独立审判的信心和能力。因此，要鼓励和强调司法人员在起诉书和判决书中，将被告人所触犯的罪名全面描述出来，并对罪数形态中的各罪关系进行充分的论证，然后，根据罪数形态理论，选择其中较重的犯罪进行起诉或者判处，这不仅是司法人员法律素养的一个表现，也是鼓励司法人员自我提升法律适用能力的有效途径。

热剧《底线》中刑事案件审理的启示与借鉴

由最高人民法院指导拍摄的电视连续剧《底线》（由靳东、成毅、蔡文静、王秀竹等人主演）主要反映了我国地方法院（主要是中级法院和基层法院）法官们的日常主要工作和各个法官背后家庭生活的真实故事。由于演员表演得很真实，接地气，加上他们办理的案件都是这几年现实生活中真实发生的具有代表性和争议性的案件，使得这部连续剧获得观众的高度评价和很高的收视率，这对于宣传我国法院，提高法院的司法权威，进而推进社会主义法治建设具有重要的意义。

法律是一种实践理性，法学是一门实践学科，法科毕业生光熟悉法律条文的规定是远远不够的，还必须熟悉我国深厚的传统文化和中国人复杂的现代社会生活，并善于将法律灵活地运用于解决老百姓身边的疑难问题和生活难题，才不会变成单纯的"法条姐"。法官是俗世社会正义的化身，他们的主责主业当然是主持社会公道，解决社会纠纷，化解社会矛盾，把司法正义送到每个人的家门口；同时，他们自身也面临着如何处理好工作和生活、事业与家庭的永恒问题。

《底线》中的法院主要围绕民事审判和刑事审判两大主线展开，

其中，星城区人民法院立案庭和民事审判庭的法官们的主要工作是充分利用多元纠纷解决机制，实现民事案件的繁简分流，注重庭前的调解工作，真正解决百姓日常纠纷，实现"案结事了"的法律效果和社会效果的统一；而榕州市中级人民法院刑事审判庭的法官们的主要工作是审理一些引起社会关注、具有重大争议的刑事案件，这些案件都是由这几年发生在现实生活中的真实热点案件改编而来，包括"于欢案""江歌案""吴谢宇弑母案""货拉拉案"等。这些真实案件发生之后引起社会的极大关注和热议，法院如何妥当地处理都会影响甚至引领社会的健康发展。而《底线》的编剧在将案件的基本事实写入剧本的同时，为了剧情的需要又有所发挥、加工和编辑，使得整部连续剧的可观性很强，很容易引起观众的共鸣。我观看了《底线》这部连续剧之后，就其讲到的几个刑事案件的审判，谈几点启示，这些启示对于法官和律师均具有借鉴意义。

一是法官在审理案件过程中，应当具备一般人的理性，有设身处地和换位思考的思维，既要反对法律教条主义，也要反对法律虚无主义，才能妥当地得出社会公众大致能够接受的裁判结论。

《底线》一开始就引入了发生在山东聊城的"于欢案"，引起了观众的极大兴趣。雷星宇的母亲苏淑芬被高利贷催收人员限制在办公室，还被人当面侮辱，雷星宇在被催收人员强力按在桌上的情况下，努力挣扎，挣脱之后，拿起一把管制刀具捅死一人，捅伤多人的行为，到底是一种防卫行为，还是一种单纯的故意伤害行为？在《底线》中，雷星宇在庭上质问众人："如果你们的母亲被当着面侮辱，你们受得了吗？"这个情节引发了所有观众的共鸣。但是，主审法官宋羽霏在审理这个案件过程中，认定雷星宇没有如实供述主要犯罪事实，也没有充分重视"辱母"这一严重有悖人伦的情节，没有一体把握催债人员不法侵害行为的整体性和持续性，没有设身处地地考虑雷星宇当时所处的具体环境；而是固执地认为当时催收人员的不法侵害行为已经结束，当时有警察在门外，可以向警察求助，因而其向催收人员捅刀子不是一种"不得已"的行为。于是，法官认定雷星宇主观上缺乏防卫的意图，而是一种单纯的故意伤害行为。根据少数服从多数的合议规则，合议庭最终认定雷星宇构成故意伤害罪（致人死亡），判处无期徒刑。

这个案件的一审结果被报道之后，自然引起了全国各大媒体和法学专家学者的关注和思考，案件上诉到新南省高级人民法院之后，高级法院的法官在最高法院的指示下，全面深入调查取证，走访有关当事人及其背后的社会关系，查清了案件的事实真相，认定采取非法拘禁方式来催收债务行为本身就是一种不法侵害行为（《刑法修正案（十一）》对此还增设了催收非法债务罪）。这种行为具有持续性和连续性，应当采取整体主义的判断方法整体把握和理解，而不能采取分割主义的判断方法，片段地对催收人员的行为进行把握和理解。雷星宇在其母亲苏淑芬被侮辱的情况下，忍无可忍，用刀子捅死捅伤催收人员的行为符合一般人的理性，是一般人在那种状态之下能够作出的正常反应，是一种防卫行为，只不过其防卫行为明显超过必要限度且已经造成了重大损害而成为防卫过当。于是，新南省高级人民法院根据《刑法》第 20 条第 2 款的规定，对防卫过当行为，应当减轻或者免除处罚，改判雷星宇 5 年有期徒刑。

在案件改判之后，主审法官宋羽霏在去南方旅行的动车上，结合自己一天晚上在家里差一点对徐天律师实施假想防卫的情景，对方远等人以微信的方式开始反思自己的裁判思维，"她自以为是为雷星宇做出了很多努力，却是在认定对方有罪的前提下布置从何开始，她的眼里只有案子，彻底忽略了案子里的当事人。因为越来越习惯看到人性中的恶，已然忽略了可能存在的善，甚至忘记了人性之复杂,善恶总是交织出现,坐在高高的法台上,穿着一身法袍,总是不断地提醒自己应该理性、冷静,久而久之抹去了对人性的洞察。可是审判并非为了报复恶,而是为了提振善。"这就要求法官必须具备一般人的理性,要具有设身处地和换位思考思维,在裁判时,必须以案件的客观资料为裁判基础,站在行为时的时点,以行为人以及一般人的立场思考行为人的反应,而不是站在事后,并以"事后诸葛亮"的认识对行为人提出过高,甚至更为苛刻的要求,这样的裁判结论才能既符合法律的规定,也符合常识常理常情,实现国法、天理、人情的统一,实现法律效果、社会效果和政治效果的统一。例如,西北政法大学的王政勋教授在《法教义学与语言分析——基于正当防卫权威判例的研究》一文中明确指出:"一个合格的法官,一个成熟的法律学人,应当具备较强的文字理解能力,善于通过上下文之间的言内循环确定词语在文本中的意义;应当具有丰富的司法经验,善于以规范确定事实的法律意义、以事实确定规范的动态意义,实现事实和规范之间的循环;应当具有完善的知识结构和丰富的社会阅历、良好的判断力和恰当的同情心,既能设身处地、将心比心,又能审时度势、守文持正,从而实现言内、言伴和言外的解释论循环。解释者既不能使自己对法律的尊崇遮蔽其作为社会成员的良心、良知和常识、常理,沦为机械执法的法律教条主义者,也不能漠视法律的明确规定,悍然以道德意识、文化观念等代替法律,陷入法律虚无主义。"

二是法官在审理案件中,要走出卷宗材料,重视调查研究,重视分析发生犯罪的原因,从证据材料的表面现象看到案件的本质,排除了其他各种可能性。

我国《刑事诉讼法》第 55 条规定"对一切案件的判处都要重证据,重调查研究,不轻信口供"。《底线》中榕州市中级人民法院刑庭的主审法官宋羽霏在审理以"吴谢宇弑母案""货拉拉案"为原型的"唐啸云弑母案""富大龙过失致人死亡案"中，没有仅仅停留在这两个案件的卷宗材料里，而是非常重视调查研究，多次到看守所讯问被告人，非常重视卷宗材料之外的信息。例如，她一直不明白唐啸云这么优秀、这么孝顺的孩子为什么会这么冷静淡定地杀害自己的母亲，其背后的原因又是什么？于是，她开始进行了走访和调查，并多次到看守所讯问了唐啸云，结合自己的成长背景，终于找到了悲剧发生的原因，那就是母亲在教育过程中，没有把孩子当成一个独立的个体，不重视孩子自身的自主意识和自由意志，说白了，就是不重视孩子的独立人格和自由思想，而是以"孩子是自己生的，应该听自己的话，一切都是为了孩子好"的思想理念出发，控制孩子的灵魂和精神，这种近乎变态的教育理念长期遏制了唐啸云内心的独立性，时间一久，唐啸云就以这样一种极端的方式来"解放"自己，"拯救"自己。因此，法官在办理刑事案件的过程中，不能仅仅停留在案件的表面，还要进一步分析案件或者悲剧发生的根本原因，以此来引起世人的警醒，这才能实现司法的教育意义；同样，在审理"富大龙过失致人死亡案"中，宋羽霏也是非常重视调查研究，非常重视对案发现场的调查，并通过大量的走访，了解到富大龙的家庭背景，结合这些资料作出了正确的裁判。一开始，公安机关提供了富大龙偏离导航所走的路线需要的时间比正常路线还要多的侦查实验数据，并发现了货车内有一瓶矿泉水，矿泉水中还含有能够使人镇静，甚至死亡的禁止药物——芬太尼，而且，也发现了富大龙曾经用手机搜索网络的浏览记录——"如何让人不知不觉地死去"。公安机关提供的这些信息，一开始就让法官陷入了一种富大龙有杀人强奸和抢劫犯罪意图的假象。但宋法官没有停留在这些信息上面，而是通过到富大龙家走访调查，甚至自己让周亦安开车载着她重走了一下偏航的路线，观察偏航路线的路况，通过传唤证人出庭，掌握了富大龙这样做的目的。于是，才揭开了案件的本质，富大龙从根本上就缺乏杀人强奸和抢劫的犯罪意图，"谢玲的跳车身亡"对富大龙而言顶多仅是一种过失，最后以过失致人死亡罪判处富大龙一年有期徒刑，缓期二年执行，富大龙就此走出了看守所，获得了自由。

三是律师要重视对证据的调查和收集，通过对案件事实真相的挖掘来保障当事人的合法权益，而不是靠搞歪门邪道来打赢官司。

在富大龙过失致人死亡案中，富大龙的辩护人安平律师看到公诉机关以故意伤害罪来指控富大龙的时候，一开始就进行了无罪辩护，这样一种辩护策略当然是正确的。"取法乎上，仅得其中；取法乎中，仅得其下"，面对着这样富有争议的案件，辩护人当然要选择无罪辩护，以换取法官对这个案件的重视，最终虽然仅得过失致人死亡罪的裁判结果，但已经取得了很好的辩护效果。可能是由于安律师刚刚出道，对刑事辩护不是很了解，曾经试图通过搞定法官的关系来影响法官的裁判。这个从宋羽霏带着法官助理去富大龙家走访的时候可以看出来。当时富大龙的老婆在宋法官要离开的时候，说要给法官送自己家种的水果，宋法官在推脱中，整袋水果落到了地上，从中掉出来了一沓人民币（至少一万元），这时候，双方都尴尬了。虽然安律师当场责怪富大龙的老婆，让她不要这么做，但明眼人都看得出来，这可能就是安律师的主意。于是，宋法官在富大龙家楼下当场批评了他："当事人家庭不富裕，他们花钱请你是对你寄予了厚望，你想赢，人之常情，但希望你用正当的手段去帮助当事人，律师与法官不是对立关系，都在努力维护当事人的合法权益，要学会信任我。"言下之意，就是让安律师最好能够在证据收集和分析案情上多下功夫，而不是搞这样一些歪门邪道。

事实上，在这个案件审理中，宋法官内心也非常同情富大龙，他通过多次讯问富大龙，基本上判断富大龙主观上不可能有杀人强奸和抢劫的犯罪意图；但是，富大龙车上含有芬太尼的矿泉水和网页浏览记录使得她产生了困惑，其内心对此始终得不到合理的解释。安律师通过走访调查和收集证据，以及同意传唤富大龙的父亲富田根出庭作证，她才得到了合理的解释，心中的困惑也最终解开了。因此，宋法官那一句"但希望你用正当的手段去帮助当事人，律师与法官不是对立关系，都在努力维护当事人的合法权益，要学会信任我"其实就是法官对律师的忠告，也是提醒，更是每个律师应该走的正确道路。如果律师在代理案件中，不是依靠证据审查和法律分析，而是想着依靠走关系，搞歪门邪道赢得官司，那么，不仅会影响自己专业能力的提升，甚至有可能把自己送入监狱。一个律师如果习惯或者喜欢用这种方式来打官司，很容易上瘾，一旦接到案件，首先想着不是如何根据事实和法律来分析案件，来发现案件的真相，而是想着如何通过其他各种手段来赢得官司，久而久之，就会疏于对法律的学习，疏于对专业能力的提升，最终就会断送自己的律师职业生涯。

这是我观看《底线》中法官对刑事案件审判的启发，也是对所有法官和律师的启示，希望我们的法官在审理刑事案件过程中，能够重视并善于听取律师的辩护意见，同时，更希望律师在代理刑事案件过程中，能够尽心尽力地通过专业知识提出可供法官参考的辩护意见，以保障当事人的合法权益，因为辩护的作用就是保证有罪的人能够受到法律公正的对待，保证无罪的人不被冤枉。

[删减版《从电视剧〈底线〉看刑事案件审理新思路》发表在《人民法院报》2022 年 12 月 30 日第 2 版]

在简易程序案件中，律师能否作细化的量刑辩护

认罪认罚从宽制度适用之后，法院庭审的效率大大提升，因为被告人都签署了《认罪认罚具结书》，表示接受检察机关的指控和量刑建议，一般也会同意适用简易程序，整个庭审就从简了。但是，这个从简也应该有一个限度，主要是庭审发问和举证质证可以简化。例如，有些公诉人常常说，鉴于被告人已经表示认罪认罚，签署了《认罪认罚具结书》，本公诉人不再发问，或者简单地一句："你庭前供述是否属实，是否愿意认罪认罚？"公诉人举证也只简单宣读证据清单，辩护人也常常回答对该证据没有意见，于是，庭审很快就能进入法庭辩论阶段，法庭辩论阶段不可从简。

那么，在法庭辩论阶段，如果是共同犯罪的案件，辩护人能否就需要区分主从犯进行辩论，从而认为自己的当事人属于从犯？如果公诉机关只认定被告人构成坦白，辩护人能否认为构成自首？如果公诉机关没有认定被告人具有立功情节，辩护人能否提出具有立功情节？总之，一句话，能否针对起诉书没有认定的法定量刑情节进行辩护？还是只能乖乖地接受公诉机关的认定，而不能就量刑理由提出新的意见？

对此，不同法院有不同做法。例如，有的法院没有限制，辩护人想怎么辩，就怎么辩，只要不作无罪辩护就可以了。至于量刑辩护，辩护人完全可以根据自己的判断提出自己量刑的理由，甚至可以提出公诉机关量刑偏重，建议法院微调的辩护意见。但是，有的法院为了提高庭审效率，对辩护人的限制很多。他们认为，既然被告人已经签署了《认罪认罚具结书》，而且，同意适用简易程序，意味着辩护人只能接受起诉书的所有认定，只要起诉书没有认定的，辩护人就不能提出辩护意见。例如，在共同犯罪案件中，起诉书没有区分主从犯，或者起诉书只认定坦白，没有认定自首，或者起诉书没有认定构成立功，等等，那么，辩护人就不能提出区分主从犯的辩护，也不能提出被告人构成自首或者立功的辩护，而只能全盘接受起诉书的认定，只要起诉书没有提到的，辩护人都不能再提了，只能赞同起诉书不区分主从犯或者只构成坦白，不构成自首或者立功的认定，更不能提出变更适用轻罪的辩护。如果辩护人提前说或者庭审发表意见说，要做主从犯区分，或者构成自首，或者构成立功，或者构成轻罪的辩护，或者建议判处比量刑建议更轻的刑罚，那么，法官可能会建议说，本案就不再适用简易程序，而要改为适用普通程序，今天的庭审就不再进行，甚至认为，本案也不再适用认罪认罚从宽制度，严重者，还会建议检察院撤回《认罪认罚具结书》。更为极端的还有，当法官问被告人对量刑建议是否有意见的时候，被告人只回答说，量刑建议有点重，请求法庭判轻一点，个别检察官就会认为被告人反悔了，表示要撤回《认罪认罚具结书》。这样的说法，意味着在认罪认罚从宽适用简易程序的案件庭审中，被告人基本上不用自我辩护了，而辩护人也完全丧失了相对独立辩护权，辩护变成可有可无，就是一个形式和摆设，庭审完全就是走一个过场。这对法庭理解、认定和裁判案件起不到任何实质意义和帮助，可能导致法官办错案件，最终损害的就是司法公正。

笔者认为，要回答这个问题，还是要回到《刑事诉讼法》及其解释的有关规定。对于认罪认罚从宽适用简易程序的案件，辩护人肯定不能再作无罪辩护，如果辩护人作无罪辩护，意味着案件可能有争议，比较复杂，根据《最高人民法院关于适用〈中华人民共和国刑事诉讼法〉的解释》（以下简称《刑事诉讼法解释》）第360条的规定，就不适用简易程序了，法院就会改为适用普通程序。但是，辩护人在接受和同意检察机关指控的事实和罪名的情况下，到底能否作进一步细化的量刑辩护，包括提出更轻的量刑建议呢？

根据我国《刑事诉讼法》及其司法解释的相关规定，可以看出，那些认为如果辩护人提出区分主从犯的辩护，或者提出自首，或者提出立功的辩护，或者对量刑有异议的辩护，法庭都应改为适用普通程序，不再适用简易程序的说法是错误的，是对法律及其司法解释的完全误解，是对适用简易程序或者不适用简易程序的法律作不合理的限制解释，根本无法发挥辩护人在此类案件中关于量刑的辩护作用。这意味着《刑事诉讼法》第218条所规定的适用简易程序审理案件，经审判人员许可，被告人及其辩护人可以同公诉人、自诉人及其诉讼代理人互相辩论沦为一句空话，如果法庭都不允许律师作这样的辩护，那么，辩护人真的只能作初犯、偶犯、谅解、赔偿等酌定量刑情节的"套路辩"了，控辩双方根本就辩论不起来，这样的庭审又有何实质意义？法庭只能全盘接受公诉机关的指控了而不再对案件作实质审查了。

事实上，结合《刑事诉讼法解释》第360条和第368条的规定，笔者所提出的上述进一步细化的量刑辩护，都不属于不适用简易程序或者应改为适用普通程序的情形。但也有法官认为，这些属于上述规定中的"其他情形"，可以由各个法院自己内定和把握。对此，我也咨询过一个基层法院的刑庭庭长,他表示:"在司法实践中,确实也有公诉人当庭提出反对辩护人的做法,但我在庭上表示辩护人有独立辩护权,主要是看看被告人的意见,辩护意见是起到提醒法庭的作用",这个庭长还表示:"公检法律师都是法律工作者,应当相互制约、监督、包容、互补,目标是一致的,都是遵循以事实为依据,以法律为准绳,把案件办得更加完美。"笔者很赞赏和钦佩这位庭长,因为如果要保持使简易程序庭审具有一点点实质意义的话,如果法庭还要保留一点一点权威和尊严的话,那么,应该允许辩护人作进一步细化的量刑辩护,把量刑的理由说得更充分、更清楚,让法官心中更有数,否则,庭审真的就失去了意义了。而这包括但不限于允许辩护人提出主从犯区分和坦白、自首的辩护,甚至是公诉机关没有认定立功,但辩护人认为构成立功,甚至是可以对认罪认罚具结书中量刑建议提出异议,建议法庭向下微调。这些可以从《刑事诉讼法解释》的相关规定中看出。

《刑事诉讼法解释》第353条规定:"对认罪认罚案件,人民法院经审理认为量刑建议明显不当,或者被告人、辩护人对量刑建议提出异议的,人民检察院可以调整量刑建议。人民检察院不调整或者调整后仍然明显不当的,人民法院应当依法作出判决。"根据这一规定,意味着在认罪认罚从宽案件中,即使是适用简易程序,辩护人也可以对量刑建议提出异议,而不是完全认同检察机关提出的量刑建议,只是检察机关是否愿意调整以及法院是否接受的问题,但完全不影响辩护人提出新的量刑建议。

证人（警察、专家）出庭"作证难"，难在何处

长期以来，在我国司法实践中，证人出庭作证难一直是个大问题。在绝大多数的案件审理中，证人都不出庭，而是由公诉人在法庭上宣读证人证言，这里预设办案机关调取、收集的证据先天就具有真实性、合法性和关联性，并可以作为定罪量刑的根据；相反，由于有《刑法》第306条规定辩护人、诉讼代理人毁灭证据、伪造证据、妨害作证罪的存在，许多律师不敢接触证人，对于去找证人调取、收集、核实证据有所顾虑，如必须找证人调取、收集、核实证据了，为了避免涉嫌帮助证人伪造证据或者改变证言，许多律师都要带录音录像设备，进行同步的录音录像，甚至还要请公证处的公证人出来做公证，这就是当前刑事辩护律师执业的最大风险。因为在许多办案机关看来，律师更善于伪造证据、教唆、引诱证人改变证言，从而导致证人证言的虚假性。

但事实上，在司法实践中，销毁、隐匿有利于被告人的证据，威胁、引诱证人做虚假证言的不乏公权力机关的办案人员，从某种角度上看，他们有条件和优势来造假、作假，也可能会造成冤假错案。例如，2018年8月11日，甘肃省兰州市中级人民法院作出的

(2018)甘01刑终165号刑事判决书,就认为被告人马某某、李某某作为国家机关工作人员,在侦查张某某涉嫌强奸犯罪一案中,随意行使职权,在明知鉴定机构出具的DNA鉴定结果与嫌疑人血样不符的情况下,隐匿案件关键证据,出具与事实不符的情况说明,造成张某某被错误羁押244天的严重后果,二被告人的行为已触犯刑律,构成滥用职权罪。

在司法实践中,由于关键证人不到庭,只有公诉人宣读证言,证人无法接受法庭控辩双方的交叉讯问,更无法当庭与被告人对质,其证言的真实性有时难以保证,使得一些庭审可能流于形式。审判中心主义难以实现。

为了解决证人出庭难的问题,2018年修正后的《刑事诉讼法》第192条和第193条对于证人出庭作证做了许多新的规定,包括普通证人出庭作证,警察和专家出庭作证,证人强制出庭作证等。《刑事诉讼法》第192条第1款规定:"公诉人、当事人或者辩护人、诉讼代理人对证人证言有异议,且该证人证言对案件定罪量刑有重大影响,人民法院认为证人有必要出庭作证的,证人应当出庭作证。人民警察就其执行职务时目击的犯罪情况作为证人出庭作证,适用前款规定。公诉人、当事人或者辩护人、诉讼代理人对鉴定意见有异议,人民法院认为鉴定人有必要出庭的,鉴定人应当出庭作证。经人民法院通知,鉴定人拒不出庭作证的,鉴定意见不得作为定案的根据。"第193条规定:"经人民法院通知,证人没有正当理由不出庭作证的,人民法院可以强制其到庭,但是被告人的配偶、父母、子女除外。证人没有正当理由拒绝出庭或者出庭后拒绝作证的,予以训诫,情节严重的,经院长批准,处以十日以下的拘留。被处罚人对拘留决定不服的,可以向上一级人民法院申请复议。复议期间不停止执行。"

尽管《刑事诉讼法》对有关证人出庭作证作了这么多的规定，但在司法实践中，这些制度仍然难以得到贯彻实施。根据《刑事诉讼法》第192条的规定，证人要出庭作证必须符合三个条件：一是公诉人、当事人或者辩护人、诉讼代理人对证人证言有异议；二是该证人证言对案件定罪量刑有重大影响；三是人民法院认为证人有必要出庭作证。在这三个条件中，由于设置了"人民法院认为证人有必要出庭作证"这样的条件，证人是否出庭最终取决于人民法院的决定，导致证人出庭作证的制度有可能被规避而变得形同虚设。因为在许多案件中，尽管律师提出该证人的证言对案件定罪量刑有重大影响，但法官仍然会以该证人对案件的定罪量刑没有重大影响为由，认为没有必要通知证人出庭作证，换言之，证人是否出庭作证，基本由法官说了算。因为"什么是必要""什么是不必要"，目前没有明确的司法解释，也没有明确的标准，完全交给法官自由裁量。法官说有必要就是有必要，法官说没有必要就没有必要，法官的这种自由裁量权没有得到有效的限制和控制，律师也没有什么救济途径和措施。

在现实中，公安机关由于打击犯罪观念根深蒂固，保障人权观念有时较为淡薄，而法官在庭审时有时也难以保证中立、客观，法官先入为主、有罪推定也时有发生，更重要的是，由于法官代表国家行使公权力，且其审判权要受到检察权的监督，也可能更倾向于相信公诉人的意见，而不相信辩护人的意见。因此，只要公诉人没有提出有必要申请证人出庭作证，哪怕律师提出了很充分的理由，认为有必要通知证人出庭作证，法官一般也不会轻易通知普通证人出庭作证，更不要说通知警察和专家出庭作证了。在这种情况下，《刑事诉讼法》有关证人出庭作证的制度很难得到充分的实施。

因此，笔者建议，为了提高证人出庭率，为了有效科学地控制法官的自由裁量权，保证审判中心主义和庭审的实质化，最高人民法院有必要对《刑事诉讼法》第 192 条中"人民法院认为证人有必要出庭作证"作出明确的解释，并列举一些必要的标准，增加证人出庭率，尽量避免冤假错案。

要彻底终结"留有余地"的判决

2016年10月10日，最高人民法院、最高人民检察院、公安部联合发布了《关于推进以审判为中心的刑事诉讼制度改革的意见》（以下简称《意见》）。这份意见与此前全国人大常委会《关于授权最高人民法院、最高人民检察院在部分地区开展刑事案件速裁程序试点工作的决定》及《关于授权最高人民法院、最高人民检察院在部分地区开展刑事案件认罪认罚从宽制度试点工作的决定》是本轮刑事司法改革的三个重要文件，是细化和构筑我国现代刑事诉讼制度的三个支柱。其中，《意见》从理念、制度和保障措施等三个方面，全面解释和强调了现代刑事诉讼制度的精神、价值和构造，对于推进以审判为中心的刑事诉讼制度的改革，实现刑事司法正义具有重要意义。2017年2月17日，最高人民法院发布了《关于全面推进以审判为中心的刑事诉讼制度改革的实施意见》，对上述《意见》的规定进行了细化。本文结合《意见》的规定进行解读。

一、从理念上再次强调法院独有的裁断权，以树立法院的最终权威

现代刑事诉讼是一场国家与涉嫌犯罪公民的博弈，如何有效地

规制国家的追诉权，保障被告人的人权是每个国家刑事诉讼法首要面临的问题。对此，《意见》再次强调了只有法院才有定罪的权力，重申了"未经人民法院依法判决，对任何人都不得确定有罪"，同时，法院在认定被告人的行为是否构成犯罪的时候，也必须采取严格的证据裁判准则，没有证据，即使客观上可能实施了某项危害社会的行为，也不能认定为犯罪，并给予刑罚处罚。在刑事诉讼中，国家负有证明某个行为人的行为构成犯罪的责任，这个责任就是由代表国家进行追诉的公诉人来承担，被告人及其辩护人本身不承担证明有罪或者无罪的责任，但有权提出反证，提供证明自己无罪的证据，以驳回国家的控诉。《意见》指出，在案件侦查终结前，犯罪嫌疑人提出无罪或者罪轻的辩解，辩护律师提出犯罪嫌疑人无罪或者依法不应追究刑事责任的意见，侦查机关应当依法予以核实。

而法院就是通过庭审，为控辩双方提供一个公平的竞技平台，并根据双方提供的证据材料作出裁断，其裁断所形成的法律事实既可能符合案件的客观真实，也可能与案件的客观真实不完全一致。法院在作出裁断之前，对于各项证据必须进行综合判断，排除证据的合理怀疑，并达到证据与证据之间的相互印证，如果对其中的量刑证据存疑的，应当作出有利于被告人的认定。在现代刑事诉讼中，审判引导公诉，公诉引导侦查，侦查人员是法庭的仆人，侦查工作必须围绕庭审所需要的证据材料进行，其侦查所获得的所有材料，必须经过法庭的举证和质证的检验，方可作为证据使用。对此，《意见》明确指出，侦查机关、人民检察院应当按照裁判的要求和标准收集、固定、审查、运用证据，人民法院应当按照法定程序认定证据，依法作出裁判。严格依法裁判。人民法院经审理，对案件事实清楚，证据确实、充分，依据法律认定被告人有罪的，应当作出有罪判决。依据法律规定认定被告人无罪的，应当作出无罪判决。

证据不足，不能认定被告人有罪的，应当按照疑罪从无原则，依法作出无罪判决。这就凸显了以审判为中心的重要意义，也树立了法院的最终权威。

二、从取证的来源上，再次强调证据收集的全面性、合法性，以杜绝刑事逼供的发生

在现代刑事诉讼中，不仅要求侦查机关在收集证据的时候具备全面性，也强调证据的合法性。侦查机关为了保证能够客观地查明案件事实，公诉机关为了能够客观地证明案件事实，根据法律要求，两机关在证据的收集上必须做到全面。同时，证据具有三性：合法性、客观性（真实性）和关联性。其中，合法性主要强调证据的来源问题，解决的是证据的资格问题，而客观性和关联性强调的则是证据的证明力问题，证据的合法性是证据的客观性和关联性的前提和基础，如果某项证据，尤其是言词证据来源不合法，那么，就不能作为证据使用，当然，也就谈不上所谓证据的证明力了。对此，《意见》明确指出："侦查机关应当依法、全面、客观、及时收集与案件有关的证据。"同时，《意见》再次强调了对非法言词证据的排除立场，对采取刑讯逼供、暴力、威胁等非法方法收集的言词证据，应当依法予以排除。对于有瑕疵的物证、书证则采取补正和解释的立场，不能补正或者作出合理解释的，应当依法予以排除。对物证、书证等实物证据，一般应当提取原物、原件，确保证据的真实性。为了保障被告人供述的真实性，防止冤假错案的发生，《意见》再次重申："不得强迫任何人证实自己有罪。严格按照有关规定要求，在规范的讯问场所讯问犯罪嫌疑人。严格依照法律规定对讯问过程全程同步录音录像，逐步实行对所有案件的讯问过程全程同步录音录像。对于重大案件侦查终结前，对讯问合法性进行核查制度。对公安机关、国家安全机关和人民检察院侦查的重大案件，由人民检

察院驻看守所检察人员询问犯罪嫌疑人,核查是否存在刑讯逼供、非法取证情形,并同步录音录像。经核查,确有刑讯逼供、非法取证情形的,侦查机关应当及时排除非法证据,不得作为提请批准逮捕、移送审查起诉的根据。"

三、落实相关庭审制度,保障审判中心主义的顺利进行

推进以审判为中心的诉讼制度改革,是党的十八届四中全会部署的重大改革任务,事关依法惩罚犯罪、切实保障人权,是保证司法公正、提高司法公信力的重要举措。而从个案也可以看出这一文件出台的重大意义。湘潭大学"情杀案"就是最好的例证。2015年7月21日,湖南省湘潭市中级人民法院对被告人曾爱云、陈华章故意杀人案一审公开宣判:判决被告人曾爱云无罪;被告人陈华章犯故意杀人罪,判处无期徒刑,剥夺政治权利终身;判令被告人陈华章赔偿附带民事诉讼原告人周自然、周清秀经济损失178142.8元。

湘潭大学"情杀案",2003年案发后的11年间,案件经过三级法院多次审判,对曾爱云作出了证据不足的无罪判决,对陈华章作出了有罪判决。毋庸置疑,此案是一起让人"两难"的疑难案件,历经多年却难以判断真凶。在此现实背景下,当地法院能够坚持"疑罪从无",因证据不足认定曾爱云无罪,又根据经查证属实的证据,对陈华章作出有罪判决,体现了当地法院尊重法律,坚守法治精神的应有担当。

在现代刑事诉讼中,围绕被告人的行为是否构成犯罪,应该给予什么处罚的工作都是要通过庭审实现,因此,要保障庭审的实质化,就必须推动刑事诉讼从笔录中心主义到审判中心主义,让所有的证据都能够经得起法庭控辩双方的检验,这就要求提高证人的出庭率,《意见》指出:完善对证人、鉴定人的法庭质证规则。落实

证人、鉴定人、侦查人员出庭作证制度。因为证人如果出庭,有利于控辩通过交叉询问的方式,来查明证言的真实性,发现案件的真相,防止庭审走过场。为了提高庭审效率,《意见》再次强调庭前会议的应用,对适用普通程序审理的案件,健全庭前证据展示制度,听取出庭证人名单、非法证据排除等方面的意见。为了防止庭审的走过场,《意见》指出:对定罪量刑的证据,控辩双方存在争议的,应当单独质证;对庭前会议中控辩双方没有异议的证据,可以简化举证、质证。同时,为了保障被告人的人权,保障任何被告人都能够获得辩护的权利,《意见》指出,建立法律援助值班律师制度,法律援助机构在看守所、人民法院派驻值班律师,为犯罪嫌疑人、被告人提供法律帮助。

[删减版发表于《法治日报》2016年10月12日法治周末版]

从《刑事诉讼法》规定"应当"一词引发的联想

众所周知,迄今为止,我国的刑事诉讼实行二审终审制,被告人对一审判决不服的,均可以无条件提起上诉(对于签署认罪认罚具结书的,如果被告人不服提起上诉,往往会引起检察院抗诉)。上诉权是被告人的基本诉讼权利,任何人都无权予以剥夺。《刑事诉讼法》第230条规定:"不服判决的上诉和抗诉的期限为十日,不服裁定的上诉和抗诉的期限为五日,从接到判决书、裁定书的第二日起算。"

在刑事司法实践中,许多当事人及其家属都会问,在不服一审判决而提起上诉之后,一审案件在什么时候会移送给二审法院呢?现实生活中,少则一个月内移送,多则要一个多月,到二审法院审查立案,启动二审程序往往要超过一两个月。但这样的做法并不符合《刑事诉讼法》的规定。

《刑事诉讼法》第231条明确规定:"被告人、自诉人、附带民事诉讼的原告人和被告人通过原审人民法院提出上诉的,原审人民法院应当在三日以内将上诉状连同案卷、证据移送上一级人民法院,同时将上诉状副本送交同级人民检察院和对方当事人。被告人、自诉人、附带民事诉讼的原告人和被告人直接向第二审人民法院提出上诉的，第二审人民法院应当在三日以内将上诉状交原审人民法院送交同级人民检察院和对方当事人。"《最高人民法院关于适用〈中华人民共和国刑事诉讼法〉的解释》第381条进一步明确规定："上诉人通过第一审人民法院提出上诉的，第一审人民法院应当审查。上诉符合法律规定的，应当在上诉期满后三日以内将上诉状连同案卷、证据移送上一级人民法院，并将上诉状副本送交同级人民检察院和对方当事人。"第382条规定："上诉人直接向第二审人民法院提出上诉的，第二审人民法院应当在收到上诉状后三日以内将上诉状交第一审人民法院。第一审人民法院应当审查上诉是否符合法律规定。符合法律规定的，应当在接到上诉状后三日以内将上诉状连同案卷、证据移送上一级人民法院，并将上诉状副本送交同级人民检察院和对方当事人。"

可见，如果是被告人不服一审判决，向一审法院提起上诉的，在上诉期满后三日内，一审法院将上诉状连同案卷、证据移送上一级人民法院，即一审法院应当最多在十三日内移送二审法院（扣掉头尾一日，最多必须在十五日内移送二审法院），如果是直接向二审法院提起上诉的，二审法院应当在收到上诉状后三日以内将上诉状交第一审法院。一审法院应当审查上诉是否符合法律规定。符合法律规定的，应当在接到上诉状后三日以内将上诉状连同案卷、证据移送上一级法院，即最多在十六日内一审法院必须将案件移送二审法院（扣掉中间必要的法律审查以及头尾各一日，至少也要在二十日内移送上级法院）。不管如何，被告人不服一审判决提起上诉的，一审法院都必须在至多二十日内移送上级法院。但是，很遗憾，由于法院案多人少，人手不够，普遍难以在二十日内移送上级法院，由此导致的一审法院和二审法院之间衔接时间过长是一个普遍现象，也导致了上述法律规定和司法解释变成一个被法院普遍违反的法律条文。与其如此，还不如通过修法，放宽上述的移送时间。例如，将"原审人民法院应当在三日以内将上诉状连同案卷、证据移送上一级人民法院"中的"三日内"改为"一个月内"比较符合现实的司法实践，也避免法院的普遍程序违法现象的发生。

《刑事诉讼法》是程序法，也是保障人权法，制定刑事诉讼法的目的不仅仅是为打击惩罚犯罪提供程序保障，更主要是为约束司法权、保障人权提供法律保障，如果认为制定《刑事诉讼法》的目的单纯是惩罚和打击犯罪，那么，一个国家根本不需要制定《刑事诉讼法》，在没有刑事诉讼法的情况下，国家惩罚和打击犯罪也许更及时效率更高，但结果是不仅牺牲了程序正义，最终实体正义也无法实现。因此，《刑事诉讼法》的目的更多价值意义在于约束国家的司法权，保证国家司法权能够在法治的轨道上运行，从而能够保障所有人的人权和自由。由此观之，我国《刑事诉讼法》中对国家机关设定的许多程序性的义务就显得具有特别重要的意义。

在这部法律中，对于国家机关的义务往往规定为"应当"怎么样？（这样的规定还特别多）但国家机关如果没有按照法律规定履行这种应当履行义务的，又该怎么办？《刑事诉讼法》往往没有规定相应的法律后果和制裁措施。针对这种违反程序性规定的法律后果，陈瑞华老师很早就予以关注，并著有一部《程序性制裁理论》，检察官马永平也写有一部《刑事程序性法律后果研究》。但现实司法实践中，《刑事诉讼法》中针对国家机关所规定的"应当"履行的义务却普遍难以得到遵守，也没有相应的法律后果发生，使得这种"应当"变成一种单纯的宣言和口号，这不应该是法律实施的结局。例如，《刑事诉讼法》第97条规定："犯罪嫌疑人、被告人及其法定代理人、近亲属或者辩护人有权申请变更强制措施。人民法院、人民检察院和公安机关收到申请后,应当在三日以内作出决定;不同意变更强制措施的,应当告知申请人,并说明不同意的理由。"这里的"不同意变更强制措施的,应当告知申请人",而申请人主要是律师,又有多少律师被"应当"告知过呢?

再如,《刑事诉讼法》第173条中规定:"人民检察院审查案件,应当讯问犯罪嫌疑人,听取辩护人或者值班律师、被害人及其诉讼代理人的意见,并记录在案。辩护人或者值班律师、被害人及其诉讼代理人提出书面意见的,应当附卷。"《刑事诉讼法》第234条规定:"第二审人民法院对于下列案件,应当组成合议庭,开庭审理:(一)被告人、自诉人及其法定代理人对第一审认定的事实、证据提出异议,可能影响定罪量刑的上诉案件;(二)被告人被判处死刑的上诉案件;(三)人民检察院抗诉的案件;(四)其他应当开庭审理的案件。第二审人民法院决定不开庭审理的,应当讯问被告人,听取其他当事人、辩护人、诉讼代理人的意见。"在上述两个条文中,不管是对检察院,还是对二审法院而言,法律都明确规定"应当"告知嫌疑人的相关权利或者应当讯问被告人(上诉人),同时又规定听取辩护人的意见,"听取"一词之前,虽然没有使用"应当"加以修辞,但整句话读起来,肯定是包括"应当听取",这说明,办案机关应当听取辩护人的意见,而不是单纯对书面材料的"看取"。但在现实司法实践中,这种对于办案机关规定"应当"的义务,往往又得不到切实的履行,律师的意见并没有得到应有的尊重,有时候辩护人想当面会见办案人员,当面沟通,让他们当面"听取"辩护意见都变成一种遥不可及的奢望,甚至二审也常常不开庭,使得法官无法当面听取律师的辩护意见,这些都会影响案件的质量。

总之,必须将《刑事诉讼法》看作一部小宪法,看作一部控权法，而不是单纯的惩罚犯罪法，将法律中明确规定国家机关"应当"履行的义务贯彻到底，并明确规定如果国家机关不履行，应当承担什么样的程序性制裁后果或者会产生什么样的法律后果，《刑事诉讼法》才具有生命力，才能更好地实实在在地变成一部人权保障法。

法律职业共同体内部成员的转换与培训

这几年，随着司法改革的不断推进，法院、检察院的责任和压力越来越大，一些不是很看好司法改革的或者觉得"入额"没有希望的年轻人选择用脚投票，辞职出来做律师。但不管他们在法院、检察院干了多久的司法实务工作，也不管他们是否具有司法实务经验，一旦选择了做律师，就必须从实习律师做起，实习满一年者，才有机会申请律师执业证书。一些非常资深的法官、检察官辞职出来或者退休之后做律师，也不得不从实习律师干起，这听起来似乎有点滑稽。相反，也有一些律师比较看好司法改革，或者觉得自己不适合做律师，更适合做法官、检察官的律师，就改行做法官、检察官，尤其是那些执业多年的优秀律师，一旦进了法院、检察院，很快就获得法官、检察官的资格，有些还被任命为某个部门的领导。这样的入职设置并不公平。

国家法律对这两种不同职业之间的转换设置了不同的条件，厚此薄彼，不符合法律职业共同体的要求。我们一直在倡导法律职业共同体，法官、检察官、律师都是通过国家司法考试的人员，但是，他们之间的相互转换却享受着不同的待遇，这样的法律值得思考。

为了应对2018年开始的国家统一法律职业资格考试，2017年9月1日，全国人大常委会修改了《法官法》《检察官法》《律师法》等八部法律，除了将以前的司法考试改为国家统一法律职业资格考试以外，还对《行政复议法》《行政处罚法》作出了修改，强调行政机关中初次从事行政复议的人员，应当通过国家统一法律职业资格考试取得法律职业资格，以及在行政机关负责人作出决定之前，应当由从事行政处罚决定审核的人员进行审核。行政机关中初次从事行政处罚决定审核的人员，应当通过国家统一法律职业资格考试取得法律职业资格。

本以为这一次立法修改能够对法官、检察官、律师等法律职业共同体成员之间的职业转换规定同等的条件，但立法并没有涉及这方面的内容。笔者认为，既然法官、检察官、律师都是法律职业共同体的重要成员，他们之间的身份应该能够同等转换。其中，《律师法》更应该明确规定，具备法官、检察官资格且从业达到多少年的法官、检察官申请律师执业证书的，不需要经过实习阶段，可以直接根据他们的职业经历授予律师资格。律师申请成为法官、检察官的，也是如此。同时，为了推进法律职业共同体的建设，为了让法律职业共同体成员能够相互了解，相互理解，相互制约，有必要通过立法规定，所有的法科毕业生必须在检察院或者法院从事一年以上的实习生涯，才能申请律师从业资格；反过来，从某个时间段起，凡是新入职的检察官助理或者法官助理都必须从3年以上律师执业经历的人员中招录。如果能够做到这样的职业交叉，法律人之间更能够相互了解、相互理解，法律共同体就更容易形成，法治进程将会推进一大步，这也许是未来司法改革的一个方向。

同时，在初任法官、检察官、律师的入职培训机制上，应当整合和优化现有的培训资源，设立统一的司法研修学院。目前，我国的法官、检察官以及律师的入职培训，大多数都是各自为政且培训时间过短。法官有法官学院、检察官有检察官学院、律师有律师学院（高校办），律师培训则由各省律师协会自行组织。因此，建议在三者的入职培训上，应该采取统一步骤，采用同样的法治思维方式，这样才比较有利于法律职业共同体的形成。例如，各省都设置司法研修学院，分批接收这三者新入职人员的培训任务，使用同一套教材和同一批师资力量，这样培训出来的法律职业者会具有相同或相似的法治思维，虽然三者的立场不一样，但在法律知识的培训上应该是一样的。

　　2018年12月11日，最高人民检察院就召开党组会，会议特别提出，检察业务培训要体现法律职业共同体的理念，把检察官的培训和法官、律师、警官的培训结合起来。2019年3月，国家检察官学院和国家法官学院联合举办的第一期全国法官检察官刑事证据高级研修班开班。同年11月的认罪认罚从宽制度检法同堂培训班上，时任最高人民检察院检察长张军、最高人民法院副院长姜伟、全国律协刑事专业委员会主任田文昌分别从检察官、法官、律师角度，就认罪认罚从宽制度适用中的重点问题进行了深入解读。这一点也得到中央的支持和肯定，2021年8月2日发布的《中共中央关于加强新时代检察机关法律监督工作的意见》中，就明确要求建立检察官与法官、人民警察、律师等同堂培训制度，统一执法司法理念和办案标准尺度。2022年6月，第一期检律同堂培训班在国家检察官学院如期举办。法律职业共同体一体化同堂培训，正在从"共识"走向"落实"。2023年3月2日，最高人民检察院、司法部、中华全国律师协会联合发布的《关于依法保障律师执业权利的十条意见》第10条规定："地方各级人民检察院、司法行政机关、律师协会每半年召开一次联席会议,相互通报保障律师依法执业工作情况。建立健全检律同堂培训机制,常态化组织开展检律同堂培训。"希望法官、检察官、律师能够形成真正的法律职业共同体,相互理解,相互尊重,共同提升案件的质量,维护法律的尊严。

案件质量终身责任制的职业保障

在法治国家中,作为裁决人间俗世正义的司法机关应该具有权威性,应该获得公众的认可、尊重和信赖,而要达到这个境界,就必须让所有的人都能够在每个具体案件中感受到公平正义,才能重塑民众对司法机关公信力的信赖。那么,如何才能保证司法机关能够公平正义地裁决案件呢?对此,2015年3月26日,中央政法委书记孟建柱主持召开中央政法委员会第十六次全体会议并讲话。在讲话中,孟建柱明确指出,要紧紧抓住司法责任制这个牛鼻子,从严控制员额额度,科学设置选任标准,规范完善选任程序,真正把业务水平高、司法经验丰富、能独立办案的优秀人才选到办案一线来。凡是进入法官、检察官员额的,必须在司法一线办案,对案件质量终身负责。

案件质量终身负责制的确立,意味着任何一个司法人员终身都要对案件的质量承担责任。如果司法人员办错一起案件,就要承担相应的纪律责任、行政责任乃至刑事责任。可以说,这种案件责任的倒逼机制就会促使司法人员在办理案件中,严格恪守法定程序,谨慎行使判断权,排除法律之外的一切因素,仅仅根据案件的事实、证据和法律以及职业良心作出裁断,从而最大限度地保证每个案件的公平正义。这样,我国的司法就会慢慢进入一个良性的循环系统,即案件越来越公正,司法公信力越来越高,老百姓越来越信赖司法,这就会不断提升司法的权威性。因此,确立案件质量终身责任制的意义非常重大。

但也要看到,目前还存在司法人员独立行使检察权和裁判权没有实现完全相应的职业保障,司法人员法律适用能力还有待提高,在这种情况下,如果贸然地推行案件质量终身责任制,不仅对广大司法人员来说是不公平的,而且也会遇到许许多多、形形色色的阻力和障碍,甚至会导致办案人员将错就错,难以改正,加大了冤假错案的平反阻力。在当下司法高度行政化和地方化的环境中,"审者不判、判者不审、层层请示、层层审批"的现象非常严重,这种完全违背司法规律和审判运行规律的机制,导致不少司法人员不敢或者不能根据自己的判断作出裁断结论。例如,在检察院,对于某个案件是否作出起诉,如何起诉,并不是完全由办案人员自己说了算,有时会受制于某领导的意志,甚至还要经过检察委员的讨论。同样的,在法院,对某个案件如何作出裁判,是否应该判处刑罚,判处多重的刑罚以及是否要判处缓刑等,有时也要考虑法院领导的意志,甚至还需要经过审判委员会的讨论,这样,审判权又会集中在少数的领导手中,并不符合司法审判的规律。因此,只要没有实行"让审理者裁判",就不应该让案件的处理结果"由裁判者负责",否则,就会造成"权责不一致"的不公平后果。

同时,在目前的司法环境中,如果确立和推行案件质量终身责任制自然会遭到来自方方面面的阻力和障碍。首先是来自司法人员自己的反对。因为如果司法人员的检察权和审判权都不能够依法独立地行使,裁判结果都不是他们根据案件事实和法律规定独立地作出裁断结论,国家又凭什么要让他们对案件的质量终身担负起责任呢?其次是案件质量终身责任制也会遭到检察院和法院领导的反对。

因为目前的检察院和法院都受制于当地的党政部门，检察院和法院存在一定的程度的地方化色彩，尤其在涉及一些所谓的"重大或者敏感"案件的处理上，检察院和法院的领导也会更加慎重，往往要听听当地党政部门尤其政法委的意见。在这种情况下，如果案件裁断存在不当，并不完全是检察院和法院两家的意思表示，又凭什么能够让检察院和法院对案件的质量承担责任呢？

因此，要贯彻案件质量终身责任制，就必须遵循"让审理者裁判，由裁判者负责"的司法规律，保障司法机关能够依法独立地行使检察权和审判权，而司法机关依法独立行使检察权和审判权的核心或者落脚点，自然是保障司法人员能够依法独立地行使检察权和审判权，就要建立起一套保障检察独立和审判独立的制度，如果检察官和法官没有充分的职业保障，他们就不可能也不敢依法独立地行使检察权和审判权。

首先，根据十八届四中全会的精神，各级检察院和法院都要推动建立领导干部干预检察、审判、执行活动、插手具体案件处理的记录、通报和责任追究制度。具体来说，就是按照案件全程留痕要求，明确检察人员、审判组织的记录义务和责任，对于领导干部干预司法活动、插手具体案件的批示、函文、记录等信息，建立依法提取、介质存储、专库录入、入卷存查机制，相关信息均应当存入案件正卷，供当事人及其代理人查询。针对某些领导干部通过电话或口头指示干预司法的现象，要建立一种更加科学的记录和通报制度，追究干预者的法律责任，保证司法人员能够在不受外界干扰的情况下公正地裁断案件。

其次，尽快推进检察官、法官的员额制度，真正把业务水平高、司法经验丰富、能独立办案的优秀人才选到办案一线来，让检察官和法官真正成为检察院和法院的主体，实现检察官和法官的精英化。同时,尽力提高检察官、法官的相应待遇,防止优秀的检察官、法官不断地流失。例如,在工资薪酬上,可以比其他普通公务员高出一至两倍。在检察官、法官的晋升上,建立起一套自然晋升的制度,保证检察官和法官的晋升不受制于单位领导以及当地党政部门的意志。任何一个检察官、法官,只要没有出现违法违纪的问题,每年都能够自动晋升一级。这样,不管法官、检察官在什么级别的法院、检察院任职,到了退休的时候,都能够晋升到比较高的级别,领取一份不错的退休金,也会让更多的法官、检察官一生以法律职业为追求,安心从事审判和检察工作,而不去谋求庭长、院长或者主任、检察长等行政职位,能够更加专心去研究法律专业问题,成为某个领域受人尊敬的法律专家。

再次,检察独立和审判独立并不意味着"检察专横"或者"审判专横",而是保证检察官和法官能够在不受外界干扰的情况下,独立地根据法律和案件事实作出裁断,这就要进一步推进"庭审中心主义"的审判改革,实现庭审的实质化。在庭审中,要重视当事人以及律师的意见,强调证人出庭的必要性,努力做到通过实质庭审,而不是通过书面材料来发现或者逼近案件的真相。

最后,要取消案件的请示制度,除非涉及法律的理解与适用,为了统一司法等问题,充分发挥二审司法机关的监督纠错职能。同时,加大引入人民监督员和人民陪审员的力度,提升人民监督员和人民陪审员在案件处理结果上的话语权,检察官和法官在案件的处理上,要多多倾听人民监督员和人民陪审员的意见,实现司法的民主和公开,保证案件的质量,最大限度地避免冤假错案的出现。

[删减版《要让办案人员有拒绝干预的底气》发表于《法制日报》2015年3月31日法治周末版]

法院内部法官独立的断想

党的十八届三中全会通过了《中共中央关于全面深化改革若干重大问题的决定》（以下简称《决定》），这份《决定》是指导我国未来全面深化改革的纲领性文件，具有重大里程碑的意义。《决定》第九部分是关于"推进法治中国建设"的重要内容，其中，在司法改革的规划中明确指出：要确保依法独立公正行使审判权检察权，提出改革司法管理体制，推动省以下地方法院、检察院人财物统一管理，探索建立与行政区划适当分离的司法管辖制度，保证国家法律统一正确实施。在审判独立与司法监督关系上，明确指出：要健全司法权力运行机制。优化司法职权配置，健全司法权力分工负责、互相配合、互相制约机制，加强和规范对司法活动的法律监督和社会监督。

可以看出，《决定》在司法改革问题上有一个明确的主导思想，即逐步实现我国的审判独立，强化"让审理者裁判，由裁判者负责"，以保障和实现司法公正。在法治国家中，宪法法律至高无上，法官就是会说话的法律，法官是法律和正义的代言人，甚至可以说，法官就是"国王"，而法院就是法治国家的"帝都""王宫"。因此，我国要建设法治国家，就必须要求所有的公民，包括官员和民众"严格地服从法律"。对于法官而言,就如马克思所说,在法官眼里,除了法律,没有别的上司。这就要求法官能够独立自主地根据法律规定、专业知识、理性、经验和良心进行裁判,法官独立自主的自由意志应该得到充分的尊重,法官职业才有尊荣感。如果没有审判独立,就难以保证司法公正,就会导致各种法外因素和力量渗透到案件的裁判之中。

当然,审判独立并不意味着法官可以恣意妄为,随意裁判,法官的裁判行为仍然要受到各种力量的监督和约束,包括当事人的监督、律师的监督、检察院的监督、二审法院的监督,甚至是新闻媒体的监督。

所谓的审判独立包括两个层面的含义:法院的外部独立和法院内部法官的独立。上述《决定》主要想先解决法院外部的独立,然后再慢慢推进法院内部法官的独立。可以预见,在今后的司法改革中,如果能够真正解决这个问题,那将是我国司法的一大进步,同时也是向司法公正迈进了一大步,具有重大意义。

但笔者认为,要实现审判独立,仅仅实现法院的"去地方化"是不够的,实现法院的"去地方化"仅仅是实现审判独立的第一步,也是实现审判独立的必要条件,未来要真正实现审判独立,还要继续推进法院内部法官的独立,努力构建一套能够保障法官独立的体系,实现法院内部的"去行政化"。因为在现实司法实践中,真正不当干预和影响法官办案,严重制约法官的自由心证,从而严重影响司法公正的,还是来自法院内部等级森严的长官意志,来自法院内部已经高度行政化的官僚体制。只要法官没有从这种充满等级森严的行政官僚体制中解放出来,就无法真正实现法官的独立,就会导致法官对法律的解释和案件事实的判断严重受制于法院系统内部长期存在的长官意志,长官意志的立场、观念和价值观都严重影响和制约法官对法律的解释和理解，影响法官对案件的裁判。

因此，只要法院系统内部还一直存在着等级森严的长官意志，只要法官无法服从于法律的规定和良心，只要法官还要一直听命于单位领导以及上级法院的指示或者暗示，那么，就没有真正的审判独立可言，也就难以保证司法公正。

在我国的司法实践中，法官办案有时遇到这样的问题：不少案件，他们自己做不了主，自己不敢决定，也没有权力决定，如果自己决定不了，就请示庭长，庭长决定不了，就请示副院长，副院长决定不了，就请示院长，院长决定不了，就提交审判委员会，审判委员会决定不了，就请示上级法院，上级法院决定不了，就请示上上级法院，直至请示最高法院，最高法院再决定不了……"审者不判，判者不审"，其间，各种法外力量还会介入案件的裁判，一个法律范围内可以解决的案件，由于有各种法外力量和因素的介入，就变得扑朔迷离，甚至变得敏感起来，法官、检察官、律师以及当事人往往都不知道该案件最终的结果是什么，这就严重影响了法律的确定性和法治的可预期性。如果上述这些决定刚好是正确的，那么，大家都没有责任，万事大吉，但如果很不幸，上述的各种决定都错了，由于判决书上明明白白写着某几个法官的大名，最终他们又要为不是由自己决定的后果承担某种责任，从而导致法官的权力与责任严重不相称，这对这些法官是严重的不公平。

目前，中央政法委已经明确表示，不参与具体案件的审理，最高法院也明确表示，今后公检法三家不准"联合办案"，这就为法院和法官的独立办案营造了一个相对独立的空间，法院、法官权力有多大，就应当承担多大的责任，这就会使得法院、法官会非常慎重地行使手中的裁判权力。正如有人所说："假如我们能够做到，无论什么的案件，完全交由具体的法官独立地审判，判决书的具名法官就是相关案件的实际裁判者,那就将意味着一旦本案最终被证明为冤狱,几位承审并署名的法官就难逃干系,他们的名字将永远跟冤狱和耻辱捆绑在一起。雁过留声,人过留名,作为法官,谁愿意留下这样的坏名声呢?"况且,现在裁判文书基本上都要上网公开,社会公众很容易查到某个案件的审理结果,这对于法官也形成了一种无形的压力,我国的司法裁判就会逐渐趋向公正,法院慢慢地就会树立起自己的权威性和公信力,就渐渐地成为一个值得老百姓信赖的地方,让他们感到生活有一个希望和盼头,让他们意识到,在这个世界上,不管生活有多艰难,这个社会上总有一个可以讲道理,可以伸张正义的地方,这样所有的纠纷、矛盾就会按照法律的规定涌向法院,通过公正的司法来化解和消化,这不仅可以有效减轻执政党和政府治理社会的压力,还可以有效化解社会上的各种矛盾和纷争。久而久之,我国的司法运作就会慢慢进入一个良性循环系统,司法越公正,法院就越有公信力,就越值得老百姓信赖。否则,这个社会就会慢慢走向紊乱,变成大家只相信关系力量(权力),不相信法律,这个社会就会沦为只按照"丛林法则"运行的自然社会和野蛮社会,这个国家和民族就难以走出"弱肉强食"的历史怪圈。

[发表于《法制日报》2014年4月16日法学院版]

善待法官就是善待法治

2017年1月26日,当中国农历新年即将到来的时刻,广西传来一个令人震惊和痛心的悲惨消息。广西陆川一位名叫傅明生的退休法官在其住所遭到歹徒龙某才持刀杀害。据有关媒体报道,行凶者龙某才系傅明生先生于1994年审理的一起离婚纠纷案件的被告,他被时任法官傅明生判准离婚,产生不满,怀恨在心,日后看到那位判处离婚的审判长在退休之后家庭和睦、生活幸福,心理更是失衡,于是产生了报复心理,持刀残忍地杀害了傅明生。

北京法官马彩云被枪杀的阴云尚未散去,如今又有这起类似的不幸事件发生,尽管这类事件的发生具有相当的偶然性,全国范围内发生的概率也相当低;但仍然让人们不得不去思考,在依法治国、建设社会主义法治国家的大背景下,国家应该如何保障法官的人身安全,如何为司法人员提供终身保护。

在法治国家中,法官是对俗世纠纷最权威的裁断者,他们所从事的是世界上最为神圣的工作。法官不仅要有一个独立发挥自由意志的司法环境,还应该置身于一个安全的生活环境,这样他们才能心无旁骛地从事裁断工作。保障法官的权益,包括其人身安全,不仅关乎司法权的独立、正常的行使,更关乎国家的法治建设和宪法、法律的权威。没有法官的人身安全的保障，没有法官的尊严，就没有法律的权威，最终伤害的是法治以及每个国民的安全感。

大家知道，法官所裁断的案件往往有双方当事人，在大多数案件中，法官一旦做出裁判，总有一方满意，另一方不满意。那些赢得官司的人往往会感受到司法的公平正义，而那些输掉官司的人往往就会在感性上认为司法不公，甚至痛斥司法腐败，而不去反思自己的行为是否符合法律规定。因此，可以说，法官乃至所有的司法人员所从事的是一项"很得罪人"的工作，需要平衡各方的利益，追求司法公正的最大化，最大限度地降低一方当事人的不满。尽管如此，现实生活非常复杂，在每个具体案件的裁断中，法官裁判的结果要让双方当事人都很满意是十分困难的，更多的还是一方当事人会败诉。但是，这种"得罪"是依法得罪的，合理合法，是法官为国家履行法定职责所可能带来的结果，是法治的常态，并不是法官个人意愿。因此，国家必须为法官正常履行职责提供必要的人身安全保障，为这种"得罪"买单，避免让法官因担心"得罪人"而战战兢兢，这样才能保障法官忠诚地履行国家法律的规定，维护宪法的权威和法律的尊严。那么，为什么我们国家有时会发生杀害法官、攻击法院的事件呢？这是法治建设初期可能引发的现象，也和国家司法体制的不完善有关，更有部分国民素养亟待提升的问题。

我国属于法治建设的后发国家，在法治建设的初期，出现各种各样的违反法治、破坏法治的现象实属正常。在司法体制中，法官和法院的权威和地位仍没有达到法治发达和成熟国家的水平。在一些特殊敏感案件中，法院和法官仍然难以独立地行使宪法所赋予的裁判权，仍然会遭受到各种法律之外力量的干预，司法的权威得不到社会各方应有的尊重，司法仍然不是最权威的解决纠纷和矛盾的有效手段，一些人仍希望通过权力或者暴力的方式来解决纠纷，甚至在其人性深处，仍崇尚"弱肉强食"的丛林法则。不可否认，整个社会仍暗藏着一股戾气，部分公众仍然没有养成崇尚规则、尊重司法、尊重法院和法官的现代法治意识。一旦遇到问题，有些人不是寻找合法的救济途径，而是动辄抄家伙、动手脚。

反过来，这种戾气的消除和减少又需要国家文明司法的引导。但遗憾的是，目前在我国的司法，尤其是刑事司法中，还存在着一些重刑主义、忽视弱势群体权益、教条主义、机械司法的现象，忽视个案公正的司法也仍然存在。这样的情况很容易激起一些人对司法的不满，甚至痛恨，从而影响了国民对政府的信赖，甚至某些局部地区还会偶尔陷入"冤冤相报何时了"的怪圈。要走出这个怪圈，不仅需要国民善待司法人员，尊重司法人员，也需要司法人员提升自我素养，善待国民，重视司法个案的公正，重视弱势群体合法权益的保护，防止司法沦为权贵司法，甚至沦为对付百姓的"刀把子"。

党的十八届四中全会通过的《中共中央关于全面推进依法治国若干重大问题的决定》中明确提出，要建立健全司法人员履行法定职责的保护机制。2016年7月，中共中央办公厅、国务院还联合印发了《保护司法人员依法履行法定职责的规定》，其中，就规定对于干扰阻碍司法活动，威胁、报复陷害、侮辱诽谤、暴力伤害司法人员的行为，要依法迅速从严惩处。同时，将依法履行职责的保障对象从法官延伸到包括司法辅助人员在内的所有承担承办职责的司法人员，将人身、财产权益的保护对象从司法人员延伸至司法人员的近亲属，将依法履职的保障空间和时间从法庭延伸至法院和工作时间之外。但这些仅仅是一些文件，不是法律，其权威性需要提升，因此，国家对于司法人员的权益保障要给予足够重视，将上述这些文件通过全国人大上升到法律,以提升其权威性。但不管是文件,还是法律,要真正地付诸实施仍需要法律人的共同努力,更需要全体国民法治思想意识的提升。

[发表于北京青年报社公号《团结湖参考》2017年2月9日]

律师在依法治国中的责任和使命

十八届三中全会、四中全会以来，法治建设日益受到重视，依法治国，建设社会主义法治国家已经成为我们党治国理政的根本方略和奋斗目标，"法治中国"是这个时代最强的主题和声音，法治建设已经成为不可逆转的历史潮流。所有的人越来越意识到，只有法治才能保障我们国家、民族和社会克服"弱肉强食"的丛林法则。中国法治的春天已经悄然来临，法治建设和发展带来了律师业的重视和发展，反过来，律师业受到重视和发展也将进一步推动法治的建设和发展。

律师是法律职业共同体一部分，是社会主义法治建设力量的重要组成部分，从某种角度上看，律师兴，则法治兴；法治兴，则国家兴。因此，可以说，没有律师，就没有法治，律师是法治的产物，反过来，律师也将进一步推动法治的建设和发展，律师与法治之间紧密相连，不可分割。当然，强调律师的作用，并不是否定法官、检察官和人民警察在法治建设中的中坚力量。

在现代法治中，律师应当积极参与社会矛盾、社会纠纷的化解和解决，律师可以为老百姓提供必要的法律服务，尤其是律师可以为政府、政党在治理国家和社会方面提供很重要的法律支持，发挥很重要的作用。法治是实现中华民族复兴的重要途径，没有法治，就没有现代化，就没有中华民族的伟大复兴。而律师在依法治国中担当了重要的责任，律师同时也担任了实现中国法治的重大使命。我认为，律师在依法治国中的责任和使命主要体现在以下四个方面：

一是制衡和监督公权力的责任。法治的核心价值在于规制国家公权力，保障国家公权力在法治的轨道上有序地运行，才能保障所有公民的人权。历史证明公权力很容易任性，有权力的地方就很容易存在权力滥用和腐败；因此，在法治建设中，必须加强对国家公权力行使的监督和制衡，才能有效地保障人权，保障每个公民的自由。而国家设置律师制度天生就是为了制衡公权力，监督公权力，保障公权力的行使符合法治的精神。例如，国家设置公诉人和辩护人制度，让辩护人为犯罪嫌疑人、被告人提供法律帮助和辩护，就是为了保证法官多听听反面的意见，兼听则明，保障司法的公正和法律的正确实施。

二是为社会公众律师提供法律服务的责任。根据律师法的规定，律师是为社会提供法律服务的法律工作者，律师面对需要法律帮助的百姓时，应该运用自己的专业知识，为他们提供有效的法律服务，维护他们的合法权益，尤其是面对着那些可能存在冤情的案件当事人，律师更是要提供法律帮助，帮助他们申冤，实现社会正义并严格恪守律师的职业道德和职业伦理，坚决维护国家法律的权威。

三是引导公众相信法律，相信法治的责任。现在还有一些人不相信法律，而相信权力，不相信法治，而相信关系，信访而不信法，这样一种部分民众的心理对法治建设构成很大的障碍。作为律师，就必须引导他们相信法律，相信法治，相信司法，尊重法官，有什么问题或者有什么纠纷和矛盾，可以通过司法诉讼的途径来解决，而不要采取那种极端的、非理性的非法手段。上海高级人民法院已故的邹碧华法官说了一句很经典的话："律师对法官的尊重程度，体现了一个国家法治的发达程度，而法官对律师的尊重程度，则体现了一个国家司法的公正程度。"只有如此，法律职业共同体才能形成合力，共同维护法律的尊严。

例如，2015年9月9日，湖北省十堰市中级人民法院就发生过当事人在法庭上向法官捅刀子的悲惨事件，如果当事人能够聘请律师，律师能够给他解释法官这样判，而不是那样判的理由和道理，那么，这样的事件就可能避免。因此，律师在接待当事人的时候，要引导他们相信法律，相信法官，相信法官能够依据法律做出公正的判决。不要总是想着找关系，想通过领导来干预法官办案，更不要想着和法官勾结和交易，试图通过金钱来影响他们的判断。

四是自觉维护司法权威的责任。法治的重要途径就是司法，没有司法权威，就没有法治，没有司法权威，就没有司法公正，司法就难以获得社会公众的信赖和认可。因此，律师在执业过程中，一定要自觉维护司法权威，即使认为判决可能有错误，也要引导当事人走上诉或者申诉的司法途径，通过司法来纠正判决的错误。例如，有一个当事人家属想聘我做一个二审案件的辩护人，他一直说，一审法院的法官肯定是收了对方的黑钱，才会这样判的。我看了案件材料，认为一审的判决是公正的。于是，我就告诉他，不要这样戴着有色的眼镜来看待法官和判决，一审法官这样判是有道理的，尽管上诉是权利，但如果上诉没有意义，没有改判的空间和理由，则纯属浪费国家有限的司法资源，并且对当事人也没有任何益处。因此，律师在执业中，不能为了钱，盲目地鼓励当事人上诉，而要做一个良心律师，经过认真分析和研究，认为上诉有意义，才鼓励其上诉。大连律师马贺安在《生存与尊严》一书中，说过一句很经典的话："律师要不以营利为目的，才能盈利！"可见，律师不是生意，不能单纯为了赚钱，还要有法治的情怀，这就是帮助当事人实现司法正义。

总之，我们要认准社会和时代发展的主流，跟进时代发展的步伐，努力地推动中国法治的发展。因为只有法治，才能保障每个人的自由，才能让每个人的生活都有安全感，让每个人都有免于恐惧的自由。没有法治，任何人都可能成为受害者。也许法治的建设没有终结时，只有进行时，法治建设将永远在路上。

漫谈刑事辩护律师的作用

我在从事刑事案件的辩护中,常常有人问我,你们辩护律师有什么用?一些法检人员有时也会告诉当事人:请律师没有什么用,不要请了,浪费钱!那么,在刑事案件中,刑事辩护律师真的没有什么用吗?当事人真的不需要律师的辩护吗?其实,这都是对律师辩护作用的误解,也是对律师职业和刑事辩护行业的不了解。

我们既不要妖魔化律师,也不要神化律师,不要说律师没有什么用,也不要说律师是万能的。这两种极端的看法都是对律师职业的误解和误会。我们要善待律师,理性看待律师这个职业和行业。众所周知,律师的辩护职责并不是为犯罪分子开脱罪责,而是维护当事人的合法权益,保证国家的法律更好地实施,维护社会公平正义,让有罪的人受到公正的处罚,让无罪的人不受伤害,防止冤假错案的发生。

首先,从国家层面来看,任何一个法治国家为什么要设置律师这个职业,就是要让律师作为在野法曹去监督"在朝法曹"(公检法),辩护律师天生就是一支对国家公权力(司法权)的制衡力量,其职责就是监督司法权的正确行使。如果司法权没有受到律师强有力的监督和制衡,那么,司法权的行使就容易变得恣意和随意,办案人员容易懈怠，案件的审理可能会偏离公正的方向，发生冤假错案的概率就会随之增加。在刑事案件中，如有律师参与辩护，就有一种反面的力量在监督国家司法权的行使，办案人员就会更加谨慎和注意，也会让司法人员能够听到更加全面的声音和意见，正所谓"兼听则明"，更加接近案件事实的真相和事物的本质，司法就可以更加公正，裁判结论更能够让人接受，最终努力让每个民众在司法中感受到公平正义的存在。

其次，从当事人的角度来看，在刑事案件中，当嫌疑人或者被告人被指控犯罪的时候，他所面对的不是某个办案人员，而是一个强大的国家机器和组织，相对弱势，加上缺乏专业的法律知识，此时，如果没有律师的帮助和辩护，他有可能面对国家司法权的滥用和恣意；相反，如果有律师的介入和辩护，被告人就会借助律师的力量和法律知识来对抗国家司法机关的指控，让他感受到不是"一个人在战斗"，而是有律师在帮助他，其背后有一支强大的律师辩护团队。对于那些确实没有实施犯罪行为的嫌疑人或者被告人，律师就可以加强辩护力量，发现案件事实证据认定的疑点和法律适用的难点，避免当事人遭受司法的无辜伤害。即使在事实清楚，证据确实充分的刑事案件中，辩护律师也能帮助嫌疑人或被告人发现对其有利的量刑情节，并向检察官和法官提出，以引起他们的注意进而采纳，保障量刑的公正。此时涉嫌犯罪的嫌疑人或者被告人就如晚期癌症患者，虽然期间有医生的介入治疗，最终都会走向死亡，但在死亡之前，这段人生就会走得更有尊严，少一些遗憾。

再次，对当事人的家属而言，刑事辩护律师的介入和辩护对他们也是提供一种强大的心理支持和安慰。大家知道，一旦自己的亲朋好友因涉嫌犯罪而进了看守所，就失去了与外界的联系，当事人的家属急需律师的帮助，帮助他们了解案件的基本情况，帮助他们了解自己亲人或者朋友的近况（在现实生活中，我们常常看到家属"病急乱投医"，迷信关系，宁可花大钱找一些社会上的司法掮客，结果被骗了钱，也不愿意花小钱找靠谱的专业律师对案件进行专业分析和判断）。此时，只有律师有权利到看守所会见案件当事人，了解案件的基本情况，帮助其提供申诉或者代理，成为案件当事人权利的最佳保障者和维护者。这对于当事人的家属而言，就是一个莫大的心理安慰和情感支撑，具有抚慰当事人家属心灵的作用。

最后，但并非不重要的是，在当今法治社会，法律越来越专业化，司法也越来越精细化，许多案件越来越复杂，没有律师的帮助，当事人以及家属根本不知道自己或者自己的亲人犯了什么罪，应该会受到什么的处罚。在这种情况下，有律师提供专业的法律帮助，就可以让当事人及其家属对自己的案件有一个相对准确的预判，保证受到更加公正的处罚或者免遭不当的处罚。律师会运用自己的专业知识，对案件事实和证据以及法律适用的争论焦点提出自己的看法，让检察官和法官能够听到不一样的声音，包括有利于被告人的声音，这样，对于嫌疑人或者被告人的定罪和处罚就变得更加全面和公正。

总之，在法治社会中，不能没有律师，但也不能神化律师的功能和作用，尤其是我国法治社会尚未健全的情况下，在司法体制上还存在一些需要完善的背景下，律师的作用又是非常有限的。律师的辩护真正要发挥作用，还要取决于是否遇到一个专业素质高、责任心强，富有公正之心的办案人员，取决于他们是否善于和愿意听取辩护律师的意见，换言之，好律师也只有遇到好的法官、检察官，辩护才有作用；反过来，好的检察官、法官也要遇到好律师，才能保障案件质量，正面与反面相互结合，才能最大限度地避免办错案。因此，在刑事案件中，不能以结果论贡献，不能简单地以法院判无罪或者判刑是否达到当事人的预期目的来衡量律师的辩护作用，同时，更要看律师参与刑事司法过程的贡献。即使从结果上看，律师的作用也仅仅在于让法院能够更加公正地作出裁判，让无罪的人能够避免遭受国家无端的指控和制裁，包括保障可能是事实上有罪但缺乏证据的人免受国家法律的制裁。这是律师忠诚义务的体现，也是律师的辩护职责所在。

第三辑

刑法时评

刑法学人的内功心法与外在坚守

自从我于1995年9月到西北政法学院（现为西北政法大学）法律系学习法律，尤其是刑法启蒙师从王政勋教授（中间又先后去中国人民大学法学院、武汉大学法学院拜名师冯军教授、黄京平教授和马克昌先生、陈家林教授专研刑法学）以来，至今已近30年，即使从2003年到华侨大学任教，专门从事刑法学研究和刑法学教学研究也有20年，从2006年担任兼职律师专门从事刑事辩护以来，也有17年。在这段时间里，本人也看了不少法学著作，专研了不少刑法专著，办理了不少刑事案件，不敢说对法学，尤其是刑法学有多深的造诣，但还是有点感悟的，对法律尤其是对刑法的运用和实践也有一些心得。我常常在刑法学课堂上与学生分享这些感悟和心得，希望对他们学习法律能有些许帮助。

一、刑法学人的内功心法

学习法律包括学习刑法学和苦练功夫是一样的道理，练得越多，功夫越高深，反之，平时不训练，那就没有一点功夫，学艺也不精。在武侠小说中，我们常常看到师父在给弟子们传授功夫，尤其是少林功夫的时候，要先传授一些内功心法，包括内功秘诀，然后，才开始教弟子们一些拳脚功夫。因为只有熟记了内功心法,才能更好地练好拳脚功夫,没有内功心法的指引,拳脚就没有章法。例如,在《倚天屠龙记》中,男主人公张无忌无意中从悬崖下的"火陀"师父那里学到了九阳神功,练成了绝世武功。其实,这里的"九阳神功"就是一种内功心法。他的师公张三丰告诉张无忌说:"你学了九阳神功,有九阳神功护体,学什么功夫都很快。"于是,张三丰一边给他讲太极拳的口诀,一边教他太极功夫,张无忌学得特别快,很快就用太极拳打败了玄冥二老。同样在《天龙八部》中,那位在藏经阁的扫地僧被认为是该书中武功最强、佛法最深、境界最高的人。他在训诫和教化吐蕃国师鸠摩智时说:"为什么少林寺数百年来只有达摩祖师练成了少林七十二绝技,因为每一项绝技都足以置人于死地,所以,每一项绝技都必须以相应的佛法来化解。只有佛法越高,慈悲之念越盛的高僧才能练习越多的绝技,否则,强行多练只会内伤越重,早晚有一天会导致走火入魔。"金庸小说把佛法视为人生的最高信条,认为佛学是一门最精深的学问,正所谓"佛法无边",信仰、研修和领悟佛法是人生的最高境界。其实,佛法也是一种内功心法,只有常常练习,才能有所领悟。在扫地僧看来,武功很容易被用来杀人,因此,一个人如果武功越高,其杀生的可能性就越大,就越要用佛法来化解心中的戾气,用佛法来制衡和指引武功的使用。因为佛法代表了人类的一种慈悲精神、一种悲悯情怀,一种正义善良的力量。

学习刑法,永远不要忘记刑法的两大机能:保护法益与保障人权,即刑法既是善良公民的大宪章,又是被告人的大宪章。而罪刑法定只有一个机能,即限制刑罚权的适用,保障人权。检察官扮演着客观公正之立场,履行双重职能,既要惩罚打击犯罪,保护法益不受侵害;同时,又要保障无辜的人不受法律侵害,实现人权保障机能。相反，辩护律师扮演着维护当事人合法权益的角色，承担着罪刑法定保障人权的机能。在刑法中，任何犯罪都是客观与主观的统一，不法与责任的统一，形式违法性与实质违法性的统一，可罚性与需罚性的统一。其中，在入罪问题上，由于罪刑法定原则的规定，应先判断形式违法性，入罪要依法，出罪只需根据《刑法》第13条但书的规定，考察行为是否属于"情节显著轻微危害不大"，这就是实质违法性的判断，要考虑行为是否具有严重的社会危害性。我们运用阶层犯罪论体系思考案件的时候，在罪刑法定和法治时代，首先，要考察案件事实是否符合刑法所规定的构成要件；其次，要进行实质违法性的判断，从法秩序统一性和自然正义理念出发，作出一个是否符合天理的判断；最后，要结合行为人个人和案件的具体情况，考虑人情，作出是否需要对行为人予以谴责的责任判断。一个优秀的法律人要善于将国法、天理、人情三个层面的判断融为一体，而不是拘泥于司法机械主义或者教条主义。

  在这个判断过程中，就要求学习者内心要有深厚的心法，这个心法就是良好的正义感（法感觉）和案件的预判力。这个心法的获得不可能靠老师的传授，老师也不可能传授这种心法，而只能靠学习者自身的反复训练。这个训练就是通过对大量案例，尤其是对大量真实同类或者相似案例的反复阅读、学习、对比和训练，通过这种反复、学习、对比和训练来熟悉相关的法律条文和法学理论。"正义来自活生生的社会，来自真实的案件"，只有将大量具体真实的案例与法律规定结合起来，才能更深刻地理解法律条文规定的目的和意义，才能培养心中的良好的正义感（直觉）和对案件的预判力。要练到当我们拿到任何一个案件的时候，通过对证据的分析，就能很快发现案件的核心问题和争论焦点在哪里，才能有针对性地进行具体的分析和判断，并得出正确的判断结论。

如上所述，犯罪的实体内容是不法与责任。其中，不法是指实质性的不法，要求行为具有严重的社会危害性或者法益侵害性，并达到了刑罚处罚的程度。但由于立法不可能都很明确，许多犯罪也没有规定情节严重或者数额较大等定量因素，司法解释也没有作出相应的解释和规定，那么，什么样的行为具有严重的社会危害性（法益侵害性）呢？什么样的行为达到了需要动用刑罚处罚的程度而值得刑法谴责呢？这个只能由办案人员根据自己的经验和先验知识进行自由裁量，这就要求办案人员对案件本身要有一个良好的法感觉（正义感）和预判力，需要办案人员得具备丰富的办案经验、人生阅历、相关专业知识，也就是刑法学人需要具备的内功心法，这个心法的形成和塑造是一个长期修炼的过程。

另外，在量刑问题上，由于有最高人民法院 最高人民检察院发布的《关于常见犯罪的量刑指导意见（试行）》，各省也有自己的实施细则，许多办案人员就可以根据这些规定来实现精准量刑，实现量刑的统一化和规范化。但是，量刑指导意见并没有对《刑法》483个罪名都规定了量刑指导意见，而是仅仅规定了十几种常见犯罪的量刑指导意见，因此，对于那些指导意见没有规定的犯罪，又该如何实现公正量刑呢？即使有十几种常见犯罪的量刑指导意见，但每个案件千差万别，也不能完全依靠量刑公式实现公正和精准的量刑。如果单纯用数学公式计算就可以实现刑罚公正和司法正义，那么，基本上不需要多少法官、检察官的正义感和良心观，而只需要借助计算机进行精准的计算即可，法官、检察官也不需要经过法学这一门关于正义学科的严格训练，只需要懂得数学加减乘除即可，不需要法学科班出身，更不需要长时间的实战案例的比较训练。但不管如何，要实现"严而不厉"的刑事政策理想，法律人都要秉承轻刑主义的理念，抛弃重刑主义可以有效遏制犯罪的不切实际的观念，知道刑法参与国家治理社会的有限性和局限性，认识到刑罚的轻重与犯罪率的高低其实没有必然联系。

笔者认为，法科学生学习法律也好，司法人员办案也好，各种理论、学说、观点以及法律的规定都仅仅是学习者入门必须具备的一种基础知识，就如初步学习武功者需要练习各种招式。但事实上，真正的武林高手或者练武达到最高境界的并没有什么招式，而是"招由心生，拳由意动"，完全依靠内功心法。同样，一个优秀的检察官、法官公正量刑的最高境界就是运用自己千锤百炼所形成的良心和正义感（通过对大量案件的比较而形成的法直觉和预判力）去衡量和判断案件的社会危害性大小（报应刑的轻重），洞察被告人的人身危险性大小（预防刑的轻重），并将二者有机结合起来，综合考虑案件的各种量刑情节，最终实现刑罚的公正。因此，以良心和正义感去判断事实和解释法律，才是我们学习法律的最高境界。一个没有良心和正义感的人，难以学好法律和办好案件。办案人员需要有一套良好的内功心法，才能激活和运用正义之心（正义感）、个人深厚的办案经验、丰富的人生阅历以及对社会的深刻洞察能力对具体个案进行判断，才能实现司法公正。因此，我在刑法教学课堂上，常常对学生说："我们学习法律，一定要学精学透，不能半桶水，心中一定要有正义感以及良好的法律直觉和案件预判力，如果学艺不精，进了法检队伍，容易草菅人命，误伤无辜；如果当了律师，那就是在骗钱，忽悠老百姓。"

二、刑法学人的外在坚守

学习法律，尤其是学习刑法，仅仅有良好的内功心法还远远不够，还要有一种善于坚守的精神，能够坚定地守护这种心法，将心法展现出来，才能实现正义，尤其是实现个案的正义。例如，我国司法实践中，笔者惊讶地发现为了控制办案人员的司法权力，为了实现案件裁判的一般性正义，许多法检单位内部出台或者形成了许多"一律"的成文规定或者不成文的惯例。例如，凡是食品犯罪，一律不判处缓刑；凡是电信网络诈骗，一律逮捕，一律不给予取保候审；凡是强奸案件，一律逮捕；凡是……这些所谓的"凡是……"的规定，不管是成文的规定，还是不成文的惯例等"一刀切"的做法或者说法固然可以有效地贯彻和保证法律执行的一致性和有效性，但这样一种过于极端的提法或者说法，并不符合司法规律，也没有考虑天下没有完全相同的案件，任何原则都有例外，任何案件都有例外，甚至连故意杀人这种严重的案件，都存在着例外和特殊的情形，都有不予逮捕的情形。例如，防卫过当的杀人或者帮助自杀、教唆自杀、不作为的杀人案件等。

亚里士多德说："法律规定的只是案件的一般性的情形，不能对特别情形一一规定，法律只考虑社会上的一般情形而不考虑特殊情形；当特殊情形出现时法官可以背离法律的字面含义，考虑立法者可能对该案做出的处理来审判该案""当法律因为太原则而不能解决具体问题时，就应该对法律进行一种校正，这种校正又是法官凭借自己对法律的理解，对法律原则和法律精神的把握来解决对缺乏法律依据的手中案件如何裁判的问题"。因为每个案件的社会危害性并不完全相同，每个嫌疑人、被告人都有不同的特点，每个嫌疑人或者被告人犯罪都有特殊的原因和背景，刑事司法不仅要实现一般正义，更要照顾不同案件或者不同嫌疑人、被告人的具体特点（人身危险性的差异以及个案的差异），以实现个案的个别正义，没有个别正义的实现，一般正义就会失去了依托和意义。

事实上，一般正义正是由一个个"个别正义"累加起来的正义形象，如果为了所谓的一般正义而可以牺牲个别正义，那么这样的一般正义本身也是不正义的。因此，这种"凡是……"的规定完全是以牺牲个别正义为代价的，最终也会牺牲了一般正义，如果司法办案人员恪守这种"凡是……"的规定，而不去考虑个案和个别嫌疑人、被告人的具体情况，那不仅是一种教条主义的司法，也会牺牲嫌疑人、被告人的正当利益，牺牲司法正义，这样的司法理念完全违背了司法规律，并不值得提倡。因为这样的司法理念体现的是司法机关对司法办案人员公正办案的不信任，会让办案人员不敢根据具体个案行使自己的自由裁量权，使得他们不得不陷入了一种"以法之名，行不正义之事"的困境，根本就无法实现个案的公正。

笔者自从 2006 年开始从事律师职业以来，越来越发现一个司法悖论：本来法检机关内部的各种考核是为了保证和促进司法公正的实现，但是，现实却有时走向反面。由于有各种考核指标要求，有些指标要求并不能促进司法公正的实现。本来法检内部的各种考核指标的设计都是为了保证和促进司法公正的，考核仅仅是手段，司法公正才是目的！当各种考核指标与司法公正目标一致的时候，当法检的考核利益与司法公正是一致的时候（大多数情况），法检人员当然会极力促进司法公正的实现，但是，当二者不一致的时候（极少数情况），法检人员就会陷入两难。

例如，不少检察院内部考核要求，凡是逮捕之后的案件，量刑建议都必须在六个月以上有期徒刑，如果量刑拘役或者管制，那说明此前的逮捕就是错误的，就会影响考核业绩，可是，逮捕之后也可能会出现新证据或者新情况，影响羁押必要性，法律为什么要规定这一制度呢？量刑指导意见明确规定，对犯罪较轻的从犯，应当减少基准刑的 50% 以上或者依法免除处罚。这里用的是 50% 以上，但是一些检察院内部形成不成文的惯例，认为从犯的减轻幅度不能超过 50%，如果超过 50% 就是突破，是不允许的。可是，如果对于主犯应该承担很重的刑事责任，而从犯则只需要承担很轻的刑事责任情况下，由于考虑内部的不成文惯例，即最多只能减轻50%，那么，这可能会造成罪责刑不相称，刑罚的不公平，这里的"以上"二字没有被考虑。在这种特殊情况下，就要求办案人员要有坚守个案正义的决心，有一种"为了正义，哪怕天崩地裂"的勇气。但我们许多人做不到，因为职业利益没有保障，因为有更为重要的考核利益，而不得不舍去了司法的最高目标——公正。正如英国上诉法院的法官丹宁勋爵所说："我作为法官的基本信念就是，法官的作用就是在当事人面前做到公正，如果有任何妨碍他公正的法律，法官所要做的全部本分工作就是要避开甚至改变那条法律。"

　　由此可见，各种考核指标的设计和要求，就变得非常地重要了！我们真的很有必要研究一下考核指标与司法公正之间关系，大体可以认为，二者之间既有正相关，也有负相关，正相关是主要的，负相关也存在，可以作为一个实证课题研究，即如何最大限度地克服和避免负相关关系，把考核利益与司法公正最大限度地结合起来。

　　张明楷教授曾说，"法学是一门先苦后甜的学科"，我深以为然。学习好法律，尤其是学习好刑法并不是精通法条和熟悉理论就可以的，还必须具备良好的正义心法，还有外在的坚守正义的精神。不管是内功心法的获得和训练，还是外在坚守精神的培养，都是一个漫长艰苦的过程。这要求学习者不断反复地阅读真实案例，不断反复地研读经典名著和相关论文，才能培养出良好的法感觉和预判力。

刑法教学中的学派介绍

在德国、日本刑法学的发展史上,曾经出现过刑事古典学派与刑事实证学派的学派之争。虽然两派之争的结果是不断走向融合,但这种学派之争极大地促进了德国、日本刑法学的繁荣和发展。因此,在德国、日本的刑法教科书中,都有设置专章来介绍刑法学派。我国马工程重点教材《刑法学》(上册·总论)在绪论中也有专节介绍西方刑法学发展简史。这就要求刑法老师在刑法教学课堂上,要去介绍刑法学派,才能引导和塑造学生思考刑法问题的世界观、价值观以及方法论。

首先,介绍刑法学派有利于培养学派之争的力量。我国未来要形成刑法学派之争,就要在课堂上传播刑法学派的思想,给学生灌输刑法学派的理念,为中国未来刑法学派的培养主力军。课堂上,也许有许多学生对那么多陌生的刑法学家及其思想一时还不能领会,但从他们的眼神中,笔者也看到了他们的兴趣:刑法怎么还有这么多的思想?刑法学真是一门博大精深的学科。这就为他们思考刑法的基本问题打开了一片广阔的思维空间。

其次,介绍刑法学派有利于培养学生思考刑法问题的方法。也许有人会说,这无非是在学生白纸般的脑袋里灌输一种"混乱的"思想,会影响到他们今后对司法实践的判断。对此大可不必担心。

这种思想的介绍和灌输如果能够使得学生的思想产生某种"混乱"和迷茫，正说明教育开始给他们一种启蒙自我的力量，从而发现了自己的存在，发现自己是一个具有思想和思维的主体，能够运用自己的价值观和方法论来进行法律判断，这样就在无形当中培养了学生思考问题的基本"套路"。

再次，介绍刑法学派有利于学生建立正确的法律思维。不同的刑法学派具有不同的刑法理念。例如，刑法到底是侧重保护社会秩序，还是侧重保障公民个人自由；犯罪到底是行为人自由意志选择的结果，还是由社会和个人所决定的；刑法对犯罪的评价到底是立足于外在的行为表现，还是立足于行为人内心的主观恶性；等等。这些不同的判断都与刑法学派有着密切的关联。不同的时代、不同的人，基于不同的刑法立场，都会作出自己的判断。例如，在一个转型期的社会，人心思定，更多的是追求社会秩序的稳定，就会倾向于刑事实证学派，而在一个和平稳定的社会，自由显得无比珍贵，也许就会倾向于刑事古典学派。

最后，介绍刑法学派有利于培养学生解释法律的方法。因为刑法学派意识是思考刑法问题的一个支点，也是研究刑法问题的根基。在许多具体的刑法问题上，之所以会出现不同的观点，归根到底在于我们思考问题的基本立场不同。而刑法解释的过程很大程度上是一个立场的选择问题，站在不同的立场，采取的解释方法以及得出的解释结论往往不同。毕竟，法律的解释不是真理的判断，而是价值或者正义的判断，解释结论的对立背后是因为世界观、价值观以及刑法观的不同。没有学派，就没有立场，也就失去了思考刑法问题的方向。因此，要培养学生解释刑法的方法，就必须介绍刑法学派思想。

[发表于《华侨大学报》2011年7月5日第643期第2版教坛广角]

刑法学派之争与学者的友谊

　　刑法学派之争是学术观点不同的论战,这种论战本应保持一种理性和克制的态度,但是,在学派之争的过程中,学者之间不同的学术见解往往会影响学者之间的感情,就是师生之间、朋友之间、情人之间也会因为学术见解的不同而分道扬镳。那种虽然学术观点不同,但仍保持一生深厚友谊的学者少之又少。据我国台湾学者林东茂教授的介绍,就是在崇尚理性思辨的德国,在刑法学派之争的过程中,也往往夹杂着个人感情在里面,甚至掺入一些人身攻击的因素。最后导致了学者之间因情感的破裂而不欢而散,哪怕他们之间是情人关系。

　　最近在阅读林东茂教授的《一个知识论上的刑法学思考》(增订三版)一书中,有一个脚注引起我的兴趣和注意。

　　在德国刑法发展史上,大家都会提到刑事古典学派(尤其是后期学派,旧派)与刑事实证学派(新派)之间的论战。其中,德国的毕克麦耶是后期古典学派的旗手和主将,而同时期的李斯特则是新派的主要领军人物,两派刑法思想经过长达20年的论争。后来随着李斯特(1919年)、毕克麦耶(1920年)的先后去世而归于沉寂,两派长时间的争论,各自在刑法理论上的基本立场也逐渐趋于折中和调和。按照林教授和其他有关书籍的介绍,这场学派之争的导火线应该起于1881年。这一年，实证学派的代表人物李斯特在德国马堡大学发表了就职演讲，题目就是"刑法的目的思想"，主张刑罚应该针对犯罪人的危险性格，力斥以形而上学为基础的报应型思想。战火因此点燃。德国人好做理念之争，乃有学派林立，敌我分明。但这种学派论战并不完全是理性的产物，而是夹杂着学者的个人情感在里面。20世纪60年代，菲利普教授在某大学担任助教，有两论敌教授，各拥徒众，声势赫赫。其中，甲乙两论敌之下，有彼此爱慕的一对男女，唯恐恋情曝光被逐出门墙，几乎演出了一场德国版的罗密欧与朱丽叶。

看到这里，笔者哑然一笑，没有想到，恋人之间也会因为学术见解的不同，并为了维护学派的尊严而不得不分道扬镳，真是令人感慨万千！

在我国刑法学界，虽然还未出现典型的学派之争，但已经出现了严重的帮派之争，学术界有分裂之势。在笔者看来，所谓的学派之争是指因为思想的认同而形成不同的学术阵营，不同阵营之间都出于探索真理的勇气而进行激烈的论战，从而促进刑法学的发展；而帮派之争更多的是出于利益的考虑，学者与学者之间是以利益为纽带而形成不同阵营，不同阵营之间的争论大多不是出于维护真理的需要，更多的是出于自身利益的考虑。例如，三年前我国犯罪论体系重构论与维持论之间的激烈论战，许多学者就是因为学术见解和学术立场的不同而导致关系破裂，进而发展成老死不相往来的不幸局面。事实上，这些争论的背后夹杂着对自身利益的考虑，而不是纯粹为了探索犯罪论体系的构建，并非完全出于探索真理的勇气和使命。真正的学术争论就应该如民国时期的一些大家那样，即使学术观点甚至是政治见解不同，也不会影响到个人之间的情谊，这才是我们追求的境界。

［发表于《华侨大学报》2013年12月10日第736期第2版教坛广角］

国外犯罪成立理论简介

犯罪是一种价值判断,而犯罪成立理论体系(以下简称"犯罪论体系")就是一个犯罪评价体系,是一个非常复杂、抽象的评价犯罪的标准、步骤和方法的系统,我们应当根据价值判断和价值推理的规则来构建犯罪论体系。按照日本刑法学者大塚仁的说法:"犯罪论体系就是论证怎么样去逻辑地建构刑法中犯罪的各个成立要件的这样一个体系。"它被称为"刑法学皇冠上的明珠"。[1] 在犯罪论体系的构造中,始终要坚持这样一个思维方式和判断方法,即从事实到价值,从客观到主观,从形式到实质,从类型到具体,从违法到责任,从行为到行为人,而不能颠倒。

王世洲教授曾说:"刑法是一门最精确的学问",而这种精确不仅体现在对个罪解释的精确,还体现在构建精确的犯罪成立理论体系。所谓的犯罪成立理论体系是将成立犯罪的各种构成要素加以组织化、有序化地排列,并对犯罪成立与否进行合理化、功能性判断的知识系统(评价体系)。可见,犯罪论体系就是为认定犯罪提供一套识别系统,一种思维方式,换言之,犯罪论体系就是认定的一

---

[1] 参见车浩:《阶层犯罪论的构造》,法律出版社2017年版,第33页。

种思维模型，就如计算机的操作系统。因此，为人们认定犯罪提供一套便捷的、简单的、好用的犯罪论体系就如为人们操作计算机提供一套操作系统一样。由于犯罪论体系的复杂性和抽象性，自从一百年前有了犯罪论体系以来，不知道有多少专家和学者投入毕生的精力来研究、开发这套系统。而且，只要有刑法和犯罪存在，关于这套系统的研究和开发还会不断地持续下去，就像哥德巴赫猜想一样，吸引了一代又一代的刑法学人前赴后继地去研究。因此，有人说，犯罪论体系是刑法这顶皇冠上的一颗明珠，足见犯罪论体系在刑法学研究中的地位和作用。

在国外，主要有两种犯罪论体系影响比较大：一是以德日为代表的三阶层的犯罪论体系，即构成要件该当性（符合性）—违法性—有责性（犯罪是一种该当于构成要件之违法且有责之行为），三阶层之间，逐步排除、层层筛选，从而判断和决定一个行为是否构成犯罪；二是以英美为代表的双阶层的犯罪论体系：犯罪的本体要件（包括犯罪意图和犯罪行为，代表控方权力的行使）和责任充足要件（合法的辩护事由，包括正当化事由和免责事由，代表被告人和律师的辩护权利的行使），形成控辩双方地位对等的诉讼格局。

在不同的犯罪论体系中，认定犯罪的各个要素都是一样的，本质也是相同的，犯罪都是由一些客观构成要件要素和主观构成要件要素组成的。不同的犯罪论体系差别就在于这些要素的排列组合等一些技术细节不一样，不同的思维方法就会有不同的排列组合，从而就会形成不同的认定犯罪的结构和系统。按照周光权教授的说法，犯罪论体系的构建就如厨师在做回锅肉一样，虽然原料一样，都是要有肉、蒜以及其他配料和调料，但不同的厨师会采用不同的制作方法，到底是先放肉，还是先放菜，火候如何掌握，这些不同的方法和顺序会直接影响了回锅肉的口味。一位高明的厨师会利用同样的原料制作出鲜味可口的回锅肉，不高明的厨师做出来的回锅肉可能就难吃。同样，一个高明的刑法学家会开发和研究一套精致、科学的犯罪论体系，这种犯罪论体系能够为准确认定犯罪提供一套很好的认知系统，可以避免冤假错案的发生；相反，一个不高明的刑法学家可能会提供一套糟糕的犯罪论体系，这套体系不仅不能够为认定犯罪提供便捷、科学的操作方法，还可能会导致冤假错案的发生。

德日刑法三阶层的犯罪成立条件体系与刑法三个基本原则相适应，即构成要件符合性是为了贯彻罪刑法定原则，违法性是为了贯彻法益保护原则，而有责性是为了贯彻责任主义原则。根据日本平野龙一教授的观点，犯罪成立三阶层体系和刑法三项基本原则首先是可以防止刑法适用的三个危险：（1）一旦发生引起人心冲动的案件，人们要求科处刑罚的感情强烈，便存在法律虽无明文规定也科处刑罚的危险——罪刑法定原则；（2）一旦发现行为人的内心恶劣，便存在不考虑其行为是否侵犯法益而科处刑罚的危险——法益保护原则；（3）一旦造成严重后果，便存在不过问行为人的主观心态即科处刑罚的危险——责任主义原则。

王政勋教授认为，三阶层犯罪论体系与我国传统文化中常常讲的国法、天理、人情相契合和相通，其中，构成要件符合性强调的行为必须符合国家法律（实定法），这是形式判断，也是罪刑法定原则的要求；而违法性强调的是行为是否实质上侵害了法益，是否符合自然法秩序（自然法），是否存在阻却违法的理由，这是实质判断；有责性强调的是人情，是否需要对其进行谴责和非难，行为人是否存在人情上可以宽恕和免责的理由。按照他的比喻，德日三阶层的犯罪论体系就如剥鸡蛋。当我们拿到一个鸡蛋模样的东西后并不能确定里面到底是什么，是不是真鸡蛋，这就需要对其进行抽丝剥茧的分析：先确定的是蛋壳，剥开蛋壳发现有蛋清，再除去蛋清发现里面是蛋黄，最后才能确定这个东西是鸡蛋。在德日三阶层的犯罪论体系中，首先是构成要件符合性的判断，这种判断是一种事实判断、抽象判断（类型判断）、形式判断，而且主要是一种客观判断，其目的在于从客观上考查被告人的行为是否符合刑法分则条文所规定的构成要件，以实现罪刑法定原则，把那些不符合构成要件的行为排除出去，这个阶段的判断就如剥鸡蛋中判断是否具有蛋壳，一旦确定是蛋壳，就接着往下判断，推定是否可能具有违法性，即进入第二个阶段"蛋清"的判断，即违法性的判断。违法性判断是一种价值、具体判断、实质判断，而且主要还是一种客观判断，其目的在于考查具有形式违法性的行为实质上是否具有违法性，是否对法益造成了损害或者是否具有法益侵害的危险。这个阶段的考查主要采取法益衡量的方法，将行为人所造成的法益与刑法所要保护的法益之间进行比较，如果被告人的行为所造成的法益并不是为了保护更大的法益，甚至没有保护法益，而是单纯的侵害法益，那么，这个行为就具有违法性。因此，这个阶段的判断主要是采取反面排除的方法，从反面考查被告人的行为是否存在着阻却违法性的事由以及阻却违法性的事由大小如何（包括如正当防卫、紧急避险等法定的正当化事由和法律没有规定的超法规的正当化事由），如果存在着阻却违法性事由，而且这种阻却事由足够阻碍被告人行为的违法性（可罚的违法性事由），那么，判断就到此结束，如果不存在或者虽然存在，但并不足以阻却违法性（违法性程度不够），那么，开始进入第三个阶段的判断，即有责性的判断，这个阶段的判断犹如剥鸡蛋中的是不是蛋黄的判断。有责性判断是一种具体的判断、主观的判断，其目的在于从主观上考查被告人所实施的符合构成要件且具有违法性的行为是否可以归咎于被告人，是否可以对被告人进行主观上的非难和谴责，换言之，主要是考查被告人是否对这个行为承担责任，这个阶段的判断主要考查被告人是否具有责任能力，是否有故意和过失以及是否存在期待可能性。可以采取正反两方面检验的方法，既可以从正面上判断被告人是否具有责任能力、故意、过失以及期待可能性，也可以从反方面判断被告人是否存在阻却责任的事由。

可见，德日三阶层犯罪论体系对于犯罪的判断是逐步排除，层层推进、筛选和过滤，是一个从判断是不是蛋壳到蛋黄的过程，其判断范围不断缩小，而且，在每个判断的阶段，都可能存在着反面的事由，即存在着阻却构成要件符合性的事由、阻却违法性的正当化事由以及阻却责任的免责事由，这样，就为被告人和辩护律师提供了从反面证明存在这些阻却事由的辩护空间，有利于被告人人权的保障，符合无罪推定的思想。具体而言，一个符合构成要件的行为也许因为不具有违法性而不成立犯罪，一个符合构成要件的违法行为也许因为行为人不具备责任能力、缺乏责任的故意或者过失以及缺乏期待可能性而不可归责，从而不成立犯罪。

在德日三阶层犯罪论体系演变过程中，随着主观违法要素和规范构成要件要素的发现，构成要件不断实质化，纯粹的客观、形式和事实的构成要件已经不存在了。例如，为了贯彻构成要件的个别化机能和界限机能，以前属于责任要素的故意和过失不断被提前，并出现在构成要件中，形成所谓的构成要件故意、违法性故意以及责任故意三个不同的故意。再如，以前一直认为"违法是客观的，责任是主观的"，但随着目的论犯罪论体系的提出，主观违法要素被发现，违法不仅是客观的，也可能是主观的。这些东西的相继被发现，打乱了原先清晰的三个阶段之间的界限，每个阶段之间的界限越来越模糊化，换言之，三个阶层出现了不同融合的现象，构成要件越来越实质化和整体化。但是这些部分要素的出现和提前，仅仅是针对一个个别犯罪而言，而不是针对所有犯罪的。因此，从整体上看，它们并没有从根本上打乱三阶层之间的逻辑顺序。如果我们把德日三阶层的犯罪论体系中的三个构成要件比喻成三个盒子的话，那么，可以说，传统的阶层体系是把三个盒子分开排在一起，一看就可以知道这是三个盒子。而现在是把三个盒子套在一起，构成要件是外面那个最大的盒子，违法性是中间的那个盒子，最里面的盒子就是有责性。三个盒子套在一起，虽然从外表上看好像已经变成一个盒子，实际上如果打开认真看，还是三个盒子。因此，德日三阶层的犯罪论体系中三个阶层之间的关系仍然没有根本性的改变。

而英美双阶层的犯罪论体系同样需要进行正反两方面的判断，同样存在正反两方面的要件。第一层次主要是从实体上做正面的判断，要证明被告人的行为在客观上是一种法益侵害的行为，主观上具有犯罪的意图，而这方面的证明责任主要是由代表国家行使控诉犯罪职能的检察机关来行使，体现了国家权力的运作方式，突出了刑法保护社会的机能。第二层次是从程序上做反面的判断，要证明被告人的行为是否具备了责任充足要件，是否存在着阻却违法性（正当防卫、紧急避险以及警察圈套）和阻却有责性（包括未成年、错误认识、精神病、醉态、胁迫、安乐死等）的合法辩护事由，而这种合法辩护事由是否存在需要由被告人及其辩护律师来行使，其目的在于推翻控诉机关的控诉理由，体现了律师辩护权的运作，凸显了刑法保障人权的机能。一个行为最终要成立犯罪，必须具备犯罪的第一层本体要件而且不存在第二层次的责任充足要件，这样，一正一反，控诉机关与辩护律师之间就能够形成地位对等的诉讼格局，为辩护律师提供了一个广阔的辩护空间，有利于被告人的人权保障。按照储槐植先生的比喻，这两者之间就如一块跷跷板的两头，一头是检察院，代表国家公权力，一头是被告人或辩护律师，代表被告人的私权利。两者存在着对立关系，任何一头太重了，都会翘起来，理想的诉讼格局是保持这块跷跷板的平衡，即公权力与私权利之间的平衡，既要体现刑法保护社会的机能，又要凸显刑法保障人权的机能。

我国传统四要件犯罪成立理论及改造

我国犯罪成立理论体系（犯罪构成体系）继承了苏联（俄罗斯）犯罪成立理论体系，完整体系其实应该是"四要件体系＋排除犯罪性事由"两阶层：第一阶层（正面）即犯罪客体——犯罪客观方面——犯罪主体——犯罪主观方面；第二阶层（反面）即不属于正当防卫、紧急避险等排除犯罪性事由。因为案件发生之后，我们只能通过事后的一些证据进行回溯性的判断，就如倒着看一部电影，从电影的结尾往回一步一步地看。例如，发生一个血案之后，先要判断某个人是否死亡，生命法益是否遭受侵害，即犯罪客体的判断，然后再根据这个情况认定是自杀还是他杀，如果排除自杀的情况下，即确定犯罪客观方面。在此基础上，还要进一步确认到底是谁干的，即确定犯罪主体，在确定犯罪主体之后，再进一步判断这人为什么要杀人，是故意还是过失，即犯罪主观方面的判断。这个排列逻辑顺序基本上符合司法侦查和认定案件的逻辑思维，但同时还要反面检测一下案件是否存在阻却犯罪的事由。曾有学者提出，犯罪构成中四个要件的排列应该是这样的：犯罪主体——犯罪主观方面——犯罪客观方面——犯罪客体，即有了人，基于某种罪过实施了某种危害行为，进而侵犯了某种犯罪客体。但这种排列顺序是一种犯罪发生学的顺序，或者说是犯罪学里面要研究的顺序，犯罪学是一门事实性学科，可以进行这样的研究，但刑法学是一门规范科学，是一门犯罪后学科，只能从犯罪客体的判断入手，进行回溯性的判断，而不能像犯罪学那样，根据犯罪发生的顺序进行判断。按照张明楷教授的说法，传统的体系基本上是按照"先确定行为再抓人"的司法逻辑，但如果按照上述体系，则可能会导致"先抓人后确定案件事实"，这不利于人权的保障，是一种主观主义的刑法观。

尽管如此，我们也要看到，我国四要件的犯罪论体系里面，犯罪客体与犯罪之间，犯罪主体与犯罪之间到底是谁证明谁，谁先谁后。这个逻辑顺序没有搞清楚，就使得犯罪论体系失去了一个证明犯罪的功能，而沦为一个犯罪本身的构成要件要素的简单组合，或者说变成了一个犯罪的结构要素，无法凸显犯罪论体系是一个价值评判系统。按照王政勋教授的比喻，苏联和我国四要件的犯罪论体系的判断就如切西瓜。在切西瓜时，觉得这个东西可能是西瓜，两刀下去，分成四瓣，认真一看，果然是西瓜。更为要命的是，由于四要件的犯罪论体系没有能很好地处理与阻却违法事由和阻却责任事由之间的关系，每个构成要件与正当化行为、免责事由的关系不能有机地统一起来，从而形成了互不关联的两张皮，一个行为一旦符合四个构成要件，就成立犯罪，相反，一个行为如果是正当防卫，肯定就不符合犯罪的四个构成要件。

但事实上，在现实生活中，一个行为到底是犯罪，还是正当防卫，并不是那么容易判断的，而是往往会交织在一起。在认定一个行为是否构成犯罪的时候，往往只对是否符合四个构成要件进行判断（正面判断），很少同时对是否存在正当化事由进行判断（反面判断）。换言之，由于四个要件中每个要件不存在它的反面，不能很好地与正当化事由形成一一对应的关系，正当化事由不能有机地融入犯罪成立要件当中，在判断每个要件是否具备的时候，没能为被告人提供一个反面证明的空间。例如，一个正当防卫的杀人，为什么不构成犯罪，许多人会简单地认为因为它是一种正当防卫行为，而刑法规定正当防卫不负刑事责任。但这个并没有回答问题的本质，我们如果结合犯罪构成理论作进一步的追问：这种正当防卫行为是完全不符合犯罪构成的四个要件而不成立犯罪（四个要件都不具备），还是因为不符合其中的一个构成要件而不构成犯罪（到底是不符合哪一个要件，是不具备犯罪客体要件，还是不具备犯罪客观方面的要件，抑或是不具备犯罪主观方面的要件），对此，四要件理论没有提供一个很好的解释路径。

近年来，随着我国刑法学研究的深入和精细化，越来越多的刑法学者对传统的犯罪论体系进行了反思和批判，并提出了各种各样的改造方案，有力地推动了我国刑法学研究的繁荣和发展。为此，陈兴良教授提出了"罪体（含违法阻却事由）——罪责（含责任阻却事由）——罪量（修辞法益侵害和主观恶性的严重程度）"三阶层的犯罪论体系，其中，罪量在总则中体现在"情节显著轻微，危害不大"，在分则中体现在"情节严重、情节恶劣、数额较大"等规定中。虽然陈兴良教授同时指出，其中的罪量要素旨在说明法益侵害的程度，但在我看来，这里罪量的要素不仅是为了说明法益侵害的程度，同时可能也是为了说明行为人主观可谴责性、非难性的程度，是一种整体评价要素。例如，有些犯罪中，要求情节恶劣，这里的情节恶劣并不仅指法益侵害的程度，更多还可能是指行为人主观恶性的程度。再如，在有些犯罪中，行为人主观上可能存在着可以宽恕的理由，这种可以宽恕的理由也可以通过罪量要素表现出来。张明楷教授提出了"违法构成要件（含违法阻却事由）——责任要素（含责任阻却事由）"双阶层的犯罪论体系，提出不应当以客观和主观这两个描述性的概念为支柱来构建我国的犯罪论体系，而应该以不法和责任这两个评价性的概念为两根支柱来构建我国的犯罪论体系。这是因为，犯罪论体系作为认定犯罪的一套操作系统，本身也是一个价值评价系统，应该体现出立法者和构建者对行为人实施行为的价值评判，这种价值评价主要是一种否定性的价值评价，体现在对行为所造成的法益侵害和行为人由此所具有的主观恶性和非难遣责性的双重否定的态度，而不应当简单地描述犯罪构成的基本要素，即由客观构成要件与主观构成要件所组成，不应当以客观与主观这种仅具有描述性的概念为两根支柱来构建犯罪论体系。换言之，我国传统的四要件体系更多的是一个要素集合（体系），或者说是一个存在论意义上的结构体系，而不是规范论上的价值评价体系。在违法性的判断中，首先要讨论的是行为是否为刑法所禁止，行为是否造成了法益侵害或者危险；而责任所要讨论的是，能否将某种违法事实归责于行为人，能将何种范围内的违法事实归责于行为人。只有通过客观判断得出了行为具有违法性的结论后，才能进一步判断能否将违法事实归咎于行为人，因此，在是否成立犯罪的判断中，必须先判断违法，后判断责任。周光权教授提出了"犯罪客观要件——主观要件——排除要件（含违法阻却事由和责任阻却事由）"三阶层的犯罪论体系。

在以上三个体系中，陈兴良教授所说的"罪体"相当于张明楷教授所言的"客观（违法）构成要件"，相应地，"罪责"相当于"主观（责任）构成要件"，只不过，陈兴良教授体系中，增加了一个"罪量"的要素。如上所述，在笔者看来，这个罪量的要素，根据刑法分则的规定，要么是用来形容和修辞客观法益侵害的程度，要么是用来形容和修辞主观恶性和人身危险性的程度，完全可以消解和分化在客观（违法）构成要件和主观（责任）的构成要件中，在司法认定上有一定的意义，但在刑法理论的阐释上没有独立存在的意义，因此，两位教授的犯罪论体系只是称呼不同，没有根本性的差异，都符合犯罪论体系的逻辑思维，也符合认定犯罪的司法规律。而周光权教授的体系实际上把两位教授体系中的违法性和有责性的反面进行提取、归纳，通过类型化的思维概括整合为统一的排除要件，包括阻却违法事由和免责事由。

可以看出，陈兴良和张明楷两位教授的体系中，对于违法性与有责性的检验，都是从正反两方面进行判断，这就如当我们拿到一张纸币模样的东西，我们要判断它是否真纸币，不仅要看正面是否符合纸币的模样，也要看其反面是否同样符合纸币的模样，如果正面看起来是真纸币，但反面却是一张白纸或者不是真纸币，那么，这张纸也不是真纸币。因此，在违法性的判断上，不仅要从正面判断是否具有违法性，也要从反面判断是否存在正当化事由（法定和超法规的正当化事由），在有责性的判断上，也是如此，不仅要从正面判断是否存在责任能力，故意和过失，也要从反面判断是否存在免责事由，如期待可能性。陈兴良与张明楷两位教授的犯罪论体系，如下图所示：

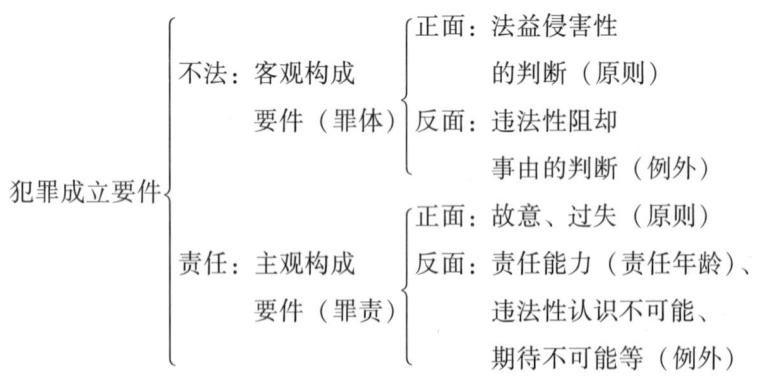

犯罪成立要件 { 不法：客观构成要件（罪体） { 正面：法益侵害性的判断（原则） / 反面：违法性阻却事由的判断（例外） ; 责任：主观构成要件（罪责） { 正面：故意、过失（原则） / 反面：责任能力（责任年龄）、违法性认识不可能、期待不可能等（例外） }

在这个体系中，客观（违法）构成要件，即罪体是犯罪成立的第一个要件，也是违法性的正面判断，其要素具体包括主体、行为、结果以及因果关系等要素，这些要素之间具有位阶关系，应依次进行判断。在此基础上，如果存在阻却违法性事由（法定的阻却违法事由，包括正当防卫和紧急避险以及非法定的即超法规的正当化事由，如自救行为、义务冲突，职务行为、执行命令行为、被害人承诺的行为以及正当业务行为等），那么判断到此为止，行为不构成犯罪。如果不存在阻却违法性事由，则证明行为是违法的，再进一步做主观（责任）构成要件，即罪责的判断。罪责的判断是犯罪成立的第二个要件，其正面具体包括故意、过失、犯罪动机、犯罪目的等主观要素，其反面包括责任能力（责任年龄）、违法性认识错误、期待不可能等。在罪责的判断中，先检验行为人是否有故意或者过失；如果不具备，则判断到此为止，行为还是不构成犯罪，但具有客观违法性；如果具备，则进一步做反面判断，判断行为人是否存在责任能力、不可避免的违法性认识错误，是否存在着期待不可能性，如果得出否定回答，那么，整个判断过程结束，行为构成犯罪。相反，如果做出肯定结论，那么行为因不具备有责性而不成立犯罪，尽管具有客观违法性。例如，对一个不满十四周岁或者不满十二周岁的人的杀人行为，先做违法性判断，具备违法性，再做有责性判断，发现因缺乏责任能力而不具备有责性，从而不构成犯罪。再如，对一个正当防卫的杀人，虽然具有法益侵害性，但由于其保护的法益大于不法侵害的法益（因为不法侵害在法益上是负价值，不仅不需要保护，而且还需要予以否定）而阻却违法，在第一阶层的判断中就可以直接排除犯罪，无须再做第二层次的判断。

可见，这两种体系的判断都遵循这样一个司法逻辑：从客观到主观，从违法到有责，从外在到内在，从行为到行为人，从正面到反面，从消极到积极。判断起来既简便，又快捷，可以节约判断的过程和司法的成本。因此，它不仅能够为控诉犯罪提供理论根据，也能为辩护提供足够的空间，不仅体现了刑法打击犯罪、保护社会的机能，也能体现刑法控制国家刑罚权，保障人权的机能，因此，是一种比较理想的犯罪论体系。

在周光权教授的体系中，客观要件的判断没有说明是违法性的判断，而仅仅是对犯罪的客观构成要件进行描述。但是，正如张明楷教授所指出的，犯罪论体系是一个价值评价系统，反映出立法者对该行为的否定性的价值评价，而不是简单地描述犯罪的结构要素；因此，应当以违法和有责为支柱来构建，而不应该以客观与主观为支柱来构建。在我看来，周光权教授体系中对客观要件的描述仍然是为了证明该行为侵害了法益，虽然其对主观要件的论述中也没有说明是责任的判断，而仅仅是对主观构成要件要素的描述，但这种描述也是为了说明行为人本身具有主观上的可归责性。在周光权教授的体系中，客观要件与主观要件的判断，可以说都是试图从正面来说明该行为的违法性以及该行为人对此具有可归责性。在这一点上，可以说，周光权教授的体系与陈张两位教授的体系没有什么本质性的差别。但有所不同的是，周光权教授在客观要件和主观要件的判断中，没有紧接着对阻却违法性和阻却有责性的判断，而是把两位教授体系中的违法性和有责性的反面进行提取、归纳，通过类型化的思维概括整合为统一的排除要件，包括阻却违法事由和免责事由，如下图所示：

犯罪成立要件 { 客观要件——正面：法益侵害性的判断（原则）
主观要件——正面：有责性的判断（原则）
排除要件（例外） { 反面：阻却违法事由（正当化事由）
反面：阻却责任事由（免责事由）

可以看出，在这个体系中，对一个行为是否构成犯罪，先是进行客观和主观两方面的判断,然后再统一进行排除要件的判断,可以说是一种既烦琐又浪费司法资源的判断,因此,是一种不理想的犯罪论体系。例如,一个正当防卫的杀人,客观要件的判断上,由于具有法益侵害性,还需要作有责性的判断,发现也具备有责性,等到了第三个要件判断时,才发现具备阻却违法事由,进而才否定犯罪的成立。

事实上,对于正当防卫的杀人,根本不需要等到分析第三个要件才予以否定,而是在第一个客观要件中就可以否定,因为在客观要件的判断上,同样需要同时进行正反两方面的检验,虽然在正面上具备法益侵害性,但由于反面上又具备阻却违法性事由,因此,不具备违法性而不成立犯罪。这样可以避免错案的发生。再如,对于防卫过当的杀人,也是先要进行违法性的正反两方面的判断,从正面看具有法益侵害性,从反面看其侵害的法益大于所要保护的法益,从而得出违法性成立的判断,在此基础上,进入下一步有责性的判断,如果先进行客观要件和主观要件的正面判断,再进行统一的排除违法性和有责性的判断,层次不清楚,增加司法判断的成本。

虽然这些不同的体系对于犯罪的认定采用不同的方法,但没有本质的区别,都是要正反两方面,从积极到消极进行判断。因此,在司法实践中,不管采用哪一种体系,对于绝大部分的犯罪基本上不会有什么差错,肯定不会出现按照这个体系认定构成犯罪,而按照那个体系认定则不构成犯罪的尴尬局面。特别值得关注的是,在2009年国家司法考试教材中刑法部分内容的编写上,采用德日刑法通行的三阶层犯罪论体系,引发了刑法学界的一场激烈争议。尽管如此,一元犯罪论体系独存的时代已经过去了,现在已经进入了多元犯罪论体系并存的时代。按照张明楷教授的说法,多元犯罪论体系并存，有利于培养法科学生的法律思维能力，有利于刑法学术的繁荣与发展，有利于司法工作人员认定犯罪。（多种犯罪论体系并存可以为司法人员提供更多的认定犯罪的选择方案和思路）因此，我们在学习过程中，既要学习传统的平面式四要件的犯罪论体系，也要了解一下德日三阶层的犯罪论体系和英美两阶层的犯罪论体系，更要关注我国当代刑法学者提出各种各样的不同的犯罪论体系，以便为司法实践认定犯罪选择一套符合自己理论偏好的犯罪论体系。

犯罪成立四要件论与阶层论的比较

犯罪是一种行为，没有行为就没有犯罪，刑罚所处罚的对象是行为，且是具有造成法益侵害危险或者结果的行为，而不是思想，这是世界各国刑法学的共识。因此，行为是任何一个犯罪论体系的基底或者基石，而行为人则是犯罪论体系的逻辑起点，针对行为的刑法评价构成了刑事不法，而针对行为人的刑法评价则构成了刑事责任，前者是说你这个行为是不对的，是错误的，是刑法所禁止的；后者是说你要对你这个行为负责，国家要惩罚你，你必须承担刑事责任。其中，在刑事不法的判断上，由于罪刑法定原则的存在，判断行为是否构成犯罪的时候，首先要依法依照某个犯罪的构成要件作形式的判断，然后再进一步依理对行为是否具有实质违法性或者法益侵犯性作实质判断和检验，即刑事不法＝形式违法性＋实质违法性，分两步完成行为是否属于刑事不法行为的判断。同样，对于行为人是否应当承担刑事责任，也要分两步走，即判断行为人是否具备正面的刑事责任事由，再反面检验是否存在阻却刑事责任的事由，从而完成对刑事责任的判断。

一、犯罪成立四要件论的劣势

可以说，在认定行为是否构成犯罪的时候，不管采取四要件犯罪论体系，还是采取阶层犯罪论体系，都能解决99%的刑事案件。只有在极个别的少数刑事案件中，不同的犯罪论体系可以显示出不同的解释优势和说理路径，尤其是如果使用阶层犯罪论体系，可以更好地解释一些富有争议的疑难案件。

在传统由犯罪客体、犯罪客观方面、犯罪主体、犯罪主观方面所组成的四要件犯罪论体系中，同样也是坚持从客观到主观和大体坚持从刑事不法到刑事责任的认定思维。例如，犯罪客体与犯罪客观方面的要件要素更多的是为了解释或者证明行为是否构成刑法所规定的刑事不法行为，而犯罪主体与犯罪主观方面的要件要素更多的是为了解释或者证明行为人是否应该受到国家的谴责，是否应当承担刑事责任。在入罪与出罪方面，四个要件既是入罪的四个理由，同时也是出罪的四个理由。尽管如此，四要件犯罪论体系也存在明显的劣势：

一是在传统四要件犯罪论体系中，各个要件之间的逻辑关系说不清楚，其与犯罪的成立（结论）之间证明与被证明的关系没有理清楚，更多地变成了四要件与犯罪成立结论之间的循环论证。本来，犯罪的四要件是否具备旨在说明或者判断某个行为是否构成犯罪，但是，根据四要件的概念表述，又会变成四要件是否存在却要由犯罪是否成立来证明。例如，先有犯罪行为还是先有犯罪客体？先有犯罪行为，还是先有犯罪主体？本来，犯罪客体是否存在旨在说明某个行为是否构成犯罪，但是，按照传统犯罪客体的概念，没有犯罪行为，就不会侵犯某种社会关系，也就不存在犯罪客体，这就变成了由犯罪行为是否存在来说明犯罪客体是否受到侵犯；同样地，犯罪主体（事实上是主体上的要素，例如，责任能力、责任年龄、身份等）本来是用于说明该行为是否构成犯罪，但是根据犯罪主体的概念，变成了没有犯罪行为，就不存在犯罪主体，变成了由犯罪行为是否存在来证明犯罪主体是否存在。这样，当我们问犯罪行为又由谁来证明的时候，回答说是由四要件来说明；但当进一步追问，四要件又是怎么形成的，又要回答说是因为有犯罪行为的存在。这就使得四要件与犯罪行为之间陷入了一种自我循环和自我论证的过程中，根本无法说清楚到底谁来证明谁，使得四个构成要件失去了判断和检验某个行为是否构成犯罪的功能。

二是传统四要件犯罪论体系更加强调整体判断，四个要件要求同时具备，缺一不可，该行为才具备值得科处刑罚的社会危害性，社会危害性变成了刑事不法＋刑事责任的总和，或者社会危害性＝客观危害＋主观恶性。但是，由于没有严格区分犯罪成立中刑事不法与刑事责任的先后顺序，没有进一步说明犯罪四要件中的哪些要素旨在说明行为的刑事不法，哪些要素旨在说明行为人应该承担刑事责任，更没有说明哪一个要素对犯罪成立的判断最低要作出什么贡献。与此同时，在不构成犯罪的场合中，没有进一步区分哪些要素属于阻却刑事违法事由，哪些要素属于阻却刑事责任事由，从而无法更为精准地说明到底是因为行为存在刑事违法阻却事由，还是因为行为人存在阻却刑事责任事由而不构成犯罪。这就如传统的司法考试，只要考生参加两天四门试卷的考试（总分600分），只要考生总分能够达到360分及格线，就能通过司法考试，获得法律职业资格证书；相反，只要总分没有达到360分，就不能通过考试，而不管哪一卷没有答好，其实就是不要求考生在每一门试卷中的最低成绩（例如，单门试卷都要求达到90分以上），只要考生总分360分就可以，哪怕主观题考了0分，前三卷考了360分，也照样能够通过司法考试，这就忽视了某一试卷分数对通过司法考试的贡献，这种考查方法并不合理。

三是在传统四要件犯罪论体系中，由于没有将正面成立犯罪的四要件与反面不构成犯罪的阻却违法事由与阻却责任事由有机地结合起来，没有把正反两方面的事由看作一个事物的两面，正面事由与反面事由变成两条互不交叉的铁轨，使得在认定行为是否构成犯罪的时候，很容易形成一个单向的思维，即只需考虑行为是否符合犯罪成立的四个要件，似乎不需要再考虑行为或者行为人是否还存在不构成犯罪的阻却违法事由或者阻却责任事由，更不会去考虑行为或者行为人是否还存在超法规的阻却违法事由或者阻却责任事由，这就会减少出罪的通道或者平台，不利于刑事案件的正反两面的检验，更容易造成冤假错案。

四是传统四要件犯罪论体系更多的是仅对犯罪内部结构的一种事实描述，旨在说明犯罪是由四要件所组成的，犯罪包含了四要件，而缺乏对犯罪及其犯罪人否定的价值评判色彩，是一种存在论的思考方式。但事实上，不管是犯罪还是犯罪人，都是国家法律应当予以否定和谴责的对象，犯罪论体系的构造应该采取规范论的思考方式，以凸显国家法律规范对犯罪及其犯罪人否定性的价值评判。

二、犯罪成立阶层论的优势

针对传统四要件犯罪论体系的上述弊端，阶层犯罪论体系刚好可以很好地克服这些弊端，在认定行为是否构成犯罪的问题上更加直观，也更容易判断。

一是由于阶层犯罪论体系有严格区分刑事不法与刑事责任，并说明哪些要素决定行为的刑事不法是否存在及其程度，哪些要素决定行为人的刑事责任是否存在及其大小；同时，该理论也明显强调刑事不法在先，刑事责任在后的逻辑顺序，使得在认定犯罪的时候，都必须先判断行为是否具有刑事不法，再进一步判断行为人是否应当承担刑事责任，先客观后主观，先不法后责任。只有行为具备了刑事不法，才需要进一步判断行为人是否需要对刑事不法承担刑事责任，而不能反过来。只存在有刑事不法但没有刑事责任的行为，但绝对不存在只有刑事责任而没有刑事不法的行为，因为任何刑事责任都是对刑事不法行为的责任。这就如现在的法律职业资格考试，考生先参加客观题的考试（总分300分，及格分数180分），只有通过了客观题的考试，具备了客观题所考查的法律知识，才能进一步参加主观题考试，没有通过客观题考试，不能参加主观题考试。在通过了客观题考试之后，如果也通过了主观题考试（总分180分，及格分数108分），那么，就算通过了国家法律职业资格考试，可以获得法律职业资格证书。

二是由于阶层犯罪论体系严格区分了刑事不法与刑事责任，因此，也就容易区分不构成犯罪的阻却刑事违法事由和阻却刑事责任的事由，同时，还将这些不构成犯罪的阻却刑事违法事由或者阻却刑事责任事由统一纳入违法性与有责性的判断中，实现了认定犯罪正面事由与反面事由的统一，把一个事物的正反两面有机地统一起来。尤其要指出的是，阶层犯罪论体系中，更是主张存在超法规的阻却违法事由或者阻却责任事由，在一些极端特殊的刑事案件中，如果要认定其不构成犯罪则需要由一个更好的解释出罪的机构。例如，受虐待的妇女在特殊情况下杀死实施家暴的丈夫的行为，如果你认为不构成犯罪，那么，就可以以妇女存在超法规的阻却责任事由（缺乏期待可能性，值得国家和人民的宽恕）予以出罪，尽管该妇女的行为仍然构成不法，但由于缺乏刑事责任要素，则不认定该行为构成犯罪，而四要件犯罪论体系则难以说明不构成犯罪的理由。受虐妇女的行为完全符合故意杀人罪的构成要件，且不是刑法明确规定的正当防卫或者紧急避险行为，超法规的阻却违法事由或者阻却责任事由在四要件犯罪论体系中没有容身之处或者一席之地，不好说受虐妇女的行为是因为不符合四要件中的哪个要件而予以出罪。

三是犯罪是一种恶的行为，国家对实施犯罪的人当然要予以谴责和非难，因此，要求在犯罪论体系的构造上要有规范思考的方式。在这一点上，阶层犯罪论体系认为犯罪是一种符合构成要件且违法有责的行为，凸显了犯罪属于不法行为，并需要国家对犯罪人予以谴责（责任）的规范否定评价色彩。

四是由于阶层犯罪论体系严格区分了刑事不法与刑事责任，更能够解释共同犯罪首先是一种共同的刑事不法行为，只要客观上行为具有共同性，主观上具有意识联络，就可以认定行为人之间的行为构成共同犯罪。在不法判断上采取连带责任，而责任判断上采取个别责任，不要求各个行为人主观上都要求具有相同的犯罪故意，更不要求每个行为人都达到刑事责任年龄或者具备刑事责任能力等共同的要素。

五是由于阶层犯罪论体系严格区分了刑事不法与刑事责任，可以更好地说明国家对于那些实施刑事不法行为但又不具备刑事责任能力的精神病患者，应当予以强制治疗的合法性依据；同样，也可以更好地说明国家对于那些实施了刑事不法行为但又没有达到刑事责任年龄的未成年人，予以专门的矫治教育的合法性依据。因为这些人实施的行为仍具有刑事不法性，仍然要受到国家的法律制裁，只不过制裁的手段不是刑罚，而是保安处分。同样，对于那些不具有刑事责任能力的人通过实施刑事不法行为而获得的违法所得或者收入，该理论也为国家可以予以追缴或者没收提供了合法性依据。

犯罪成立理论的思维及基本要素

一、犯罪成立理论的思维

凡是学习法律的人,都应该具备不法与责任的归责思维,因为"不法+责任的归责"构造不仅存在于刑法领域,而且普遍存在于任何法律领域,某个行为不管是违反民法,还是违反行政法或者经济法,抑或违反诉讼法或者宪法,要对行为人进行归责时,首先都要判断该行为客观上是否违反了该法律,即不法的判断;其次还要进一步判断能否将不法行为以及造成的后果归责于行为人,并对其进行谴责或者非难,从而决定其是否应该承担法律责任及其承担什么样的法律责任。例如,在民法中的违约或者侵权,首先要判断该民事行为是否违反民法典的规定,其次要考虑能够要求行为人承担违约责任或者侵权责任的各种要素,最后才能判断行为人承担什么样的民事责任。可见,不法与责任的思维是一个普遍的法律思维,而不仅仅是一个刑法思维,更不仅仅是犯罪论体系的思维,不能看作刑法学特有的专门概念或者犯罪论体系的一个专利。因此,对于刑法中的犯罪论体系而言,更为准确和更为严格的说法应该是,犯罪是由刑事不法与刑事责任两大要件所组成的,刑事不法与刑事责任是犯罪成立的两大要件,是犯罪的两大实体内容,在不法与责任前面加上"刑事"一词能够更好地与其他法律领域中的归责构造相区别。

二、客观要素、主观要素与不法要素、责任要素并非一一对应的关系

由于人类认识事物的过程具有规律性，这种规律性又具有普遍性，因此，不管是哪个国家的犯罪论体系，在认定行为是否构成犯罪时，都强调要坚持从客观到主观（这里的先客观后主观是一个逻辑思维，当然，最后客观与主观要能够相互印证。其中，必须先解决行为是否存在不法的问题，再判断行为人主观怎么想。如果客观上没有犯罪的不法行为，就去考察行为人主观上到底想干什么，会沦为主观归罪。只有在客观上有不法行为之后，再去考察行为人的主观内容，最后实现客观与主观的统一）。许多人办案习惯一上来就说行为人主观是怎么想的，喜欢从主观出发，考察行为人主观上到底想干什么坏事。可是，不管行为人主观想干什么坏事，只要没有造成法益侵害的结果或危险，这个主观内容也不是刑法要评价和谴责的对象。因为一个人内心再怎么邪恶，只要没有实施侵害法益的危险行为，或者行为没有达到刑罚可罚的危险性，在刑法上又有什么意义呢？法律与道德伦理的区别就在于此。从刑事不法到刑事责任，而不能反过来。

但要注意，客观与刑事不法，主观与刑事责任之间并不是一一对应的关系，虽然大多数客观要素决定了行为的刑事不法性，但也有少数客观要素却是决定行为人是否应当承担刑事责任。例如，某个人的刑事责任年龄、刑事责任能力是一个客观存在，属于客观要素，却是决定行为人是否应当承担刑事责任的要素，再如，期待可能性和一般预防的必要性等要素，也是一种客观要素，但同样也是决定行为人是否应当承担刑事责任以及刑事责任大小的要素，这些要素被称作客观责任要素,因此,不能把客观要素与刑事不法要素等同起来。同样,也不要把主观要素与刑事责任要素等同起来,虽然大多数行为人的主观要素,例如,故意、过失是决定能否对行为人进行谴责,进而决定是否让其承担刑事责任的要素,但也有少数主观要素被认为是决定行为是否具有刑事不法性,例如,少数犯罪中的特定的目的、动机以及特定犯的内心经过、倾向犯中的内心倾向等,也曾被认定可以决定行为是否具有刑事不法性,缺乏这些特定的主观要素,行为仍不具有刑事违法性,这些要素被称作主观违法要素。总之,客观要素不能等同于刑事不法要素,主观要素也同样不等同于刑事责任要素,一些客观要素同时也是刑事责任要素,一些主观要素同时也是刑事不法要素,二者不是一一对应的关系,而是存在交叉的关系。

三、犯罪成立要件要素的基本内容

在任何一个刑事案件中,任何犯罪都是由主体、行为、对象、结果以及因果关系,以及责任年龄、责任能力、身份,犯罪故意、犯罪过失以及犯罪目的或者动机,少数案件中的违法性认识和期待可能性等要素所组成的,其中,主体、行为、对象、结果及其因果关系,以及责任年龄、责任能力、身份等属于客观要素,而故意、过失、动机、目的、违法性认识属于主观要素。但是,如上所述,客观要素不一定都是刑事不法要素,也有责任要素。例如,责任年龄、责任能力以及预防犯罪的必要性就属于责任要素。再如,严打时期,对于某类犯罪的处罚往往更重一点,这是严打刑事政策或者犯罪形势影响了国家对某类犯罪人的谴责程度,而不是影响该类案件的刑事不法程度;反过来,主观要素也不一定都是责任要素,也有刑事不法要素。如有人主张主观违法要素的概念,特殊犯罪中的特定目的、动机、倾向犯中的内心倾向等。因此，不要把客观要素与刑事不法要素等同起来，也不要把主观要素与责任要素等同起来，二者不是一个意思，千万不要把二者完全等同起来！

　　这里需要特别指出的是，许多人认为身份是一种影响违法存在及其程度的要素，事实上，身份中也存在责任要素，这就是责任身份。这种责任身份不影响不法是否存在以及程度，只影响责任的存在及其程度，例如，未成年人以及老年人这种特殊身份，只能说，有没有这个特殊身份只影响行为人是否有责任以及责任的大小，而不是影响刑事不法是否存在及其程度。未成年人和成年人实施同样的行为，该行为的刑事不法是一样的，那么，为什么对未成年人应当从轻或者减轻处罚？是因为未成年人这个特殊身份决定国家应当对行为人谴责程度小一点，其刑事责任应该轻一点。青壮年与老年人实施同样的行为，不法也是一样的，但是对已满75周岁的老年人从轻或者减轻处罚，也是因为老年人这个特殊身份影响了责任，国家考虑其是老年人而对其谴责程度轻一点。

正当防卫的法律规定及适用偏差

"权利不能向不法让步，正不能向不正屈服"，正当防卫是一种正对不正的行为，是公民的本能行为，也是法律赋予公民的一项基本权利，是公民行使紧急权的典型体现。正当防卫在刑法上属于一项违法阻却事由，不构成犯罪。其中，"正"代表行为的性质和方向，是质的要求，意味着该防卫行为是正义的，是正确的；而"当"则代表了该防卫行为的程度要求、量的要求，防卫行为只有在一定范围和限度内才是正当的。因此，正当＝正＋当，是定性要求与定量要求的有机统一。

根据北大法学院车浩教授的说法，如果用中国古代义利之争来解释正当防卫与紧急避险的话，那么，正当防卫首先要考虑行为是否属于正义的，是"义"的要求，其次，还要进一步考虑防卫人与不法侵害人之间利益的平衡问题，即"利"字，先讲义后讲利，正义的实现要受到利益平衡法则的限制；这与紧急避险不同，由于紧急避险是一种正与正的关系，不管是保护的法益，还是要损害的法益，都是国家法律需要保护的，只不过在紧急情况下，国家不能两全，在两难的情况下，国家只能作出妥协，允许牺牲一方的利益，以保全另外一方利益。因此，紧急避险首先要讲利益平衡，保护的法益一般要大于损害的法益，即先讲利，后讲义。利益的损害必须受到正义法则的限制，不能无节制或者无限度地损害另外一个合法权益。

在我国法律体系中，民法和刑法都有关于正当防卫的规定。例如，《民法典》第181条规定："因正当防卫造成损害的，不承担民事责任。""正当防卫超过必要的限度，造成不应有的损害的，正当防卫人应当承担适当的民事责任。"1979年《刑法》第17条规定："为了使公共利益、本人或者他人的人身和其他权利免受正在进行的不法侵害，而采取的正当防卫行为，不负刑事责任。正当防卫超过必要限度造成不应有的危害的，应当负刑事责任；但是应当酌情减轻或者免除处罚。"1997年《刑法》第20条第1款规定："为了使国家、公共利益、本人或者他人的人身、财产和其他权利免受正在进行的不法侵害，而采取的制止不法侵害的行为，对不法侵害人造成损害的，属于正当防卫，不负刑事责任。正当防卫明显超过必要限度造成重大损害的，应当负刑事责任，但是应当减轻或者免除处罚。对正在进行行凶、杀人、抢劫、强奸、绑架以及其他严重危及人身安全的暴力犯罪，采取防卫行为，造成不法侵害人伤亡的，不属于防卫过当，不负刑事责任。"

可见，1997年《刑法》不仅对1979年《刑法》第17条进行了修改，增加了防卫的利益包括国家利益，强调对国家利益和公共利益的防卫，这一点与西方国家不同，他们更加强调个人利益的防卫。对正当防卫行为进行了更为详细的表述，即"采取的制止不法侵害的行为，对不法侵害人造成损害的，属于正当防卫，不负刑事责任"。"正当防卫明显超过必要限度造成重大损害的"中的"正当防卫"其实是指防卫行为（防卫行为包括正当防卫和防卫过当），因为正当防卫就不可能是明显超过必要限度造成重大损害的行为，反之亦然。对防卫过当的条件表述也进行了修改，并增加了"明显"一词，将"超过必要限度造成不应有的危害的"改为"明显超过必要限度造成重大损害的"，在对防卫过当的处罚上，删除了"酌情"一词，而且特别增加了第3款规定："对正在进行行凶、杀人、抢劫、强奸、绑架以及其他严重危及人身安全的暴力犯罪，采取防卫行为，造成不法侵害人伤亡的，不属于防卫过当，不负刑事责任。"当时立法机关本意想通过上述修改来激活正当防卫的条款，鼓励公民要勇于与不法侵害作斗争，弘扬社会正气。

但在现实司法实践中，由于少数司法机关对这些条文的不正确理解，在维稳思维和唯结果论的支配下，有时会错误地将本来构成正当防卫的案件认定为故意伤害罪或者故意杀人罪。我国每年大约有150万件刑事案件，但被认定为正当防卫而无罪不批捕或者不起诉的案件少得可怜，使得1997年《刑法》修改正当防卫条款的立法意图落空了，正当防卫的规定变成了"睡眠条款"。

近年来，由于山东于欢案、江苏昆山于海明反杀案、福建赵宇见义勇为案等热点案件被广为宣传和报道，并先后被司法机关认定为防卫过当或者正当防卫，从而唤起了刑法学者对正当防卫研究的热情，吸引了新闻媒体的极大关注，在我国刑法学界掀起了一股研究正当防卫的热潮，直接推动了2020年8月28日"两高一部"联合出台了《最高人民法院、最高人民检察院、公安部关于依法适用正当防卫制度的指导意见》，并颁布了相关配套指导案例，极大地改变了传统司法机关办案的理念，强有力地指导了各地司法机关对正当防卫案件的正确认定。

最高人民检察院披露的数据显示，2017年1月至2018年4月，在全国检察机关办理涉正当防卫案件中，认定正当防卫不批捕352件、不起诉392件。其中，2017年不批捕48件48人、不起诉54件

55 人。2018 年不批捕 91 件 91 人，同比增长 89.6%；不起诉 101 件 101 人，件数和人数同比增长分别为 87%、83.6%。2019 年不批捕 187 件 187 人，同比增长 105.4%；不起诉 210 件 212 人，件数和人数同比增长分别为 107.9%、110%，两年之间翻了一番。2018 年年底发布"昆山反杀案"指导性案例后，2019 年和 2020 年因正当防卫不捕不诉 800 余人，是之前两年总数的 2.8 倍。可见，在 2018 年以前，司法机关认定为正当防卫的案件一年只有四五十件，2018 年之后，每年都在大幅度增长，2019 年和 2020 年因正当防卫不捕不诉更是达到了 800 余人，是之前两年总数的 2.8 倍。如果没有发生上述热点案件，如果没有新闻媒体强有力的报道，如果没有"两高"加大对地方司法机关的指导力度，那么，会有多少本来是无罪的正当防卫案件被错误地认定为犯罪而起诉和判刑，会冤枉多少无辜的坚持正义的防卫人？这是值得深思的问题。

正当防卫案件认定偏差的原因

尽管我国法律对正当防卫的规定相较于其他国家的法律规定已经很明确了,但是在以往司法实践中,还是出现了一些本来构成正当防卫而无罪的案件却被错误地认定为犯罪的现象。司法机关和办案人员发生这些偏差或者错误的原因主要有以下几个方面。

一、司法人员受唯结果论和维稳优先思想的影响

1. 少数办案人员受唯结果论的影响。一旦发生死伤的严重结果,办案人员就本能地认为这个已经明显超过了限度并且造成了重大损害,应该认定为防卫过当,而没有仔细去考察这种的死伤结果是不是制止不法侵害行为所必需的,更是错误地将造成不法侵害人损害结果与造成防卫人的损害结果进行简单对比,一旦造成不法侵害人的损害结果超过了造成防卫人的损害结果,就认为明显超过的必要限度造成了重大损害;而不是将造成不法侵害人的损害结果与防卫人如果不采取防卫行为可能造成的损害结果进行对比,从而来判断是否属于正当防卫。突出表现在,往往将那种造成不法侵害人轻伤,而防卫人仅受到轻微伤或者没有受伤的案件认定为防卫过当。事实上,仅仅造成不法侵害人轻伤的结果肯定不属于"造成重大损害",结果根本就没有过当,不管行为是否过当,都不构成防卫过当。

2. 部分办案人员受"维稳优先"的思想影响。"稳定压倒一切",但这种稳定不能以牺牲无辜公民的权利和法律的正义为代价,否则,这样的稳定是一种假稳定,不是真稳定。如果以牺牲防卫人个人的权利和法律正义为代价来换取所谓的社会稳定,那将造成更大的新的社会不稳定。但在司法实践中,如果防卫人造成不法侵害人重伤或者死亡,不法侵害者或者家属首先不会去反思自己的不法侵害行为,而是往往恶人先告状,要求司法机关必须追究防卫人的刑事责任;如果不追究,他们就去办案机关闹,去上访,给办案机关压力,于是,就会出现"谁死伤谁有理""谁闹谁有理"的荒唐局面,损害了法律的正义和国家的法秩序。现实中,有些司法机关和司法人员往往顶不住不法侵害人或者家属的压力,在"以死为大"观念的支配下,为了保障自己的职业地位和利益,也可能会违心地将本来构成正当防卫的案件认定为防卫过当或者干脆不认定为防卫行为,从而错误地追究防卫人的刑事责任,以牺牲防卫人的合法权利来换取对不法侵害者或者家属的息访息诉,这是一个严重的错误做法。对此,《最高人民法院、最高人民检察院、公安部关于依法适用正当防卫制度的指导意见》(以下简称《指导意见》)已经明确提出了要坚决杜绝这种现象的发生,以彰显"正不向不正让步"的正义精神。例如,《指导意见》就明确指出:要切实防止"谁能闹谁有理""谁死伤谁有理"的错误做法,坚决捍卫"法不能向不法让步"的法治精神。

二、在办理正当防卫案件的时候,有些办案人员往往错误地扮演"事后诸葛亮"的角色

在正当防卫案件的认定中,司法人员应站在防卫人的立场,以

一般人的认知和理性看待防卫人的处境，想象自己如果是防卫人能否做得比防卫人更好。如果自己都不能做得更好，我们有什么理由要求防卫人这样做呢？又有什么理由对防卫人提出各种各样的苛刻要求呢？因此，在判断行为人的行为是否构成正当防卫的时候，不能事后去判断，而要站在行为时的情境去判断，判断主体是防卫人和一般人，判断的依据是行为时防卫人的危险处境。《指导意见》明确指出：“要立足防卫人防卫时的具体情境，综合考虑案件发生的整体经过，结合一般人在类似情境下的可能反应，依法准确把握防卫的时间、限度等条件。要充分考虑防卫人面临不法侵害时的紧迫状态和紧张心理，防止在事后以正常情况下冷静理性、客观精确的标准去评判防卫人。"

三、办案人员没有充分领会《刑法》第 20 条第 2 款及其与第 3 款的关系

有些办案人员没有注意到防卫过当必须要求行为明显超过必要限度且结果要造成重大损害，尤其是没有注意"明显"一词，防卫行为是可以超过必要限度的，只是不能太明显，防卫行为也可以造成不法侵害人损害的，只是不能造成重大损害，行为过当与结果过当必须同时具备。第 3 款仅仅是对第 2 款的进一步重申和提醒、明确，而不是特别规定，因此，不能认为凡是造成不法侵害人死伤的，只要不符合第 3 款的适用条件，就只能适用第 2 款，从而认定防卫行为明显超过必要限度造成重大损害。

四、办案人员有时简单地认为相互斗殴无防卫，互殴是一种犯罪，从而不认定为正当防卫

1. 在相互斗殴的案件中，办案人员往往没有具体区分互殴发生的原因，区分到底谁先动手；而是简单地认为，只要是双方打架，

"打赢的坐牢,打输的住院",打赢的一方就是故意犯罪或者防卫过当,打输的都有理。这一次的《指导意见》对此已经作出了明确的规定。互殴中也可能存在正当防卫。即使无法区分谁先动手,也应按照存疑有利于被告人的原则,更应该认定为正当防卫,而不是相反。《指导意见》明确指出:"准确界分防卫行为与相互斗殴。防卫行为与相互斗殴具有外观上的相似性,准确区分两者要坚持主客观相统一原则,通过综合考量案发起因、对冲突升级是否有过错、是否使用或者准备使用凶器、是否采用明显不相当的暴力、是否纠集他人参与打斗等客观情节,准确判断行为人的主观意图和行为性质。""因琐事发生争执,双方均不能保持克制而引发打斗,对于有过错的一方先动手且手段明显过激,或者一方先动手,在对方努力避免冲突的情况下仍继续侵害的,还击一方的行为一般应当认定为防卫行为。"

2. 办案人员不能简单地认为一方有事先准备防卫工具的,就认定为缺乏防卫的意图,而是一种互殴,从而不认定为正当防卫。在司法实践中,当一方明知道对方会来实施不法侵害而事先准备防卫工具是情有可原的,不能说有事先准备工具就没有防卫的意图;如果对方没有来实施不法侵害,另一方事先准备工具的行为也就失去了意义。《指导意见》明确指出:"双方因琐事发生冲突,冲突结束后,一方又实施不法侵害,对方还击,包括使用工具还击的,一般应当认定为防卫行为。不能仅因行为人事先进行防卫准备,就影响对其防卫意图的认定。"

五、办案人员错误地将防卫的意图与伤害或者杀人的故意对立起来

在这类案件中,有些办案人员认为一方有伤害故意或者杀人故意,就缺乏防卫的意图。其实,防卫人就是想通过伤害或者杀人来实现防卫，主观上当然存在伤害的意图或者杀人的意图，只不过这种意图是为更高的防卫意图服务的，具备了主观的正当化事由而不受谴责，具有事实意义上的故意心理状态（事实判断），没有规范责任意义的故意（应受谴责性）。二者可以同时存在的，并不是对立的关系。

六、办案人员可能受制于司法体制运行中存在弊端的制约和办案考核的压力

在司法实践中，部分办案人员可能会受制于司法体制在运行中存在弊端的约束和办案考核的压力，一旦公安机关认定为犯罪，检察机关在予以否定时存在一定的顾虑，检察院一旦起诉，法院也不敢轻易宣告无罪，因为这样往往会得罪同行。但是根据法律规定办案机关之间不仅存在配合，同样也要有制约，不能顾虑同行的利益而牺牲无辜防卫人的合法利益。不过，《指导意见》和配套指导案例出来之后，这个方面有了很大的改观，一旦发生类似正当防卫的案件，检察机关往往提前介入，引导侦查，使得正当防卫案件能够消化在侦查阶段，即使不能消化在侦查阶段，在审查起诉阶段，检察机关也会认真审查，以实现检察机关对侦查机关的法律监督，相信未来依法认定为正当防卫的案件会越来越多。

当然，发生正当防卫案件认定的偏差还有许多原因。例如，由于办案人员的职业地位没有法律强有力的保障，使得他们办案的时候不敢有担当；再如，地方基层办案人员的法律素质不够高，办案经验不够丰富，使得他们在对法律理解和证据认定以及事实的归纳上有偏差。这些都有待于改进和提高。

无限防卫的提法准确吗

在我国传统刑法理论中,将正当防卫分为一般的正当防卫与特殊的正当防卫(无限防卫),但这样二元论的分法是否合理?涉及如何理解《刑法》第 20 条第 1 款、第 2 款与第 3 款之间的关系,即第 3 款是不是真的有别于前两款规定属于一种特殊的正当防卫?第 3 款是《刑法》的注意规定,还是特别规定?

在 1997 年《刑法》实施之后,刑法学界大多数学者(包括张明楷教授)都认为这款的规定是对正当防卫的特殊规定,属于特殊的正当防卫或者无过当防卫,即正当防卫包括一般的正当防卫(第 1 款和第 2 款的规定)与特殊的正当防卫(第 3 款的规定),这种特殊不仅体现在防卫对象(不法侵害类型)的特殊,更主要的是体现在防卫限度的特殊,只要防卫人面临着上述规定的特殊的不法侵害,就可以采取没有任何限制的防卫行为,不管造成不法侵害人什么样的后果,都不属于明显超过必要限度造成不应有损害的防卫过当行为,都应当认定为正当防卫,不负刑事责任。

但这几年,张明楷教授开始反思这样的理解,他认为,第 3 款的规定仅仅是对正当防卫的注意性规定,并非与第 1 款和第 2 款规定的一般正当防卫有什么不同或者特殊,也不存在另外一种类型的正当防卫。第 3 款所规定的正当防卫都必须在正当防卫的成立条件框架内予以解释,是对第 1 款和第 2 款规定的进一步重申和明确,既进一步说明了防卫行为必须针对正在进行的不法侵害,也进一步说明了何谓防卫限度,即在什么情况下不属于防卫过当,以此提醒司法人员注意。如果防卫人面临了这种特殊的不法侵害,采取防卫行为,造成不法侵害人伤亡的,仍然认定为没有明显超过必要限度造成重大损害,依旧属于正当防卫,不能因为造成不法侵害人伤亡的,就简单地根据"造成重大损害"而错误地认定构成防卫过当。

因此,第 3 款的规定仍然要遵循正当防卫的正当化根据和原理,并没有改变正当防卫成立的全部条件,更不能说这种正当防卫就没有任何限制了。因为不管对正当防卫的正当化根据采取什么学说,都没有对一般正当防卫与特殊正当防卫提出不同的正当化根据。换言之,任何关于正当防卫的正当化根据的理论,都没有分别就一般正当防卫与特殊正当防卫提出不同的根据。

那么,我国《刑法》第 20 条第 3 款的性质如何理解?到底是一种特别规定还是一种注意性(提示性、重申性)的规定?我们来看一则《西游记》中的案例:

> 在西天取经的路上,唐僧师徒四人遇到多个强盗,这些强盗不知道唐僧四人的身份和实力,就对他们实施了拦路抢劫。此时,孙悟空看到他们敢对自己实施抢劫行为,气一上来,就抡起金箍棒将这些强盗全部打死了。看到这些强盗惨死在孙悟空的金箍棒下,唐僧生气了,因为他知道这些强盗显然是凡人,没有任何法术,而且估计也是生活所迫,而自己的三个徒弟都不是凡人,都有高明的法术,这些强盗人数再多也是打不过他的三个徒弟的。于是,他就开始责怪孙悟空不应该将他们全部打死,只要打死一个

或者打伤他们，吓唬他们就可以了，怎么可以全部一棍子打死呢？

在上述案件中，如果按照《刑法》第20条第3款的规定，孙悟空的行为就是一种阻却违法的正当防卫行为（合法行为），不负刑事责任，不应该受到唐僧的责怪。孙悟空的行为到底是正当防卫还是防卫过当呢？相信大家都会认为孙悟空大开杀戒，明显超过正当防卫的必要限度造成了不应有的重大损害，属于不法行为，应该受到唐僧的责怪。可见，并不是说，第3款的规定对正当防卫就没有任何限度要求了，仍然是有限度要求的，不能称为无过当的防卫，第3款确实应该理解为注意规定，是立法机关为了鼓励防卫人面临这种严重危及人身安全的暴力犯罪，可以放开手脚进行正当防卫，但仍然要考虑一个限度的问题，考虑防卫人防卫的必要性问题。

例如，有一个拿着机关枪的军人，在夜间遇到强盗抢劫，此时，军人能否对着这些强盗扫射，全部杀死强盗呢？再如，一个武功高强的人，如《天龙八部》中的乔峰（萧峰，契丹人）遭受汉族平民百姓的围攻（属于"行凶"），此时，他只要使用一般功夫就可以将汉族百姓打伤，就可以达到防卫自己的效果，那么，乔峰能否使用绝招降龙十八掌将所有围攻他的汉族百姓全部打死呢？

在上述情况中，大家肯定认为这样大开杀戒的行为仍然可以认定为防卫过当，应当负刑事责任。因此，必须将《刑法》第20条第3款结合起来进行理解，认为不管哪种防卫行为，要使正当防卫成立都必须完全符合正当防卫的全部条件，只不过在第3款中，当防卫人面临着这种严重危及人身安全的暴力犯罪的不法侵害时，对于防卫限度可以做更加宽松的理解，但这并不等于就不需要任何限度条件了，更不是说就不要考虑正当防卫成立的其他条件了。在上述极端的案件中，防卫人在面临这种特殊不法侵害的时候，仍然要考虑不法侵害行为的性质、手段、强度和自己防卫行为的性质、手段和强度的对比。因此，确实应该将第 3 款的规定理解为重申性和提示性的注意规定，而不能理解为不同于第 1 款和第 2 款的特殊规定或者拟制规定，不能认为这种行为本来可以考虑可能构成防卫过当。但立法者已经做出了特殊规定或者拟制规定，就不需要考虑限度条件，于是，司法人员就直接认定为正当防卫。相反，此时的防卫行为是否属于正当防卫仍然要遵循正当防卫正当化的根据和正当防卫的成立条件。

根据张明楷教授的观点，《刑法》"第 20 条第 3 款的规定在防卫限度上并没有什么特殊之处。换言之，第 20 条第 3 款仍然是按照严重暴力犯罪的特点确定防卫限度的，而不是说，第 20 条第 3 款规定的情形原本是防卫过当，但考虑到防卫行为针对的是严重暴力犯罪，所以拟制为不过当。"根据《刑法》第 20 条第 2 款的规定，防卫过当要求行为过当（明显超过必要限度）与结果过当（造成重大损害）同时具备，缺一不可，但二者有先后的位阶关系。缺乏其中一个要求，防卫行为还是要认定为刑法上的正当防卫，不构成犯罪，但也有可能要认定为民法上的防卫过当，承担相应的民事责任（因为民法与刑法对正当防卫成立的条件要求并不一样，民法构成正当防卫的门槛比较高，刑法要求构成正当防卫的门槛相对低）。

因此，在司法实践中，要先审查行为是否过当，如果行为并没有过当，则不需要审查结果是否过当；如果行为过当了，则需要进一步审查这种过当的行为是否造成了重大损害，如果同时又造成了重大损害，才可以认定构成防卫过当。由于防卫过当不是具体罪名，要如承担刑事责任，则需要根据行为人的行为性质与主观罪过，认定为相应的故意犯罪或者过失犯罪。

刑法中因果关系的判断

在刑法的学习和研究中,有三个领域的问题最为复杂,即因果关系论、错误论以及共犯论。其中,关于因果关系的问题,至今国内外各种学说林立,虽然有一定的共识,但也存在许多问题。

在刑法理论中,因果关系讲的是,在结果犯中,行为与结果之间存在着一种引起与被引起的关系,其中,行为即指符合构成要件的实行行为,结果是指构成要件的结果。因果关系所要解决的问题是,当某个危害结果发生的时候,能否将这个结果归属于某个行为(认定行为的不法),并以此为前提要求行为人承担刑事责任(责任的判断)。

我国传统刑法理论在因果关系的研究上陷入了三个误区,这些误区影响了因果关系的进一步深入研究。

第一个误区,将哲学上的因果关系简单地引入刑法理论研究中,哲学上有必然因果关系和偶然因果关系,于是,刑法理论中也存在着必然因果和偶然因果关系。其中,必然因果关系是指,如果某个危害行为包含着发生某个结果的内在根据,这种根据合乎规律地发生了危害结果,那么,危害行为与危害结果之间就有着因果关系。这种因果关系能够解决大多数案件,当然属于刑法中的因果关系。

而偶然因果关系讲的是，如果某个危害行为在发展过程中，由于其他外在因素的介入，但是这种外在因素的介入与危害行为共同作用，导致某个危害结果的出现，那么，危害行为与危害结果之间的因果关系就是一种偶然的因果关系。可是，如何判断这里的偶然呢？这种外在偶然因素的介入能否中断因果关系的发展进程呢？还能把危害结果归属前一个危害行为吗？对此，偶然因果关系难以做出回答。

第二个误区，将事实上的因果关系与归责上的因果关系混在一起，即不区分归因和归责，认为只要有因果关系，危害结果就能够归属于行为，行为人对此就要承担刑事责任。事实上，归因和归责是两个不同的问题，行为与结果之间是否存在因果关系是一个归因问题，属于事实判断范畴；而结果是否可以归属于行为，是否让行为人对此承担刑事责任，则是一个归责问题，属于价值或者规范判断的范畴。归因讲的是，这个都因为你；而归责讲的是，这个都怪你！两个问题性质不同，必须分开进行先后的判断，而不能一步到位地进行一次性判断，否则，混淆了事实判断与价值判断。

第三个误区，忽视了因果关系的客观属性，在因果关系的判断上，加入了行为人主观的内容，以行为人主观上是否认知或者一般人能否认知来判断是否存在因果关系。

因果关系具有客观属性，行为与结果之间是否存在引起与被引起的关系是一种不以人的意志为转移的客观现象，这种客观现象与行为人或者一般人能否认知是没有关系的。不管行为人或者一般人主观上是否有认知或者能否认知，因果关系都是客观存在的。例如，在因果关系中，有一种学说叫相当因果关系，在如何判断这里的"相当性"的问题上，存在着主观说、客观说以及折中说，但不管哪种学说，都将行为人或者一般人主观上能否认知行为时存在的客观事实作为资料来判断因果关系是否存在。例如，在典型的伤害血友病患者致死的案件中，总是喜欢以行为人或者一般人主观上能否认知或者是否已认知来判断危害行为与死亡结果是否有因果关系。因此，不管是行为人，还是一般人，不管是否能够认知，还是是否存在认知，都与因果关系没有关系，都不影响因果关系的判断。换言之，不管行为人主观上是否认识到对方是血友病患者，只要对其实施了伤害，导致其最后死亡，都应该肯定其伤害行为与死亡结果有因果关系，至于要不要追究行为人的刑事责任以及要追究什么样的刑事责任，到底是故意杀人、故意伤害致死，还是过失致人死亡，这是一个对行为人主观归责问题。但不管最后认定为什么罪，都不否认行为与结果之间有着因果关系。

目前，在因果关系问题的判断上，我国刑法学界主要有两种不同的解决路径：

第一个是区分归因和归责，区分事实因果关系和法律因果关系，有着事实因果关系，还不一定能将结果归属于行为，并追究行为人的刑事责任，还要作进一步的归责判断。在归因问题上，采取条件说，即危害行为与危害结果之间只要符合"没有前者就没有后者"的条件公示，就应该肯定危害行为与危害结果之间有着因果关系，但这只是判断的第一步，还要进一步判断其他要素，从众多条件中挑选出那个应该对行为负责任的条件作为归责的对象，并结合行为人主观上的内容来追究行为人的刑事责任。即在归因问题上采取条件说，而在归责问题上采取客观归责理论。

第二个是不区分归因和归责，一步到位，直接采取行为危险现实化说。该说主张以"行为危险是否在结果中变为了现实"来判断有无因果关系，认为在能够认定实际发生的结果是实行行为危险的现实体现时，即肯定行为与结果之间存在因果关系。其中，在行为是否包含实现结果的危险的判断上，需要以行为时存在的全部事实为判断基础，借助于科学的鉴定来进行判断。只要根据科学的鉴定（主要是法医学鉴定意见），能够将显示发生的结果归属于实行行为时，就可以说二者存在危险现实化的因果关系。反之，行为与结果之间有因果关系，就意味着该行为所具有的危险现实化为了具体结果。在具体判断上，主要有三种情形。

第一种情形，根据科学的鉴定意见，现实发生的实害结果属于行为危险的现实体现时，可以直接将该结果归属于行为。这种情形属于行为危险的直接现实化。

第二种情形，根据科学的鉴定意见，现实结果不是实行行为直接引起的，而是介入因素导致，该介入因素又是该实行行为所诱发的，也可以说现实结果是实行行为危险的现实化。这种情形属于行为危险的间接现实化。

第三种情形，根据科学的鉴定意见，现实结果是由行为与被害人特殊体质因素竞合而引起时，现实结果不是行为危险现实化的体现，则须进行实质判断。例如，在极为轻微的侵害行为引起了严重后果的场合，因为不存在所谓行为危险，不能说该结果是行为危险现实化的产物。

事实上，在司法实践中，一旦发生重伤或者死亡的严重后果，公安机关都会要求对重伤的原因或者死因进行法医鉴定。在法医鉴定中，鉴定人员也会具体分析导致这个结果有什么原因，甚至细化到具体什么行为可以造成这样的结果，有的法医还会进一步分析该行为对结果的发生有多少贡献度或者参与度。只要法医肯定该行为可以造成某个结果，那么，法官就会判断行为与结果之间存在因果关系，至于最后是否要追究行为人的刑事责任以及追究什么样的责任，则要取决于行为人所实施行为的危险程度大小以及行为人的主观过错大小。

例如，如果行为人一拳可以致死，主观上又是对死亡结果持希望或者放任的心态，则行为构成故意杀人罪；如果一拳可以致死，但主观上对死亡结果持反对态度，则构成故意伤害罪致人死亡。而如果一拳根本不足以致死，被害人死亡是因为被害人具有特殊的体质，行为人主观上对此无法预见，也不可能预见，则构成意外事件；如果一拳虽足以致死，但被害人死亡是因为被害人具有特殊的体质，行为人主观上应当预见而没有预见，则构成过失致人死亡罪。

因此，因果关系的判断，是一种客观判断，其实就是对实行行为本身的危险性以及危险程度的判断，而这个判断，法官必须借助于科学的法医鉴定意见。如果根据科学的法医鉴定意见，该实行行为本身已经包含着这种危险，这种危险又在现实中导致了危害结果（结果是行为危险现实化的产物），那么，这个危害结果就可以归属于该行为，实现了客观归属的判断任务。这一点与传统刑法理论中的必然因果关系的判断是相契合的。但这仅仅是认定行为是否构成犯罪的第一步。行为人最后是否要承担刑事责任以及要承担什么罪名的刑事责任，则需要以行为时存在的全部客观事实资料作为判断依据，结合行为人的主观认知做进一步的实质判断，以实现主观归责的任务。这样，客观归属＋主观归责＝犯罪。这对于大多数案件中的因果关系的判断是很容易的，难就难在有外界因素（包括第三人的行为）或者被害人自身因素介入的案件中。正是有众多因素的介入，与先前行为共同作用导致危害结果的出现（多因一果），此时，如何区分先前行为与介入因素对危害结果出现的贡献大小（参与度高低），又该如何分配它们之间的责任，这种责任分配或者贡献大小又是如何影响定罪和量刑的，这才是刑法因果关系理论和司法实践需要解决的问题。

从刑罚的目的看反腐败效果的三重境界

腐败的本质是滥用权力，权力异化，通常表现为权钱交易，权权交易，权色交易，任意侵占公共财产。腐败不仅侵害了党政干部职务行为的廉洁性和不可收买性，也危害了所有人，包括党政干部自己也都是腐败的受害者。更进一步说，腐败不仅败坏了党政干部的形象，破坏了国家经济的良性发展，也腐蚀了一个民族的心灵，败坏社会风气。因此，所有人都应该反对腐败，痛恨腐败，远离腐败，任何人要对腐败实行"零容忍"，敢于和腐败"说不"。只有如此，反腐败斗争才会有坚实的群众基础，党和国家才能将反腐败斗争推向深入，最终才能取得反腐败的最佳效果。

党的十八大以来，随着我国"打老虎、拍苍蝇"反腐败斗争的持续推进，反腐败取得了很好的效果，官场生态和社会风气有了很大的好转，人民群众无不拍手称快。但如何评估和巩固当下反腐败的成果，如何将当下的反腐斗争持续有效地开展下去，最终变成一种系统性、普遍性的反腐机制，实现反腐的标本兼治，则是任何一个执政者必须面对和思考的问题。

在反腐败机制的建设和反腐效果的巩固上，2014年9月5日，习近平总书记在庆祝全国人民代表大会成立60周年大会上，谈到要加强和改善人大的监督工作时，明确指出："要加强和改进监督工作，拓宽人民监督权力的渠道，抓紧形成不想腐、不能腐、不敢腐的有效机制，让权力在阳光下运行。"其中，"抓紧形成不想腐、不能腐、不敢腐的有效机制"说得非常到位，也非常经典，因为在这里，习近平总书记道出了我国反腐败效果的三重境界："不想腐、不能腐、不敢腐"。这三者之间存在着由高到低的逻辑关系，反腐败效果的最高境界就是让所有的党政干部都不想腐败，不屑于腐败；中等境界就是让一些党政干部虽然有点想腐败，但却不能腐败；次等境界就是让一些党政干部想腐败，能腐败，但又不敢腐败。

在反腐败斗争中，最有效、最严厉的反腐手段当然是刑罚，反腐败效果的三重境界，本质上就是刑罚目的实现的不同表现。在刑罚目的上，目的刑论者认为，刑罚只有在实现一定的目的，即预防犯罪的意义上才具有价值，因此，在预防犯罪所必要而且有效的限度内，刑罚才是正当的，这就是刑罚的预防论。预防论又分为一般预防论和特殊预防论。其中，一般预防论又可以分为通过刑罚预告的一般预防论（立法配置刑罚）与通过刑罚执行的一般预防论（司法执行刑罚）以及消极的一般预防论和积极的一般预防论；消极的一般预防论，是指通过对犯罪人适用刑罚，形成对其他人的威慑，让其他人不敢去犯罪，"杀鸡给猴看"就是消极一般预防论的经典表述；而积极一般预防论则是指通过对犯罪人适用刑罚，向社会大众宣示法律秩序的不容破坏性，犯罪不是获取幸福生活的手段，相反，遵守法律规范才是追求幸福生活的唯一手段，从而引导国民从内心深处尊重法律、忠于法律，维护人民对遵守法律规范的信赖感和认同感，让他们从内心深处不想犯罪，也不屑于犯罪。而特殊预防论又可以分为消极的个别预防，即惩罚论或者威慑论和积极的个别预防，即教育刑论或者改善刑论，前者是指通过刑罚的适用，惩罚或者威慑犯罪人，使其不再敢犯罪；后者是指通过刑罚的适用，教育或者改善犯罪人，使其不再想犯罪。

笔者认为，刑罚目的的最佳效果应当是实现刑罚的积极的个别预防和积极的一般预防，让犯罪人以及其他社会公众不想犯罪，不屑于犯罪，从而达到法律真实有效性的保障和法律秩序的维护。具体而言，国家通过对犯罪人适用刑罚，不仅让犯罪人本身从内心深处认识到犯罪的危害性，从而引导他们树立和培养起对法律的尊重、信赖和忠诚；同时，还要让国民也认识到犯罪的危害性，适用刑罚的必要性，从而引导社会公众尊重和认同现有的法律规范，维护法律秩序的权威，让他们从内心深处厌恶犯罪，痛恨犯罪，远离犯罪。

因此，在反腐败斗争中，我们要充分理解和运用刑罚目的论的思想，从消极的个别预防论和消极的一般预防论开始，先让腐败官员和其他党政干部不敢腐败，实现反腐败的治标效果，在此基础上，继续推进各种反腐败机制的建设，慢慢地形成一种让党政干部不能腐败的制度氛围，最后达到不想腐败，也不屑于腐败的最高境界，这就是实现了反腐败的标本兼治的最佳效果。为此，笔者非常赞同意大利刑法学大师贝卡利亚的名言："刑罚的有效性不是体现在它的严厉性，而是在于它的不可避免性和确定性。"刑事立法与司法应该贯彻储槐植先生很早就提出的"严而不厉"的刑事政策思想，即严密刑事法网，严格刑事责任，但在刑罚处罚上尽量地轻缓或者宽缓，刑罚不能苛厉和过重。只要我们能够充分激活现有的反腐制度，动员现有的反腐力量，能够做到发现一起，就坚决查处一起，哪怕处罚非常的轻微。例如，给予一些党纪处分或者给予非常轻的刑罚处罚，就能打破他们对侥幸的幻想，我们预防腐败的效果就能体现出来，反腐败的三重效果就能得以实现和巩固。

目前，在反腐败斗争中，首先需要达到的就是反腐败的次等境界，让一些党政干部虽然想腐败，且能腐败，但不敢腐败，以达到反腐败的治标效果；在实现这个效果和达到这个境界之后，再通过一系列的制度建设，让一些党政干部虽然想腐败，但不能腐败；最后，通过各种待遇的提升、思想道德教育的强化以及其他反腐配套措施的跟进，让所有的党政干部从内心上不想腐败，不屑于腐败，甚至痛恨腐败，以腐败为耻，敢于和腐败作斗争，最终实现反腐败的治本效果。

可以说，通过这两年反腐败斗争的开展，我们已经初步实现了上述反腐败的次等效果和境界，接下来的工作就是要建立和激活各种有效的反腐制度。例如，官员财产的申报公开，激活纪委反贪机构的常态化运行机制，以形成对贪官污吏保持一种长期、有效、高压的威慑态势，让他们不能腐败，也不敢腐败，最终实现不想腐败的最佳效果。

总之，国家要遏制腐败，不能单纯地依靠重刑重罚，而是要激活和建设现有的各种反腐机制和对权力的监督机制，推进党内民主和人民民主的建设，这就是习近平总书记所说的"要加强和改进监督工作，拓宽人民监督权力的渠道"的主要途径。同时，要努力创造各种条件，让党政干部的各项权力在阳光下公开地运行，在法治的轨道上公平地适用，让各种监督力量能够时时刻刻盯着官员手中的权力，打破他们腐败之后可以逃避法律处罚的幻想，消灭他们内心存留的那一丝侥幸心理，一定要让所有的腐败分子充分认识到，自己的腐败被处罚不是自己运气不好，也不是自己的靠山不够强硬，更不是站错队或者政治斗争的结果，而是犯罪之后必然会得到的法律惩罚。

目前，我国内地学习和借鉴香港地区成功的反腐经验，整合现有的反腐机构和力量，成立了监察委员会，与纪律检查委员会合署办公，在继续保持对所有官员的高压态势的同时，明确告诫所有的官员：从今天起，所有的腐败官员，只要发现一起，坚决查处一起，不留盲区，不设禁区，不设杠杆，不设指标，并适当提高党政干部的工资待遇，让他们能够体面和有尊严地生活。让所有的党政干部从不敢腐败，慢慢地达到不能腐败，也不想腐败和不屑于腐败的思想境界，这样，防止腐败的积极个别预防和积极一般预防的效果马上就会显现出来。

量刑结论如何说理论证

在司法实践中,普遍存在司法人员较多地考虑刑罚一般预防犯罪的作用,迷信重刑可以有效地预防犯罪,导致重刑主义观念根深蒂固,轻刑主义观念没有树立起来。事实上,刑罚的轻重与犯罪率的高低没有必然联系,量刑公正、适当才是刑罚的生命,也是量刑的准则,实现量刑公正不仅是任何一个法官必须高度重视和思考的问题,也往往是刑事被告人最为关心的事情。

长期以来,最高人民法院一直强调刑事判决书的说理性和可接受性,全国各级地方法院的刑事判决书也越来越重视对一些重大疑难复杂刑事案件的说理,刑事判决书会全面介绍控方的指控及其理由和辩方的主张及其理由,然后再对这些主张和理由进行全面的分析和评判,最后得出裁判结论。笔者发现,这种说理更多的是体现在对被告人的行为是否构成犯罪或者构成此罪还是彼罪的说理,包括对证据应用和刑法适用两方面的说理,但在裁判结论上,对于最终的量刑结论到底是如何形成的?被告人所具有的自首、坦白、立功、累犯以及各种犯罪停止形态等量刑情节又是如何具体地影响量刑的?它们对于量刑结论的贡献有多大?则较少写入或者体现在判决书中。

2010年10月以来，最高人民法院一直在推动量刑的规范化工作，并在全面总结试行经验的基础上，出台了《关于常见犯罪的量刑指导意见（试行）》，规定了量刑的指导原则、基本方法以及常见量刑情节对宣告刑的影响，各省高级人民法院也结合实际执行了各种量刑实施细则。法官在量刑的时候，也严格根据这些指导意见和实施细则，并运用一些量刑公式将量刑结论的形成过程写入并不对外公开的审理报告当中，但并不写入对外公开的判决书中，从而使得被告人及其辩护人和社会公众无法从判决书上得知法官量刑结论的形成过程，更不知道这些量刑情节到底对最终的量刑结论起到多大的影响。

量刑问题不仅是刑法理论中的重要问题，也是刑事司法实践的疑难问题。日本著名的刑法学家团藤重光指出，"量刑问题是刑法理论的缩影，它最明显地表现了近代派与古典派的对立。"在量刑的时候，既要考虑与已然之罪相适应（责任刑、报应刑），又要考虑到预防未然之罪的需要（预防刑、目的刑）。换言之，法官在确立量刑基准的时候，既要考虑报应刑论的要求，又要考虑目的刑论的需要，即要在最大限度上吸收责任与预防的一些正当性要求。问题是，责任刑与预防刑之间到底是何种关系，二者如果发生冲突的时候（如责任重大但预防的必要小或者相反），以哪者为基础呢？

对此，刑法理论存在着"幅的理论"与"点的理论"之争。前者认为，与责任相适应的刑罚只能是一个幅度，法官应当在此幅度的范围内考虑预防犯罪的目的，最终决定刑罚（宣告刑）；后者则认为，与责任相适应的刑罚只能是正确确定的某个特定的刑罚（点），而不是幅度，法官在确定这个点之后，再根据预防犯罪必要性的大小，上下调节刑罚，决定最终的刑罚（宣告刑）。

在德日刑法中，由于存在处断刑的概念，使得德日的量刑实践采取的是一种幅的理论。所谓的处断刑,就是指法官在选定与具体犯罪相适应的法定刑后,依据刑法规定,结合具体案件所具有的法定情节或者酌定情节对法定刑进行加重或减轻的修正,修正之后所形成的刑罚。处断刑本身也有一个幅度范围,法官在处断刑的幅度范围内具体地量定、宣告的最终刑就是宣告刑,这样,整个量刑过程就体现为法定刑——处断刑——宣告刑。因此,无论是法定刑,还是处断刑,立法者都让给法官以相当的幅度,以便法官在量刑时适应具体案件和具体行为人的状况来实现实质的公正。在这个相当的幅度内决定自己认为与具体案件和具体行为人的状况相当的刑量和刑种。由于法官要多次修正法定刑,其所得到的处断刑就呈现出一个不断变化的动态过程,这个过程是一个法定的、公开的、透明的过程,法官需要分阶段考虑法定或者酌定的量刑情节,经过多次的处断刑变动,直到能够确定一个刑罚点的宣告刑,并明确地将量刑结论的形成步骤和过程写入了判决书。可见,处断刑在量刑过程中起着一个承上启下的作用,上承法定刑,下启宣告刑,成为连接法定刑与宣告刑的重要桥梁。

在我国以往的刑罚理论中,只有法定刑、宣告刑以及执行刑的概念。后来随着量刑的不断规范化,又引进了基准刑和调整刑的概念。法官在量刑时,首先要在某个犯罪所对应的法定刑中选准某个基准刑,然后再根据犯罪情节和处罚必要性的大小,运用量刑公式,采用乘以百分比的算法,上下调节基准刑,形成调整刑,最后才确定宣告刑。整个量刑过程就体现为法定刑——基准刑——调整刑——宣告刑。由于法官所选定的那个基准刑大多体现为一个点,可见,我国的量刑实践更多的是采取点的理论。

但由于上述这些量刑结论的形成过程并没有写入判决书,而是仅仅记载于并不对外公开的审理报告当中,在对外公开的判决书中,仅笼统地说，根据刑法对某罪的规定，同时考虑本案具有什么样的从重、从轻或者减轻处罚的情节，判决如下等。以至于社会公众和律师无法得知那些从重或者从轻、减轻处罚的情节到底是如何影响以及在多大程度上影响宣告刑的确定的，也无从得知法官的量刑步骤。

因此，为了提升刑事判决书的说理性和权威性，为了提高刑事司法的公信力，笔者建议，法官应该将量刑结论的形成过程同时写入判决书，以便能够向社会公开，消除量刑结论形成的神秘性。同时，还可以让被告人和公众明白被告人最终被判处具体确定刑罚的裁判理由，增加判决书的说服力。也许有法官会担忧，量刑结论的形成过程还是模糊一点好，因为这是法官自由裁量权行使的过程，应该像合议庭秘密合议一样，不便通过判决书的方式向社会公开。

笔者认为，在日益强调司法公开和公正的今天，只要法官完全根据法律、司法解释和内心的良知对被告人进行公正的量刑，就可以对自己的量刑结论的形成过程和裁判结论充满自信，应该相信被告人或者律师的理性判断，这样的刑事判决书更能让被告人或者律师信服，让被告人得知自己为什么会被这么判，自己的哪些情节对于量刑结论有多少影响，这对于预防犯罪也是具有重要意义的。

[发表于《人民法院报》2018年10月12日实务周刊]

"拐卖儿童罪一律判处死刑"
不符合法律理性

有一天晚上，我的某个微信群里面突然出现一条信息"贩卖儿童一律判处死刑"，获得了不少没有学过法律的人的支持和点赞，也有少数学过法律的人也表示支持，其中，不乏我曾经教过的学生。《海峡都市报》的记者曾通过电话采访我，让我谈谈对这个信息的态度和观点，我就利用这个机会发表我的看法。

不可否认，拐卖儿童给很多家庭带来了极大的痛苦，只要看过黄渤主演的电影《亲爱的》，就知道一个小孩对一个家庭有多重要，尤其是现在大多数家庭是独生子女的情况下，失去一个小孩对一个家庭就是毁灭性的打击。许多民众表示认同对人贩子不杀不足以平民愤。我也很痛恨人贩子的行径，他们将人当作商品予以买卖，不仅破坏了家庭的完整性，也严重侵犯了被害人的人格尊严，刑法应当予以惩罚。

回到刑法的探讨上，根据我国《刑法》第240条的规定，"拐卖妇女、儿童，是指以出卖为目的，有拐骗、绑架、收买、贩卖、接送、中转妇女、儿童的行为之一的。""拐卖妇女、儿童的，处五年以上十年以下有期徒刑，并处罚金；有下列情形之一的，处十年以上有期徒刑或者无期徒刑，并处罚金或者没收财产；情节特别严重的，处死刑，并处没收财产：（一）拐卖妇女、儿童集团的首要分子；（二）拐卖妇女、儿童三人以上的；（三）奸淫被拐卖的妇女的；（四）诱骗、强迫被拐卖的妇女卖淫或者将被拐卖的妇女卖给他人迫使其卖淫的；（五）以出卖为目的，使用暴力、胁迫或者麻醉方法绑架妇女、儿童的；（六）以出卖为目的，偷盗婴幼儿的；（七）造成被拐卖的妇女、儿童或者其亲属重伤、死亡或者其他严重后果的；（八）将妇女、儿童卖往境外的。"

根据上述规定，我们提出如下几点想法和建议。

一是根据上述规定可以看出，我国《刑法》对拐卖儿童罪的处罚本身就相当严厉。普通的拐卖儿童的，可以判处5至10年有期徒刑；符合《刑法》规定8种加重构成的，可以判处10年以上有期徒刑或者死刑；对于情节特别严重的，可以判处死刑，并处没收财产。可见，拐卖儿童罪本身就包含了死刑，不存在修改《刑法》增加死刑条款之说。那种说对拐卖儿童罪要增加死刑的说法完全是不懂得刑法的规定。

二是根据《刑法》第240条的规定，犯拐卖儿童罪，是否判处死刑，要看具体个案的情形，要看被告人是否符合《刑法》第240条所规定的8种情形，而且必须情节特别严重。在拐卖儿童案件中，案件情形千差万别，被告人的个人情况也不一定都相同，其犯罪的违法与责任都不一样，对人贩子一律判处死刑，属于绝对确定的法定刑，违背了罪刑法定原则和罪刑相适应原则，不符合刑罚公正和刑罚个别化的理念。

三是从刑事政策的角度来看，如果真的对所有人贩子都判处死刑，那么，就会阻断犯罪分子的退路，鼓励他们将犯罪进行到底。如果拐卖儿童被发现了，他们为了逃避处罚，就会杀人灭口，因为杀掉儿童是死刑，不杀掉儿童也是死刑，反正都是死刑，为什么不豁出去了，搏一下呢？这就会导致人贩子破罐子破摔，非常不利于保障被拐儿童的人身安全。相反，并非一律判处死刑，还能给人贩子留条活路，给他们架设一座"后退的黄金桥"，鼓励他们随时可以"放下儿童，立地成佛"，鼓励他们随时悬崖勒马，立即停止犯罪。这正是刑法所要看到的结果，也是刑事政策预防犯罪的体现。

四是对于收买儿童的人，也不应该与拐卖儿童的同罪，判处同样的刑罚。根据我国刑法第241条的规定，"收买被拐卖的妇女、儿童的，处三年以下有期徒刑、拘役或者管制。""收买被拐卖的妇女，强行与其发生性关系的，依照本法第二百三十六条的规定定罪处罚。收买被拐卖的妇女、儿童，非法剥夺、限制其人身自由或者有伤害、侮辱等犯罪行为的，依照本法的有关规定定罪处罚。收买被拐卖的妇女、儿童，并有第二款、第三款规定的犯罪行为的，依照数罪并罚的规定处罚。""收买被拐卖的妇女、儿童又出卖的，依照本法第二百四十条的规定定罪处罚。""收买被拐卖的妇女、儿童，按照被买妇女的意愿，不阻碍其返回原居住地的，对被买儿童没有虐待行为，不阻碍对其进行解救的，可以不追究刑事责任。"可见，与拐卖儿童罪相比，收买儿童罪的刑罚确实显得偏轻，这也是不少人屡屡收买儿童的一个重要理由。"没有收买，就没有拐卖"，我也建议通过立法修改，提高收买儿童罪的法定刑。但也不能与拐卖儿童罪判处同样的刑罚。这是因为凡是会收买儿童的，都是家里没有儿童或者缺少男孩的家庭，他们正是有需要或自己喜欢，才会铤而走险去收买儿童，买来之后，大多数会将其视为己出，百般疼爱，将其当作自己的孩子来抚养。在这一点上，与拐卖儿童不同，拐卖儿童之所以可恶，需要判处严厉的处罚，就是因为他们将儿童不当人，而是当作商品来买卖，从中赚取高额金钱，这严重侵犯和贬低了儿童的人格尊严。相比而言，收买儿童者，其具有可以宽恕的理由，受到谴责或者非难的程度相对降低了，责任也就降低了，因此，也就应该判处比拐卖儿童相对较轻的刑罚。

五是儿童的监护人应该严加看护自己的儿童。保障儿童的人身安全是每个监护人的法定责任，之所以屡屡发生拐卖儿童的案件，一个重要原因是监护人没有履行看好儿童的责任。对于儿童，大人在带出去的时候，不要脱离自己的视线，更不能将儿童一人留在家里或者放在某个地方，这很容易给人贩子以下手的机会。因此，只要我们每个监护人都能够认真履行看好儿童的责任，就会大大减少儿童被拐卖的机会，人贩子就难以这么猖狂地从事这种天底下最缺德的勾当。

六是建议任何一位被拐儿童的监护人，尽快到公安机关报案，配合公安机关将自己的 DNA 信息输入公安部建立的 DNA 库。我们公安部已经建立了一个比较完善的 DNA 数据库，任何一位被拐儿童的家长，都可以将自己的 DNA 信息输入数据库，一旦与公安部所收集的 DNA 数据能够匹配得上，就比较容易找到自己失散的孩子，即使暂时匹配不上，也为将来寻找儿童提供一点线索和信息。

总之，"拐卖儿童罪一律判处死刑"的提出不符合我国刑法关于拐卖儿童和收买儿童的规定，也不符合司法实践的精神，是一种极端的、非理性的情绪发泄，除了带来大家对人贩子的仇恨外，对于保障儿童安全，保障家庭完整难以有什么实质意义，甚至适得其反。我国对于死刑是采取保留死刑，但严格控制适用死刑的刑事政策，根据《刑法》第 48 条的规定，死刑只适用于罪行极其严重的犯罪分子，但死刑包括死刑立即执行和缓期二年执行，即使对于拐卖儿童犯罪集团的首要分子等 8 种拐卖儿童的情形，也不是一律判处死刑，而是要看具体个案的情况。

收买被拐妇女儿童者，可以同情但必须治罪

党的十二届全国人大常委会第十六次会议于 2015 年 8 月 29 日通过的《刑法修正案（九）》，删掉了三审稿中对收买被拐卖的妇女可以"免除处罚"的规定。

《刑法修正案（九）》第 15 条规定，收买被拐卖的妇女、儿童，对被买儿童没有虐待行为，不阻碍对其进行解救的，可以从轻处罚；按照被买妇女的意愿，不阻碍其返回原居住地的，可以从轻或者减轻处罚。

《刑法修正案（九）（草案）》三审稿中，对收买被拐卖的妇女的，不阻碍其返回原居住地的，"可以从轻、减轻或者免除处罚"。草案三审时，有的常委会组成人员、人大代表提出，对收买被拐卖妇女的，应当一律定罪处罚，建议删去可以"免除处罚"的规定。全国人大法律委员会建议采纳这一意见。《刑法修正案（九）》最终做了相应修改。

拐卖妇女、儿童，尤其是拐卖儿童给很多家庭带来了极大的痛苦，具有巨大的社会危害性。尤其是现在大多数家庭是独生子女的情况下，失去一个孩子对一个家庭而言，就是一个毁灭性的灾难。因此许多民众对此极为愤怒，觉得对于人贩子不杀不足以平民愤。

事实也是如此，拐卖妇女、儿童罪是一种非常严重的犯罪，人贩子完全没有把人当人看，而是将妇女、儿童当作商品予以买卖，并从中牟利。这种犯罪行为不仅严重破坏了被害人家庭的完整性，也严重侵犯了被害人的人格尊严，刑法应当予以严惩。

但要遏制拐卖妇女、儿童的发生，不能简单地依靠严惩拐卖者，还必须同时严厉惩罚收买者，因为没有收买者的需求，就不会有拐卖行为的发生。近年来，鉴于我国不断发生严重的拐卖儿童案件，不少学者就呼吁要加大对收买者的处罚力度，不能再对收买者网开一面了。

在刑法理论上，拐卖妇女、儿童罪与收买被拐卖妇女、儿童罪是一种对向犯（对合犯）。一般情况下，是以存在二人以上相互对向的行为为要件的犯罪，即没有拐卖，就没有收买，反过来，没有收买，自然也就不会有人去拐卖。考虑到二者均具有严重的法益侵害性，刑法将拐卖和收买两种行为均规定为犯罪，但二者的法定刑并不一样。

根据《刑法》第240条第1款的规定，拐卖妇女、儿童的，处5年以上10年以下有期徒刑，并处罚金；有刑法规定8种情形之一的，则可以处10年以上有期徒刑或者无期徒刑，并处罚金或者没收财产；情节特别严重的，还可以判处死刑，并处没收财产。

相比而言，此前的立法对收买被拐卖的妇女、儿童罪设置了较轻的法定刑。只要收买者按照被买妇女的意愿，不阻碍其返回原居住地的，对被买儿童没有虐待行为，不阻碍对其进行解救的，就可不追究其刑事责任。

在司法实践中，办案机关也考虑收买者没有限制被拐妇女的人身自由，没有阻碍对被拐儿童的解救，而且，其收买往往也有值得同情的因素。更主要的是，在解救过程中，为了获得收买者的积极配合，保证能够有效地解救被拐的妇女、儿童，办案机关往往也没有追究收买者的刑事责任。

然而，这些做法并不符合罪责刑相适应的原则，也不利于遏制拐卖妇女、儿童的蔓延；并在无形中，放纵收买被拐妇女、儿童犯罪，导致收买市场不断蔓延，从而加剧了拐卖妇女、儿童悲剧的发生。

因此，这一次立法机关明确宣示，收买被拐卖妇女、儿童一律要判刑。这符合刑法保护法益的目的，有利于有效遏制收买被拐妇女、儿童犯罪，也将更加有效地预防拐卖妇女、儿童罪的发生。

本次立法机关对于收买被拐妇女、儿童从宽处罚的情形并不一样：收买被拐儿童者，对被买儿童没有虐待行为，不阻碍对其进行解救的，仅仅可以从轻处罚。但对于收买被拐的妇女而言，只要按照被买妇女的意愿，不阻碍其返回原居住地的，不仅可以从轻处罚，在特定情况下，还可能减轻处罚。这就加大了对收买被拐儿童罪的处罚力度。

[发表于《法制日报》2015 年 9 月 2 日法治周末版]

要对网络虚假信息多一份注意

2015年11月1日,《刑法修正案(九)》正式施行,其中第32条明确规定了新增"编造、故意传播虚假信息罪"。根据该条规定,"编造虚假的险情、疫情、灾情、警情,在信息网络或者其他媒体上传播,或者明知是上述虚假信息,故意在信息网络或者其他媒体上传播,严重扰乱社会秩序的,处三年以下有期徒刑、拘役或者管制;造成严重后果的,处三年以上七年以下有期徒刑。"

这是《刑法》介入和遏制网络谣言的又一项重要举措,有利于净化网络世界,有利于保障人们交往信息的真实性。网络是一把双刃剑,随着网络而发展起来的微信和微博,在给人们带来信息传播方便的同时,也可能被一些不法之徒所利用。

虚假信息不仅造成了网络虚拟空间秩序的混乱,也可能进一步引发现实社会生活秩序的混乱。修正案的这一规定能够在一定程度上遏制虚假信息在网络或者其他媒体上的扩散和传播,保证网络信息的真实性。

《刑法修正案(九)》在规定编造、故意传播虚假信息罪时,之所以将虚假的信息限于虚假的险情、疫情、灾情和警情,这是因为这虚假的"四情"均涉及社会公共利益,很容易引起社会恐慌或者公共安全危机，任何国家机关和公民都必须严肃、认真对待。一旦有人编造或者故意传播这4类虚假的信息，就可能引起社会的恐慌，严重影响公民的公共生活，造成社会秩序的混乱，从而引发公共安全危机。

根据上述规定，可以看出，不管是编造虚假信息罪，还是传播虚假信息罪，主观上都必须是出于故意，行为人如果不是故意编造或者根本就不知道是虚假信息而在信息网络或者其他媒体上传播，则不构成犯罪。同时，故意编造或者故意传播这4类虚假信息还必须达到严重扰乱社会秩序的程度，才能认定为犯罪。

目前，由于《刑法修正案（九）》刚刚实施，司法解释尚未出台，在认定和判断严重扰乱社会秩序的程度时，完全可以参考2013年9月18日颁布的《最高人民法院关于审理编造、故意传播虚假恐怖信息刑事案件适用法律若干问题的解释》的相关规定。

例如，编造、故意传播上述4类虚假信息罪，致使机场、码头、车站等人员密集场所秩序的混乱或者采取紧急疏散措施，影响飞机、列车等大型客运交通工具的正常运行，造成当地村民或者居民生活秩序严重混乱、致使公安、武警、消防、卫生检疫等职能部门采取紧急应对措施。一旦构罪，就可以判处3年以下有期徒刑、拘役或者管制，但如果造成严重后果的，则可以处3年以上7年以下有期徒刑。

在认定造成严重后果上，也同样可以参照上述司法解释的规定。例如，编造或者故意传播上述虚假信息，导致一些人员踩踏，造成3人以上轻伤或者1人以上重伤的，或者造成直接经济损失50万元以上的，或者造成县级以上区域居民生活秩序严重混乱或者妨碍国家重大活动的举办和开展的。

正因为有了这个罪名，一些"指尖族"担心自己触犯了刑法，从而侵犯其言论自由。事实上，任何一个使用微博、微信等现代网络交际工具的公民都要清楚认识到这样一个法治原则，即任何言论自由都是有边界的，超出了这个边界就不是言论自由这种权利了，而是属于违法犯罪行为了。

这个边界就是不能恶意传播虚假信息，不能侵犯他人和社会的利益，毕竟互联网也是法内之地。这就要求任何一个公民首先不能故意去编造上述4类虚假信息，即使不是自己编造的虚假信息，在明知道是上述4类虚假信息的情况下而故意在网络或者其他媒体上传播，严重扰乱社会秩序的，也可能构成犯罪。

总之，编造、传播虚假信息罪的出台，要求任何一个公民在转发微博或者微信的时候，多一份谨慎，多一份注意，尽量核实和辨别该信息的真假，千万不能擅自转发他人那些可能是虚假的信息。

［发表于《法制日报》2015年11月3日法治周末版］

如何理解帮助信息网络犯罪活动罪的主观"明知"

为严厉打击整治涉"两卡"违法犯罪活动，坚决遏制电信网络诈骗犯罪高发态势，2020年10月10日，国务院部际联席会议决定在全国范围内开展"断卡"行动。行动开展以来，一些相关的涉嫌违法犯罪分子纷纷被抓获归案，有效地遏制这类网络犯罪活动的蔓延。

在司法实践中，要以什么罪名来追究这类犯罪嫌疑人、被告人的刑事责任，不同司法机关的认定并不相同，有的司法机关认定构成上游犯罪的共犯（从犯），有的司法机关认定构成掩饰、隐瞒犯罪所得、犯罪所得收益罪，而有的司法机关则认为构成帮助信息网络犯罪活动罪。由于这些下游犯罪都是故意犯罪，主观上都要求行为人具备明知的认识因素，但由于明知的对象、内容以及程度不同，不同司法机关根据不同案件事实和证据就会作出不同的判断和认定。由于这三种犯罪的法定刑相差很大，选择适用不同的罪名意味着被告人要面临不同的刑罚，直接影响了刑罚的公正。因此，有必要加强对刑法分则中有关明知的研究。本文以帮助信息网络犯罪活动罪为例，分析本罪中"明知"的真实含义。

我国《刑法》第 14 条规定："明知自己的行为会发生危害社会的结果,并且希望或者放任这种结果发生,因而构成犯罪的,是故意犯罪。"这是刑法总则对犯罪故意概念的规定,其中,认识因素要求行为人主观上具备明知,意志因素是希望或者放任危害结果的发生。刑法总则关于犯罪故意概念的规定对刑法分则故意犯罪主观认知内容的理解具有一般指导意义,但在刑法分则中,为了提醒司法人员注意,防止客观归罪,立法者针对个别犯罪的主观内容又特别强调了要有明知,这是刑法分则的注意规定。例如,《刑法修正案(九)》新增加的帮助信息网络犯罪活动罪,《刑法》第 287 条之二第 1 款规定:"明知他人利用信息网络实施犯罪,为其犯罪提供互联网接入、服务器托管、网络存储、通讯传输等技术支持,或者提供广告推广、支付结算等帮助,情节严重的,处三年以下有期徒刑或者拘役,并处或者单处罚金。"如何理解这里的明知的对象、内容和程度,不仅涉及罪与非罪的区分,还可能涉及此罪与彼罪的界限,因此,就具有特别的意义。

现在司法解释慢慢转向认为"明知"不包括应当知道的情形,因为应当知道就包含着行为人主观上有可能事实上就真的不明知,不具备故意犯罪的认识因素,有可能构成过失犯罪(应当预见因为疏忽大意而没有预见的过失犯罪)。但也有一种观点认为,要将这里的"明知"理解为包括知道和可能知道或者或许知道,但这种解释仍然没有揭示出"明知"的真实含义,也不符合责任主义的原理。因为不管是可能知道,还是或许知道,都包含着行为人事实上可能有不知道的情形;如果行为人主观上确实不知道他人利用信息网络实施犯罪,则还是不能认定构成本罪,否则,就是客观归罪,违反了主观与客观相统一的刑法基本原则。

笔者认为,要真正理解帮助信息网络犯罪活动罪中"明知"的确切含义，就必须结合 2019 年 11 月 1 日起施行的最高人民法院、最高人民检察院联合发布的《关于办理非法利用信息网络、帮助信息网络犯罪活动等刑事案件适用法律若干问题的解释》（以下简称《解释》）的规定进行判断，《解释》没有采取以往司法解释将明知解释为"知道或者应当知道"的做法，而是采取了主观明知的推定规则，这是司法解释的巨大进步，也更符合《刑法》第 14 条关于故意犯罪概念的规定。例如，《解释》第 11 条规定：为他人实施犯罪提供技术支持或者帮助，具有下列情形之一的，可以认定行为人明知他人利用信息网络实施犯罪，但是有相反证据的除外：（一）经监管部门告知后仍然实施有关行为的；（二）接到举报后不履行法定管理职责的；（三）交易价格或者方式明显异常的；（四）提供专门用于违法犯罪的程序、工具或者其他技术支持、帮助的；（五）频繁采用隐蔽上网、加密通信、销毁数据等措施或者使用虚假身份，逃避监管或者规避调查的；（六）为他人逃避监管或者规避调查提供技术支持、帮助的；（七）其他足以认定行为人明知的情形。

显然，鉴于网络上游犯罪的隐蔽性和复杂性，公安机关要收集上游犯罪以及下游犯罪行为人主观是否明知的直接证据比较困难，检察院承担直接证明下游犯罪行为人主观明知的举证责任难度较大，从而不利于惩罚和打击这类犯罪，使得司法解释对本罪行为人主观上是否明知只能采取推定规则，即从客观情形或者间接证据来推定行为人主观是否明知，只要案件或者行为人具备了《解释》所列举的七种情形，控方就可以推定行为人主观上明知他人利用信息网络实施犯罪，就具备了本罪的主观归责要素，除非被告人或者辩护人有相反证据足以驳斥或者推翻这种推定，这种知道可以理解为一种推定明知。最高人民法院研究室周加海、喻海松作为《解释》的主要起草者，在《〈关于办理非法利用信息网络、帮助信息网络犯罪活动等刑事案件适用法律若干问题的解释〉的理解与适用》一文有关帮助信息网络犯罪活动罪的主观明知推定规则的问题上，就明确指出："根据刑法第二百八十七条之二的规定，帮助信息网络犯罪活动罪以行为人'明知他人利用信息网络实施犯罪'为前提。经研究认为，对帮助信息网络犯罪活动罪主观明知的认定，应当结合一般人的认知水平和行为人的认知能力，相关行为是否违反法律的禁止性规定，行为人是否履行管理职责，是否逃避监管或者规避调查，是否因同类行为受过处罚，以及行为人的供述和辩解等情况进行综合判断，才能将中立的网络帮助行为排除在犯罪之外。根据司法实践的情况，《解释》第11条总结了主观明知的推定情形，只要求控方的举证达到确能根据间接证据证明行为人主观上"明确知道"的程度，就可以认定行为人主观上具备明知的认识因素。

可见，帮助信息网络犯罪活动罪的"明知"既包括行为人主观上确切知道他人系利用信息网络实施犯罪，也包括主观上知道他人可能利用信息网络实施犯罪，前者行为人主观上既然已经知道了他人会利用信息网络实施犯罪，还提供各种各样的帮助，在意志因素上是持一种希望的心态，构成了直接故意犯罪；而后者行为人主观上知道他人可能会利用信息网络实施犯罪，还提供各种各样的帮助，在意志因素上是持一种放任的心态，构成间接故意犯罪，二者在主观上都要求行为人知道，只是知道他人是否会利用信息网络实施犯罪以及具体实施什么犯罪的认识程度不同，前者明知的对象和内容具有确定性，而后者明知的对象和内容具有不确定性。换言之，不管是知道他人会利用信息网络实施犯罪，还是知道他人可能会利用信息网络实施犯罪，仍提供各种各样帮助的人，都符合故意犯罪的概念，也符合责任主义原理。

这里的可能知道与知道可能并不是简单的文字表述的差别，而是有着不同的实质内涵,即二者所强调的对象和内容并不相同,前者强调的是行为人主观上是否明知存在着一种不确定状态,即可能知道,也可能不知道,只有可能知道了才能认定行为人主观上具备了明知,而可能不知道则不能认定行为人主观上具备了明知,并不符合故意犯罪的概念;而后者强调的是行为人主观上还是明知的,只是他人是不是或者会不会利用信息网络实施犯罪以及具体实施什么犯罪处于一种不确定的状态,只要行为人在认识到这种不确定的状态下,还采取了听之任之、不闻不问的态度,就具备了犯罪故意中放任的意志因素,构成了间接故意。对此,张明楷教授在对刑法第312条掩饰、隐瞒犯罪所得收益罪中"明知是犯罪所得及其产生的收益"的解释上,也是认为包括明知肯定是赃物和明知可能是赃物,其中,明知可能是赃物,是指行为人根据有关事项,认识到可能是犯罪所得及其产生的收益,但又不能充分肯定其为赃物。因此,行为人对赃物的认识不要求是确定,只要认识到或者是赃物、可能是赃物即可,而不是要求行为人可能认识到是赃物,因为可能认识到是赃物完全包含着行为人可能不知道是赃物,从而不构成故意犯罪的情形。但司法实践中往往很不注意区分可能知道与知道可能的含义,甚至将二者混同使用,以可能知道代替知道可能,从而就会在无形当中降低了证据的证明标准,把那些事实上真的可能不知道他人会利用信息网络实施犯罪的行为当成犯罪来处理,从而冤枉无辜,造成冤假错案。

[发表于《检察日报》2020年11月10日实务版]

第四辑

热点冷议

医生误把活人宣告死亡而被送往殡仪馆是否构成犯罪

据上海市普陀区人民政府新闻办2022年5月2日发布"情况通报"称,2022年5月1日下午,网传上海新长征福利院在转运"死亡"老人时,发现老人仍有生命体征。普陀区高度重视,第一时间开展调查,并将老人转运至医院救治,目前老人生命体征平稳。

新华社上海5月2日电(记者吴振东、朱翃),记者2日从上海市纪委监委获悉,上海普陀区民政局党组书记、局长张建东,党组成员、副局长黄耀红,养老服务科科长刘颖华,长征镇社会事业发展办公室主任吴友成,新长征福利院院长葛芳等,对新长征福利院错转一名老人问题负有责任,造成严重不良影响。张建东被党纪立案,黄耀红、刘颖华、吴友成3人均被免职并党纪立案,葛芳被免职并政务立案。5人均接受进一步调查。

通报称,普陀区卫健委根据《中华人民共和国医师法》规定,吊销涉事医生田某某医师执业证,并由公安机关对其立案调查。如涉及其他人员的,依法依规处理。普陀区民政局对新长征福利院启动行政处罚程序,并派驻工作组进驻该福利院开展后续工作。

这个事情发生之后,吊销涉事医生田某某医师执业证,并由公安机关对其立案调查。既然公安机关已经立案调查，那么，就有可能涉嫌刑事犯罪，于是，许多人在问我，涉事医生田某某的行为在刑法上如何评价？我根据浅薄的刑法知识，对此做一个解答，供办案机关参考。

根据有关规定，殡仪馆要火化一个遗体，首先必须由专业的医生确认该人已经死亡，并由有关单位开具死亡证明，才能将遗体送往殡仪馆火化，没有死亡证明殡仪馆不给办理遗体寄存业务，当然，更不可能给予火化了。

在本案中，涉事医生田某某由于误判，误把一个活人宣告为死亡，然后由福利院开具死亡证明，由福利院的工作人员把她送往殡仪馆。在这个环节中，医生的行为是一个核心和关键行为，有可能要进入刑法评价的范围。

首先，可以排除医生田某某是明知故犯。目前，也没有充分的证据证明该医生明知是活人而故意宣告其死亡，本案不存在故意杀人的行为，不能因为殡仪馆的工作人员发现及时送回而认定为故意杀人未遂。

其次，本案中的田某某主观上肯定是有疏忽大意的过失。由于医生田某某严重不负责任，没有认真细致检查老人身体，导致自己误判，可以说是一个过失行为；但由于被殡仪馆的工作人员及时发现并送回，并将老人转运至医院救治，目前老人生命体征平稳，也就是说没有导致死亡的危害结果。在我国刑法中，过失犯一般都是结果犯，没有危害结果的发生，过失行为不能认定为犯罪，因此，田某某的行为不构成《刑法》第233条规定的过失致人死亡罪。

再次，医生田某某的行为也不构成医疗事故罪。根据《刑法》第335条的规定，"医务人员由于严重不负责任，造成就诊人死亡或者严重损害就诊人身体健康的，处三年以下有期徒刑或者拘役。"

本案中，虽然田某某存在严重不负责任的行为，但没有医疗行为，即使认定临床宣告死亡行为是一种医疗行为，由于没有造成他人死亡的危害后果，所以，不符合医疗事故罪的构成要件，不构成医疗事故罪。

最后，医生田某某的行为有可能构成国有事业单位人员失职罪。我国《刑法》第168条第1款规定："国有公司、企业的工作人员，由于严重不负责任或者滥用职权，造成国有公司、企业破产或者严重损失，致使国家利益遭受重大损失的，处三年以下有期徒刑或者拘役；致使国家利益遭受特别重大损失的，处三年以上七年以下有期徒刑。"《刑法》第168条第2款规定："国有事业单位的工作人员有前款行为，致使国家利益遭受重大损失的，依照前款的规定处罚。"

在本案中，不知道医生田某某是哪家医院的医生，不知道是不是福利院里面的医生？如果田某某是上海长征福利院在编的医生，而福利院又是一家国有事业单位，那么，田某某就属于国有事业单位的工作人员，由于其严重不负责任，致使国家利益遭受重大损失。

问题的关键在于如何理解这里的"致使国家利益遭受重大损失"？有关本罪的司法解释没有详细的规定，只能认定属于"其他致使国家利益遭受重大损失的情形"，而具体可以参照玩忽职守罪的司法解释，由于其行为没有造成1人死亡的后果或者造成国家直接经济损失50万元以上，只能适用有"造成恶劣社会影响"司法解释的规定。

由于本案发生之后，全国各个媒体和自媒体都竞相报道，引起了社会舆论，给本来就面临巨大抗疫压力的上海造成巨大的负面影响，应该可以认定属于"造成恶劣社会影响"的情形。如果办案机关认为，田某某的行为确实造成了恶劣社会影响，而恶劣社会影响又属于给国家利益造成重大损失的情形之一，那么，田某某的行为就可以认定为国有事业单位人员失职罪，判处 3 年以下有期徒刑或者拘役。当然，如果田某某不具有国有事业单位工作人员的身份，那么，根据罪刑法定原则，其行为难以认定为犯罪。

什么样的"点餐"系侦查行为而不可诉

2022年9月14日，上海市宝山区人民法院的一份民事裁定书在朋友圈中热传，这则新闻引起笔者的关注和思考。

上海宝山区人民法院（2022）沪0113民初13538号民事裁定书显示：2022年7月6日，该案受理了原告葛某某诉民警夏某餐饮服务合同纠纷一案。

原告葛某某向本院提出诉讼请求：判令被告支付餐费人民币（以下币种均同）5688元。事实和理由：2017年5月26日，被告至原告开设的位于本市闵行区虹梅路3219号二楼餐厅预订包房并留下个人手机号，谎称自己姓吴，要请领导吃饭。第二天，来了四人在包房消费了包括一瓶飞天茅台酒在内的野味大餐，共计5688元。但被告仅支付了让原告购买香烟的300元，餐费至今未付，故诉至法院，要求判如所请。

经查，原告在本市闵行区虹梅路3219号三楼潮汕蛇庄经营蛇类火锅等食品。2017年5月25日，公安机关在上述店铺内查获待销售的眼镜蛇三条，并于次日将原告抓获。

经鉴定，涉案的三条眼镜蛇为舟山眼镜蛇，系《濒危野生动植物种国际贸易公约》附录二物种。后原告因非法出售珍贵、濒危野生动物罪，被法院判处拘役四个月又十五日，并处罚金人民币 1000 元。

审理中，被告表示其系长白新村派出所民警，原告所述不实，被告去原告处系侦查行为。后本院至长白新村派出所调查，长白新村派出所向本院表示，被告系该所民警，当日至原告处就餐系刑事侦查行为。

本院经审查认为，本案不属于民事诉讼的受理范围，对原告的诉请应当驳回起诉。据此，依照《中华人民共和国民事诉讼法》第一百二十二条、第一百五十七条之规定，裁定如下：

驳回原告葛某某的起诉。

葛某某不服，已经向上海市第二中级人民法院提交了上诉状。其在上诉状中认为，夏某来店内就餐系民事行为，不能因执行某种公务而可以肆意侵害自己的利益。此外，葛某某还认为夏某无管辖权限查办原告店铺中 3 条眼镜蛇。

这里需要普及一下《民事诉讼法》和《刑事诉讼法》的基本知识。我国《民事诉讼法》第 3 条规定："人民法院受理公民之间、法人之间、其他组织之间以及他们相互之间因财产关系和人身关系提起的民事诉讼，适用本法的规定。"也就是说，《民事诉讼法》调整对象或者民事诉讼受案的范围是平等主体之间的财产或者人身纠纷的案件。根据《民事诉讼法》第 122 条的规定："起诉必须符合下列条件：（一）原告是与本案有直接利害关系的公民、法人和其他组织；（二）有明确的被告；（三）有具体的诉讼请求和事实、理由；（四）属于人民法院受理民事诉讼的范围和受诉人民法院管辖。"

而《刑事诉讼法》第 153 条第 1 款规定："为了查明案情，在必要的时候，经公安机关负责人决定，可以由有关人员隐匿其身份实施侦查。但是，不得诱使他人犯罪，不得采用可能危害公共安全或者发生重大人身危险的方法。"第 2 款规定："对涉及给付毒品等违禁品或者财物的犯罪活动，公安机关根据侦查犯罪的需要，可以依照规定实施控制下交付。"这个就是刑事诉讼中的隐匿侦查行为（俗称"钓鱼执法"）和"控制下交付"行为，二者均属于技术侦查措施。

一般认为，刑事侦查行为是代表国家公权力的公安机关对公民个人或者组织是否涉嫌犯罪所进行的一种调查行为，属于不平等主体之间的行为，如果双方有纠纷，也不属于《民事诉讼法》调整的范围，公民个人或者组织对此不能提起民事诉讼，这类纠纷案件不属于民事诉讼的受理范围。

在本案中，原告诉称该民警需要支付餐费的理由是：点了 3 条眼镜蛇、1 条王锦蛇以及 1 瓶茅台酒等，如果原告所说的属实，那么，该民警以个人身份到餐饮店就餐，让餐饮提供了服务是典型的餐饮服务合同之民事行为，是民事诉讼的受案范围，法院理应依法进行审理和作出判决，驳回起诉理据不足。或者如果原告所诉称的部分属实，部分不属实，尤其是民警到底有没有"点要茅台酒"这一事实，法院更是没有直接回应，也不说理，裁定书难以令人信服；而如果被告所说的确实系侦查行为，而且该侦查行为确系经过公安机关负责人决定，该侦查行为具有合法性，那么，也只能就"诱惑侦查"需要而点的 3 条眼镜蛇、1 条王锦蛇的费用确实不需要支付餐费，但如果有超越"诱惑侦查"范围而额外点的茅台酒和其他食品，则仍属于餐饮服务合同纠纷，被告仍需要支付餐费，法院不能直接予以驳回。因为根据《民事诉讼法》第 156 条的规定，人民法院审理案件，其中一部分事实已经清楚，可以就该部分先行判决，而不是全案予以驳回。

遗憾的是，通篇裁定书并没有认定原告诉称到底是全部不属实，还是部分不属实。例如，到底有没有点茅台酒，该技术侦查行为到底有没有经过公安机关负责人决定，民警的点餐是否属于侦查野生动物犯罪的"隐匿侦查"和"控制下交付"的技术侦查行为等，而只是简单地询问该派出所后，就简单模糊地认定该行为属于侦查行为，并驳回原告的诉讼请求。

从网上流传的与本案有关的一份菜单来看，在 5688 元的餐费中，确实有 1 瓶 2699 元的飞天茅台酒，也有其他食品和饮料，而 3 条眼镜蛇、1 条王锦蛇的费用则只有 2335 元。如果确实如菜单所显示的那样，那么，一审的裁定肯定是错误的。

不管如何，这则裁定书出来之后，在社会上已经产生了巨大影响，如果处理不当，不仅影响了上海法院的形象，也影响上海警察的形象。如今原告葛某某已经向上海市第二中级人民法院提起上诉，相信二审法院经过认真审理，能够给公众一个明确的答案。但也引发了笔者的一些思考。

一是即使认定该民警是为了"诱惑侦查"该饭店有没有经营野生动物的行为，那么，是否按照《刑事诉讼法》的规定，经过公安机关负责人的决定，严格按照法定程序进行隐匿侦查呢？如果没有经过严格的审批程序就进行这种"诱惑侦查"，那么，将可能对公民的人权造成巨大的危险。即使有经过合法审批，该"诱惑侦查"或者"控制下交付"的技术侦查措施合法，也要强调比例原则，不能超越比例原则，例如，有没有多点菜，有没有多点飞天茅台这种高档酒？

二是如果该民警根本就没有经过合法的审批手续就进行这样的"诱惑侦查",那么,民警除了涉嫌滥用职权之外,点餐之后,不付钱,是否涉嫌诈骗罪(超过 5000 元)呢?

三是一审法官是否查清了该案的全部事实?是否按照法定程序开庭审理?是否存在徇私枉法的现象?一审裁定书能否这么简单地就驳回一个公民的诉讼请求呢?

总之,法治,首先是权力法定,罪刑法定,处罚法定,责任法定。这就要求法治首先当然是依法治理国家公权力,将公权力关进法律制度的牢笼当中,保证国家的公权力能够运行在法治的轨道上,公职人员在法治建设中必须率先垂范,当好守法的楷模,才能带领全社会人员全面守法。

司法正义的网络营销

何为正义？如何实现正义？如何尽快地实现正义？这是任何一个法律人在学习法律的时候都会思考的问题。那么，何为正义呢？你若不问我，我还知道，你一问我，我则回答不出来。我们还是看看西方先哲们是如何界定正义的吧！柏拉图认为："各尽其职就是正义"；乌尔比安认为："正义就是给每个人以应有权利的稳定的永恒的意义"；凯尔森认为："正义是一种主观的价值判断"。但不管怎么样，在我们法律世界中，正义即公平、公正，正义是法源之一，更是法的追求与归宿，法律就是正义的文字表述。

正义要实现，而且必须以看得见的方式实现，迟到的正义不是正义。但正如美国联邦最高法院第一位首席大法官约翰·杰伊（John Jay）所言："过去的历史表明，将正义运送到每个人家门口的益处是显而易见的，然而，如何以一种有益的方式做到这一点，就远不是那么清楚了。"在当今社会，法院是解决社会纠纷，化解社会矛盾，维护社会稳定，实现人间正义最重要的力量。更准确地说，法院就是正义的代表，法官是正义和法律的代言人，正义是法院生产的公共产品。为社会和国家输出正义，提供正义是法院天然职责，只有法院源源不断地为百姓生产和运送正义这种公共产品，法院才会吸引百姓去那里寻找正义，交换正义，实现正义。

但法院及其法官在为民众主持正义，实现当事人正义的时候，不能只重视结果的实体正义，还要重视过程的程序正义，尤其是要关注当事人追求和实现正义所必须付出的成本和消耗的资源，即对公平正义的追求，不能无视代价。由于正义是一种主观价值判断和内心感受，当事人在正义的追求和实现过程中，如果付出的代价越小，成本越低，其能够感受到的正义价值就越大；相反，如果要付出的代价越大，成本越高，那么，其能够感受到的正义价值就越小。

因此，法院一定要让当事人在追求和实现正义中，能够投入最小的成本和付出最小的代价来获得最大的正义。法院只有让当事人能够以最小的成本，在最短的时间内实现正义，才能让他们感受到"活生生"的正义的存在，才能赢得公众的认同和信赖，才能慢慢提升法院的公信力和权威性，让所有人感受到，不论生活有多么艰难，在这个世界上，总有一个讲理和实现正义的地方，那就是法院，从而获得一种追求公平正义的勇气和力量。

在当今全球化的时代，随着互联网和信息技术的发展，充分利用网络进行营销，是每家公司企业重要的发展战略，"互联网＋"越来越成为市场营销的一种重要手段。所谓的网络营销，是指基于互联网、移动互联网平台，利用信息技术与软件工程，满足商家与客户之间交换概念、交易产品、提供服务的过程，换言之，商家通过在线活动创造、宣传和传递客户价值，并对客户关系进行管理，以达到一定营销目的的新型营销活动。其中，网络营销活动，是指商家为发现、满足和创造顾客需求，基于互联网、移动互联网平台，进行市场开拓、产品推广、定价促销、品牌宣传等活动的总称。这种"互联网＋"的网络营销手段不仅推动了我国市场经济的发展，也越来越影响和渗透到司法领域，日益成为我国法院运送司法正义的方式。现在一些地方法院开始充分利用现有的网络信息技术，实现法院与法院之间，法庭与法庭之间信息的交换，实现资源的优化配置，满足群众对司法正义的需求。例如，据报道，2015年1月12日，泉州法院正式启动"跨域·连锁·直通"式诉讼服务平台，全市12个法院和42个人民法庭实现互联互通，当事人可以就近到任何一个法院或者法庭起诉立案。立案、庭审、执行等环节所涉及的材料收转、执行申请、执行款领取等程序性事项，当事人都可以就近办理。如果当事人愿意，连庭审都可以通过视频进行，这种充分利用"互联网+"的正义营销手段基本上解决了传统民事诉讼"立案难""诉讼难""执行难"三大难中的"立案难"问题。

据介绍，泉州市中级人民法院本着"法院多服务，群众少跑腿"的理念，坚持"连锁联动、全城覆盖、标准运作、便捷优质"的思路，从2015年年初，率先在司法服务领域打破行政区划限制，以全市12个法院（包括中级人民法院）、42个人民法庭为点，充分运用网络、信息等科技手段，构建涵盖诉前、立案、审判、执行阶段的诉讼服务平台，法院正是通过这些平台和网络营销司法正义，输出正义品牌，提升当事人对法院的信赖度，吸引越来越多的当事人到法院寻找正义，慢慢地，法院就能形成生产和输送正义的基地，成为百姓实现正义的市场。

再如，福建省高院确定闽侯县法院为全省首家"智慧法院"的试点单位，开展ITC自助服务系统、诉讼案件电子卷宗流转、诉讼文书电子送达、移动办公等信息化建设，这不仅方便了诉讼当事人及其代理人，也节约了当事人的诉讼成本，提升了当事人对司法正义的主观价值感受。

这些都是"互联网+"对我国司法的影响的体现，是法院充分利用"互联网+"来营销司法正义的典范，肯定会成为每个人实现正义的主要方式，乃至一种生活的方式。一个国家强大的奥秘在于，法院时时都能够伸张正义，能为每个人的社会交往树立一种良好的规则，而"互联网＋"这种正义营销方式无疑增加了法院解决纠纷和化解矛盾的吸引力，拓宽了百姓实现正义的途径和方式，降低了当事人实现正义的成本，成了民众消费正义或者实现正义的一种生活方式，有利于提升我国法院司法公信力和权威，增加民众对司法的信赖，让老百姓坚信：我们可能会遭遇不公平的对待，我们的生活由此变得艰难，但这个世界上肯定有一个说理的地方，那就是法院。

"鸟事" 何以重判

据报道,河南大学生小闫发现自家大门外有个鸟窝,和朋友小王架了个梯子将鸟窝里的12只鸟掏了出来,养了一段时间后售卖,后又掏4只。2014年11月30日,小闫和小王分别犯以非法收购、猎捕珍贵、濒危野生动物罪〔《刑法修正案(十一)》之后改为危害珍贵、濒危野生动物罪〕等,被判刑10年6个月和10年,并处罚金〔详见河南省辉县市人民法院(2014)辉刑初字第409号刑事判决书〕。

这样的判决是否妥当,关键不仅要看小闫和小王是否知道这16只小鸟是燕隼,还必须知道这些小鸟是属于国家二级重点保护的珍贵、濒危野生动物,即要求二人主观上对自己行为的违法性(实质违法)要有认识或者认识的可能性,否则,属于违法性认识错误。如果他们的行为属于违法性认识错误,还需要进一步判断这种错误是否可以避免,如果是不可避免的,则阻却犯罪的故意,该行为不构成犯罪,如果是可以避免的,虽然不影响犯罪的成立,但也应该予以减轻处罚(如依照《刑法》第63条第2款)。

根据《刑法》第341条的规定,"非法猎捕、杀害国家重点保护的珍贵、濒危野生动物的,或者非法收购、运输、出售国家重点保护的珍贵、濒危野生动物及其制品的,处五年以下有期徒刑或者拘役,并处罚金;情节严重的,处五年以上十年以下有期徒刑,并处罚金;情节特别严重的,处十年以上有期徒刑,并处罚金或者没收财产。"

为了便于该条文的适用,2000年12月11日起施行的《最高人民法院关于审理破坏野生动物资源刑事案件具体应用法律若干问题的解释》(以下简称《司法解释》)[①]对什么是濒危野生动物以及什么是"情节严重""情节特别严重"作出了明确的规定。

例如,《司法解释》第1条规定:《刑法》第341条第1款规定的"珍贵、濒危野生动物",包括列入国家重点保护野生动物名录的国家一、二级保护野生动物、列入《濒危野生动植物种国际贸易公约》附录一、附录二的野生动物以及驯养繁殖的上述物种,同时,又通过附表的方式将濒危野生动物的品种和非法捕猎、杀害、运输、出售珍贵、濒危野生动物刑事案件"情节严重""情节特别严重"的数量认定标准标注出来。

显然,该案一审、二审法院均将小闫和小王的行为认定为"情节特别严重",从而选择了10年以上有期徒刑,并处罚金或者没收财产的法定刑,最终被判处10年6个月有期徒刑和10年有期徒刑,并处罚金的宣告刑。从法律字面上看,这样的判决似乎没有不当。但实际上,一审、二审法院的法官在审理本案中,也许没有充分认识到自然犯与法定犯的区别,也可能没有意识到对于法定犯的成立

[①] 2022年4月6日,《最高人民法院、最高人民检察院关于办理破坏野生动物资源刑事案件适用法律若干问题的解释》(法释〔2022〕12号)。该解释第20条规定:"本解释自2022年4月9日起施行。本解释公布施行后,《最高人民法院关于审理破坏野生动物资源刑事案件具体应用法律若干问题的解释》(法释〔2000〕37号)同时废止;之前发布的司法解释与本解释不一致的,以本解释为准。"因本案发生在旧解释施行期间,就引用旧解释进行分析。

要求行为人主观上对自己行为的违法性要有充分的认识，最少也要有认识的可能性，而不是简单地根据刑法条文和司法解释的规定进行机械地执法，从而不仅导致量刑不当，甚至可能是将无罪的案件错误认定为有罪。

我国《刑法》第341条所规定的非法猎捕、杀害珍贵、濒危野生动物罪和非法收购、运输、出售珍贵濒危野生动物，珍贵、濒危野生动物制品罪①属于刑法分则第六章第六节规定的破坏环境资源保护罪，其保护的法益是国家的环境资源和生态平衡系统，这两个罪均属于刑法理论上的法定犯，而非自然犯。其中，所谓的自然犯，是指在侵害或者威胁法益的同时明显违反伦理道德的传统型犯罪，例如，杀人、放火、强奸、抢劫、盗窃等人人所熟知的各种犯罪；而所谓的法定犯，是指侵害或者威胁法益但没有明显违反伦理道德的现代型犯罪，例如，侵犯知识产权犯罪和破坏环境资源保护罪等。由于自然犯的违法性容易被一般人所认识，在判断行为是否违法的时候，不需要借助具体的法律便可认识；但法定犯的违法性则可能难以被一般人所认识，通常需要借助有关法律的规定，才能判断行为的违法性。换言之，要对法定犯进行刑事责任追究的时候，需要行为人对该行为的违法性要有认识或者认识的可能性，否则，就难以构成犯罪。例如，要认定行为构成上述规定的两个罪，就要求行为人对自己的行为是否破坏了国家有关动物保护的法律有着充分的认识或者认识的可能性。

在本案中，要认定小闫和小王的行为是否构成犯罪，首先不仅要求小闫和小王是否知道这些小鸟是燕隼（自然属性），而且还要求知道这些燕隼是属于国家二级重点保护的珍贵、濒危野生动物

---

① 在《刑法修正案（十一）》之后改为统一的危害珍贵、濒危野生动物罪。

(社会属性)。显然，小闫和小王在出售这些小鸟的过程中，通过与对方或者其他人交谈，应该知道这些小鸟是燕隼，对犯罪对象的自然属性具有充分的认识。但仅此认识还不够，还不能认定该行为构成犯罪，要认定二人的行为是否构成犯罪，还需要进一步判断二人是否明知这些小燕隼属于国家二级重点保护的珍贵、濒危野生动物，对小鸟的社会属性以及对生态环境保护的意义要有充分的认识，即对自己行为的违法性要有认识或者认识的可能性，否则，就不能归责。

由于本人没有参与庭审，也没有看过卷宗材料，对于案件的具体细节不知道，对于两人是否清楚这些小燕隼的社会属性和社会意义不得而知。但根据媒体报道以及两个大学生的生活环境以及知识文化水平（本人也不知道燕隼是什么动物，是否属于国家重点保护的珍贵、濒危野生动物），似乎还难以认定二人知道这些燕隼属于国家二级重点保护的珍贵、濒危野生动物。两位年轻人觉得这小鸟能够卖钱，基于赚钱的动机和目的实施了猎捕、出售这些珍贵、濒危野生动物的行为。如果他们知道燕隼属于国家二级重点保护的珍贵、濒危野生动物，进而知道自己的行为已经构成了犯罪，那么，两位大学生是不会这样铤而走险的。

总之，笔者认为，要认定为两位年轻人的行为是否构成犯罪，不能仅仅根据该行为是否造成了法益侵害（违法性），还要根据二人主观上对自己行为的实质违法性具有认识或者认识可能性（有责性）（即实质违法性认识），二者缺一不可。同时需要特别指出的是，《司法解释》在规定《刑法》第341条中的"情节严重""情节特别严重"中，简单地以数量为计算标准，而且，没有注意区分法定刑与自然犯的数量标准，没有考虑犯罪的具体手段、方式、情节以及获利情形，而是实行"一刀切"的解释方法，其解释结论过于

237

草率和武断，也使得法官无法根据具体个案来实现具体的正义。

不管怎么样，从公民朴素的正义情感来看，本案一审、二审的判决明显属于量刑不公正的判决。正如我国著名的刑法学家张明楷教授所主张的："成文刑法是正义的文字表述，但任何一个国家的法律都不能将所有的正义均表述在法律条文中，正义的结论是解释刑法条文、选择法定刑的向导。具体的解释规则既不是天生的，也不是铁定的，而是人们为了追求公正合理的结论归纳出来的……对刑法分则的条文必须进行实质解释，充分考虑法条的法益保护的目的与法条适用的后果。一个行为虽然形式上符合了升格法定刑的条件，但实际上并不具备升格法定刑的根据时，不得选择升格的法定刑。"

在本案中，如果确实有证据证明小闫和小王对自己行为的违法性有着充分的认识，要认定其构成犯罪，但为了实现刑罚的公正，完全可以根据《刑法》第63条第2款的特殊减轻处罚的规定，法官充分利用自己手中的自由裁量权，保证具体、特殊个案正义的实现。这正如德国学者H. 柯殷说："名副其实的法官，面对具体的个案，永远也不可能放弃个人所感觉到的正义的活生生的声音，这种声音是永远不可能被排除的。不管法是多么努力想把正义变为原则的制度，法也不可能缺乏正义，相反，只有在正义里面，法才变得生机勃勃。"因此，法官面对着具体的个案，永远都不能放弃活生生的正义的声音，必须充分利用现有的制度资源，保证每一份判决的公正性，让人民群众在每个具体案件中都能感受到公平正义。

因为《刑法》第63条第2款规定的目的就是平衡刑法规定的刚性与具体特殊案件之间的矛盾，平衡法律规定的一般正义与具体个案的个别正义之间的矛盾。但不知道什么原因，现在不少地方省高级人民法院已经明确表示，让下级法院不要再根据这一条报请最高法院核准，即使下级的法院上报了，一些省高级人民法院也不会帮忙报请最高法院核准，因为最高法院对于《刑法》第63条第2款的适用也并不是很重视。可以说，《刑法》第63条第2款已经近乎成为"僵尸条款"，应当修改这一条款，将这一权力授予上级法院即可，以充分发挥这一刑法制度的优势，以调整刑法刚性与个案正义之间的矛盾，最大限度地实现刑事个案的公正。

[原文系应腾讯新闻评论部的邀请而作，收入时有修改]

废止劳教制度的法治意义

2013年12月28日,全国人大常委会审议通过《关于废止有关劳动教养法律规定的决定》,劳动教养制度被正式废止。劳教所摘牌后,正在被执行劳动教养的人员被解除劳动教养,剩余期限不再执行。在我国实行了58年的劳教制度正式退出历史的舞台,这是我国法治建设的一项重大进步,具有里程碑的重要意义。

自从20世纪90年代以来,随着我国民主和法治建设的不断推进,有关劳动教养制度的合法性就不断遭到质疑,但由于各种原因,一直没有废止,使得它一直运行在法治的轨道之外。按照有关劳动教养的规定,要对一个公民进行劳动教养,必须经过由多个机关联合组成的劳动教养委员会决定,但在现实生活中,由于公安机关权力相对强势,慢慢地就演变成由公安机关一家就可以决定剥夺一个公民的人身自由,时间可以长达4年之久。由于这项强制制裁措施不需要经过司法的审查,被处罚的公民没有权利聘请律师,公安机关缺少必要的监督,使得这项制度异化,严重侵犯了公民的人身自由和政治权利。

2012年11月8日,党的十八大报告明确指出:"提高领导干部运用法治思维和法治方式深化改革、推动发展、化解矛盾、维护稳定能力。"强调要运用法治思维和法治方法来治理社会，实现社会治理的创新。

2013年11月12日，在十八届三中全会通过的《中共中央关于全面深化改革若干重大问题的决定》中，明确指出：废止劳动教养制度，完善对违法犯罪行为的惩治和矫正法律，健全社区矫正制度。一个多月后的2013年12月28日，全国人大常委会审议通过《关于废止有关劳动教养法律规定的决定》，劳动教养制度被正式废止，全国各地劳动教养所的牌子也摘了。

但是，一部法律的废止并不意味着类似劳教的社会问题就会自动消失，如果一个国家少数执法人员的大脑中还残留着劳教思维，只要产生这样社会问题的观念和土壤没有被彻底消除，只要部分国家各级党政干部没有充分认识到法治的核心在于控制国家公权力，保障公民人权，法治首先是治官和治吏，那么，类似劳动教养这种不符合法治精神和法治原则的行政强制制裁措施还可能会"借尸还魂"，还会以各种各样的形式时有出现，从而造成可能的危害恶果。

例如，在河南省一些地区就出现了"非法上访人员训诫中心"，其他少数地方也相继出现所谓的"法制教育基地""法制培训班"等，以及公安机关滥用行政拘留、刑事拘留的权力，任意剥夺或者限制公民的人身自由也时有发生。事实上，这类没有任何法律依据的"训诫中心""法制教育基地""法制培训班"打着"合法"的外衣损害中国法治，侵犯公民的人权。

为了解决上述问题，近日，中共中央办公厅、国务院办公厅联合印发了《关于依法处理涉法涉诉信访问题的意见》（以下简称《意见》）。《意见》要求把解决涉法涉诉信访问题纳入法治轨道，这是我国信访工作机制的一次重大改革。这一改革既是贯彻落实党的十八大和十八届三中全会精神的要求，也是贯彻实施修改后的《刑事诉讼法》《民事诉讼法》的需要；既是全面推进依法治国的需要，又是进一步维护公民合法权益的具体体现。

　　《意见》的出台，反映了进一步推进法治中国建设的必然要求。将涉法涉诉问题纳入法治轨道，实现社会问题法治化解决是未来我国法治建设的一个重要内容，也是一个必然的发展趋势。但这种改革的思路和举措必须上升到国家高层的立法，通过制定或者修改相关法律，才能保证涉法涉诉的法治化有了基本的法律依据。

一条狗引发的执法争议

由中国自行车运动协会、福建省体育局、泉州市政府主办的2017环泉州湾国际公路自行车赛定于2017年12月2日至4日在泉州举行。其中，第二赛段在12月3日，围绕主题"山"展开，从安溪中国茶博汇会展中心到安溪县清水岩景区，线路总长度约115公里。本赛段尽显安溪茶园风光以及文化景观点，且山路起伏明显，属皇后赛段。

第二赛段经过我的老家西坪镇阳星村，这是我印象中长这么大，第一次知道有这么大的国际赛事经过我们村，这是一件大事，也是一件喜事，全村人民都应该支持。我也很高兴，很支持，因为可以让乡亲们见识这么大的国际赛事，村民们可以大开眼界大饱眼福了。

为了保证顺利完成这一次国际比赛，泉州各级政府进行了周密、辛苦的安保工作，动员沿路各村的村民参与负责维持比赛秩序。其中，有一项就是防止农村一些流浪狗在比赛期间突然窜到公路，影响比赛。因此，在很早的时候，当地政府就发出通知，要求各村各家要看好自己的饲养动物。这个通知本无可厚非，也应该这么做。但听村民说，由于这个通知并没有传到我们村每户人家，有些村民饲养的动物还尚未被锁起来或者关起来。虽然比赛尚未开始，但是有了层层下传的赛事压力,所以比赛前一天,就有由镇政府工作人员组成的执法大队到村里处置村民饲养的狗。

在比赛前一天的一大早,我就接到一位宗亲打来的电话,大致情况如下:昨天下午,他和他妻子上山劳作,回家的时候,突然发现有人在他家门口强行带走他家养的一条狗,他问为什么?他们让我这位宗亲自己到村里咨询,还说,镇长就在村里,也可以自己去咨询镇长。于是,他就追到村里想找镇长咨询为什么抓走狗,但没有发现镇长。此时,他又要去追回被强制带走的自家养的狗,发现这两位执法人员已经用车载着他家的狗迅速离开了,追也追不上了。他很不服气,因为事先没有接到通知,也没有人告诉他,就这样将他家的狗强行带走,他家的狗又不是流浪狗,只要执法人员当面向他解释一下,他完全可以配合赛事,将自己家养的狗锁起来或者关起来,保证比赛当天,狗不会跑到公路上。而且,他家离公路还很远,根本不会因为狗的问题影响比赛。执法人员这样的执法方式,简单、粗暴、野蛮。

我听完之后,知道了事情的来龙去脉,觉得虽然这是一件小事情,没有必要大惊小怪,但进一步思考,发现这样的执法背后,体现了我国基层政府的执法人员普遍缺乏尊重公民个人财产的法治观念。我觉得有必要帮其呼吁一下,提醒当地执法人员,传播一下现代法治的观念,即政府要懂得尊重公民的个人的合法财产。

我国《宪法》第13条规定:"公民的合法的私有财产不受侵犯。"村民自家养的一条狗也是公民的合法财产,必须受到政府的尊重,任何人非经法定程序不得任意处分公民个人合法的财产!在一个法治国家中,要处置公民个人的合法财产,必须要有事实根据和法律依据,必须由具有执法资格的人员专门执行,在执法上必须符合法定程序,出示法律文书和执法证件,否则,任何国家机关是没有权力处置公民的合法财产的。

我清楚地记得2014年11月,我们法学院邀请我国著名的法学家张明楷教授来华侨大学讲学时,他讲道,在日本有一个放火案,法院要没收其身上剩余的六根火柴棒,都要在判决书中明确指出,这六根火柴棒是犯罪工具,依法必须予以没收。他认为,这就是法治国家。在法治国家中,任何一个政府都必须懂得尊重和保障任何一位公民的合法财产,不得随意处分或者剥夺的。

可是,这一次在我们村的执法方式(据说,比赛公路沿路的各个乡村都有相同的遭遇,那些狗都惨遭他们随意的处置)不仅侵犯了公民个人的合法财产,也会影响了百姓对我们党和政府的误解。而且,这些狗被抓走之后,也不知道怎么处置,是不是已经被处死而成为一些人的餐桌上菜了呢?这些没有给村民一个交代和解释,村民也根本没有任何救济的机会和权利。如果比赛过后,当地政府没有归还这些狗,意味着公民还可以以当地政府为被告,向当地法院提起行政诉讼,请求归还财产。

于是,我就将这些情况编辑了一条消息,上传到我的新浪微博,并打电话给当地公安局的一位领导,告诉他,这样的执法方式简单、粗暴,不可取,必须纠正,任何一位执法人员必须懂得尊重公民个人的合法财产,否则,任何人的财产都没有安全感。这位领导向我要了这位村民的电话,并很快与执法人员进行了沟通,并向这位村民进行了解释。

事实上,我不是在为宗亲的一条狗说话,而是在为所有人的合法财产呼吁。如果政府官员没有法治观念,敢于随意处置公民个人合法的财产,那么,大家的财产都没有保障。我们的政府官员要懂得尊重公民个人的合法财产,为社会营造一个良好的法治环境,否则,人人自危,人身和财产都没有安全感。从表面上看,仅仅是一条狗的问题，价值不大，但其实是涉及一个公民的合法财产是否受到政府的尊重和保障的重大法治问题，是涉及每位执法人员是否具有法治观念的重大价值观问题。

在互联网时代，农民的权利意识已经慢慢觉醒，例如，我那位宗亲的就懂得说出"人权"一词了。因此，不要认为，在农村可以不讲法律、不讲法治，中国的法律体系是统一的，既包括城市，也包括农村，法律适用并不分彼此。在农村也要讲法治，讲程序，讲事实，讲证据的，农民个人的合法财产也必须同样得到政府的尊重和保障，任何人不经任何法定程序，不具备法定条件，根本就不得任意处置任何一位公民的合法财产，这才是真正的法治。

习近平总书记在十九大报告中明确指出："全面依法治国是国家治理的一场深刻革命，必须坚持厉行法治，推进科学立法、严格执法、公正司法、全民守法。……各级党组织和全体党员要带头尊法学法守法用法，任何组织和个人都不得有超越宪法法律的特权，绝不允许以言代法、以权压法、逐利违法、徇私枉法。"因此，任何一位执法人员都必须有法治观念，任何一次执法都要有事实根据和法律依据，任何一次执法都必须具备法定条件，符合法定程序，而不能简单、粗暴，更不能野蛮，否则，不仅容易侵犯公民的人身和财产权利，也会破坏我们党和政府的良好形象。

从《底线》中的方远看法官的"道德洁癖"

正义就如普罗透斯那张脸,变化莫测,难以把握。人世间正义的裁断本来应该由神来实现,就是因为找不到神,才会诞生法官这一特殊的职业群体。他们是俗世社会正义的化身,他们的主责主业当然是主持社会公道,解决社会纠纷,化解社会矛盾,把司法正义送到每个人的家门口,让人民群众在每个司法案件中都感受到公平正义。

法官是以法为业的一个精英群体,自然要知法守法,这是最基本的要求,但作为一个执掌人间正义事业群体的法官,还应该有更高的职业伦理和道德要求,他们不仅是社会中守法的楷模和表率,更应该是社会中理想的道德楷模和表率,能够引领这个社会向好、向美、向善发展。在这一点上,可以说,法官还必须要有一点"道德洁癖"。所谓的洁癖,是指洁净的偏爱成为习惯。根据网络上的解释,在我们生活中,洁癖就是指不允许衣服脏,哪怕是一点就很在意,饭碗很干净,不允许自己能看到一点瑕疵,床不让别人坐,更不能睡等,也就是说干净到了极点。这样,什么叫道德洁癖自然就容易理解了。根据网络对道德洁癖的解释,指的是在道德方面极端苛刻,不承认人的基本的生理、心理上的需求,在道德上不允许有一点的"不道德"，不然的话就反应过度，甚至反目成仇。如果这样全面要求法官可能过度了，所以，我才说，法官只是应该有一点"道德洁癖"，即一点点的道德洁癖，而不能走向极端，因为法官是人，不是神或圣人，更何况圣人也要食人间烟火，神明也要受人供奉呢！

法官职业的特殊性，要求他们在裁判案件的时候，尽量能够不受外界的干扰，能够秉持法律和良心作出独立和公正的裁判。因此，法官在日常生活和社会交往中，不能随便接受他人的送礼请客，拒绝被围猎，尽量要与社会交往保持一定的距离，远离娱乐场所，多交良师益友，不交狐朋狗友。一句话，如果一个人选择了法官职业，就选择了过一种寂寞的生活，必须有一点点的道德洁癖，他们的内心不能受到一丝的污染。作为一名法官如果受到了外界的污染，就可能影响他对案件的公正裁判，公众就可能失去对他的信任，司法权威就会受损。

在这一点上，《底线》中的主人公——新南省榕州市星城区人民法院立案庭庭长（后来担任该院副院长）方远法官做得非常到位，他恪守职责，兢兢业业，对当事人非常友善。例如，在"榕州食"网络平台案件中，非常注意保持客观中立。有一次，他老婆李小乐的领导仇主任过生日，他拗不过老婆，就和她一起参加了这个生日宴，没有想到，到了仇主任家，发现仇主任的亲戚，也就是"榕州食"网络平台的代理律师也在场。于是，他变得非常谨慎起来，为了避免私下和律师接触，他让叶小芯故意给他打电话，说院里有事情，他要急着回去处理，这样，他就以这个为理由跑回了家。"榕州食"网络平台给他老婆的优惠卡，他也要老婆还回去，就是避免给人家落下口实，抓住把柄，影响公众对司法公正的印象。这就是法官的"道德洁癖"。

在《底线》中体现方远法官的道德洁癖的事情还很多，例如，胡晓青为了感谢方庭长在一起轻微的侵权案件中对她的帮忙，就给他量身定制了一件印有方远头像和"法力无边"四个大字的T恤，死活要送给他，并要他在办公室中当着众人的面穿上，自然遭到了方庭长的拒绝。齐大爷增添了孙子，要给方庭长送红鸡蛋，也遭到了他的拒绝，最后拗不过齐大爷，就吃了一颗红鸡蛋，还有其他一些当事人要给他送水果，也被他严词拒绝了，说我们法院有纪律要求，不能收当事人东西。类似这样的镜头都体现了方庭长的"道德洁癖"。

法官有一点"道德洁癖"自然好，但是，也不能完全不讲人情世故和人情往来，即使在依法不能给当事人提供帮助的情况下，如何拒绝当事人也是非常需要注意的；否则，就会变成没有亲戚朋友，甚至将亲戚变成仇人，这里面有一个度的问题，也有一个方法的问题。例如，在《底线》一开场，方远一个远房亲戚叫齐美玉，一直让他帮助处理一个劳务纠纷的案件，还当街拿钱给他，被他拒绝了，还满大街跑着要退钱。后来，方远也没有因为是亲戚就违法帮她，她很不高兴，就在法院门口给方远捅刀子了。这个案件的原型应该是湖南省高级人民法院周春梅法官因拒绝帮助同学说情而被同学捅死的案件。我们非常敬佩周法官能够坚持原则，对她的遇害非常惋惜，但同时也留给我们一个值得思考的问题。

对于这个问题，我在课堂上，常常问我的学生，如果以后当了法官，遇到亲戚朋友或者同学要求违法帮忙时，该如何拒绝呢？这种拒绝既能让亲戚朋友同学接受，又能不伤害双方的感情交往。这实在是一个太难的问题，也是在考验着每个法官的智慧。现在"三项规定"到处宣传，就连法官的手机上也都有宣传，你一旦给法官打手机，手机上首先传来就是关于"三项规定"的内容，可是，中国又是一个非常讲人情、讲关系的社会，要完全杜绝实在太难了。法官如果一定要摆着脸，严格恪守"三项规定"，一定会失去很多亲戚朋友；但是，如果为了亲戚朋友，就可以违反"三项规定"，司法公正则难以保证。利弊权衡之下，法官注定就要过着寂寞的生活，虽然亲戚无法选择，但是，朋友是可以选择的。在我们生活中，有时候听到个别法官在讲自己今天又和谁谁吃饭，还喝了几瓶茅台，这实在不是一种好现象，也不是一种令人羡慕的法官生活。因为一个法官，如果能够常常和社会上的人吃吃喝喝，常常接受当事人宴请，在各大酒店或者娱乐场所出现，怎么让人家相信他是一个能够坚守正义的好法官呢？因此，法官能够做到的就是少交朋友，或者多交良师益友，过着一种在交往中保持距离、相对寂寞的生活，而国家应该给他们足够的职业保障和待遇保障，让他们能够耐得住寂寞，过着一种有尊严的生活。

以上的研究结论，同样适用于检察官。

第五辑

执教断想

如何处理好法学知识教学与司法实践的关系

2017年5月3日,中共中央总书记、国家主席习近平考察了中国政法大学,这是一个具有明显象征意义的风向标,未来中国肯定要坚定不移地走依法治国,建设法治国家的道路,而法治国家的建设需要法学院培养一大批法律精英人才。

习总书记在讲话中强调法学学科是实践性很强的学科,法学教育要处理好知识教学和实践教学的关系,并且指出,青年时期是培养和训练科学思维方法和思维能力的关键时期,无论是在学校还是在社会,都要把学习同思考、观察同思考、实践同思考紧密结合起来,保持对新事物的敏锐感,学会用正确的立场观点方法分析问题……

在法学教育中,如何处理好法学知识教学与实践教学之间的关系,如何将司法实践经验和裁判思维有机地引入法学教育的日常教学活动,如何培养和训练青年法科大学生的法学思维方法和思维能力,引导学生将学习同思考、观察同思考以及实践同思考紧密结合起来,让法科大学生保持对法治和法律问题的敏锐性,学会用正确的法学立场和观点来分析司法实践中遇到的法律问题,是每一个法学教师必须探讨和思考的问题。

长期以来,笔者在法学教育中非常注重法学理论与司法实践相结合,不仅坚持编辑、解析和归类历年司法考试刑法真题13年,还在法学本科毕业论文的撰写上大胆鼓励和提倡学生将案例分析报告的撰写引入其中,要求学生在毕业实习期间注意从法院、检察院、律师事务所等单位收集那些有争议和有价值的真实刑事案件,并将该案件的所有卷宗材料复制带回,结合法学理论,以中立裁判者的立场对控辩双方争论的观点予以全面的评析,并延伸论述与案例有关的刑法或者刑事诉讼法的问题,最后得出自己的结论,取得了良好的指导效果。

在笔者指导的本科毕业论文中,先后有不少被评为法学院和学校优秀毕业论文,引起法学院领导和同行的注意,并且准备推广到法学院每年本科毕业论文的撰写和指导上。因为这种指导方式至少有以下几个优势。

首先,避免学生撰写那些空洞的理论文章,同时也可以避免他们去抄袭现有的法学理论文章,降低本科毕业论文电子检测的重复率,提高毕业论文的质量。

其次,每个案件都有各种各样的证据材料,如何根据这些证据材料抽象和归纳出案件事实,需要学生有很强的证据理论知识和经验知识,而这种论文的写作方法则可以更好地引导学生尽早进入司法实践的训练,培养他们分析证据,归纳和概括案件事实的能力。

最后,可以考查学生利用法学理论解决问题的能力。在每个案件中,总会出现控辩双方针锋相对的观点和主张,如何对这些观点和主张进行有力的评析,如何对各方诉讼参与的利益进行平衡,以作出公正的裁判,需要学生有很高的理论功底和法学水平。

总之,在刑事案件处理能力的培养上,在判断案件事实是否符合某个犯罪的构成要件的问题上,要求学生必须把应当处理的具体个案与规定构成要件的刑法规范联系起来,要从案件事实到刑法规范,从刑法规范到案件事实,对二者反复进行比较、分析和判断。对于案件事实,要以可能适用的刑法规范为指导进行归纳和分析,反之,对于刑法规范,要通过特定个案或者案件类型进行解释。换言之,学生要懂得以犯罪的保护法益为指导(法益保护),以刑法分则的用语可能具有的含义为限度(罪刑法定),目光不断往返于案件事实与刑法规范之间,反复对刑法规范进行解释,对案件事实进行归纳,直至得出妥当的结论。

[发表于《华侨大学报》2017年5月23日第878期第2版教坛广角]

在职法律硕士教育的思考

经过近二十年的发展，我国的在职法律硕士教育规模不断扩大，生源规模庞大，几乎每个省份平均都有两三家在职法律硕士的培养单位。据统计，我国目前已经有超过一百所法学院系具备在职法律硕士的培养资格。不可否认，我国在职法律硕士教育不仅有利于提升法律职业人的法律素养，同时也提升和扩大了法学院系的地域影响力。

但我们也要看到，在职法律硕士教育也开始慢慢异化，不少学生报考在职法律硕士，主要还是为了一纸文凭，而学校培养在职法律硕士，也能带来收益，增加教师福利，这也就造成了某种程度上的"买卖文凭"，已经影响了在职法律硕士的教育质量。因为在职法律硕士培养的主要对象是在职人员，这些人员平时事务多，工作非常繁忙，领导又不允许请假，他们根本没有多少时间来上课。因此，自从在职法律硕士诞生之日起，就注定了参与学习的在职人员在工作与学习之间纠结，学习和上课时间根本就没有保障，年级和出勤率成反比，年级越高，出勤率越低。各个学校学生上课的出勤率越来越低，但学费却越来越高，加上各个高校的法学师资力量参差不齐，难以保证有效地提高在职法律硕士的法律素养。

更值得我们注意的是，目前全国有些地方慢慢开始对报考在职法律硕士实行不予报销学费，也不与工资待遇挂钩的政策，这就极大影响了在职法律硕士的报考积极性，可以预计，在职法律硕士的报考人数将会逐年下降，全国在职法律硕士教育将会面临重新调整。

随着党的十八届四中全会的胜利闭幕，我国司法改革的步伐明显在加快。作为法学教育重要组成部分的在职法律硕士教育，必须根据司法改革的需要和目标，做进一步的调整和改革，以法律硕士教育（司法研修所）为平台，打造中国的法律精英，为法治国家的建设储存后备力量。在今后在职法律硕士教育的改革中，笔者提出以下几点建议。

一是为了节约考试资源，国家应该考虑将法律硕士入学资格考试与司法考试合二为一。为了提高法律人的法律素养，国家要明确规定只有通过四年法律本科学习或者相应法律训练的毕业生，才能参加国家司法考试。通过司法考试的，不仅可以获得法律职业资格证书，同时也获得在职法律硕士的入学资格，国家不再举行专门的在职法律硕士的入学考试；任何通过国家司法考试的考生，只要凭借其获得的法律职业资格证书，就可以向任何一所具备法律硕士培养资格的单位（司法研修所）申请在职法律硕士的入学资格，由培养单位自行组织复试，从中挑选较为优秀的考生，作为在职法律硕士来培养。

二是废除单纯的在职法律硕士教育，改为司法研修所，整合当地优秀的法律教学的师资力量。在将法律硕士教育中心改为司法研修所之后，培养单位必须同时聘请全国或者当地具有深厚法学实务经验的法官、检察官以及律师为司法研修所的兼任教师，这些教师必须按照其专业特长为司法研修所的学员上课，司法研修所给其支付课酬，同时，减少各个培养单位为学员上课的教师数量。司法研修所的学员经过两年的研修，学分修满之后，方可毕业。在毕业时，同时发放法律硕士文凭和司法研修毕业证书，才算正式取得初任检察官、法官、律师的资格。各个检察院、法院在招收录用这些学员时，不再考核法律知识，只组织行政能力测试。

三是司法研修所的一切经费由国家承担，学员不再缴纳学费。法律硕士教育中心改为司法研修所之后，任何学员不再缴纳学费，司法研修所的培养经费统一由国家按照培养学员人数财政划拨，以保证司法研修所的正常运转，即由国家向司法研修所购买培养服务。

四是国家应修改《法官法》、《检察官法》以及《律师法》，明确规定某年龄以下的任何一位想从事法律职业的人员都必须具备司法研修所的研修经历（新人新办法，旧人旧办法），并考核合格，不具备研修经历的人员，不得担任法官、检察官以及律师。同时，对于司法研修所的教学培养实行严格的管理制度，规定没有修满学分以及未满出勤率的学员不得毕业。

五是改革现有的在职法律硕士课程，压缩一些理论课程，同时，根据司法实践的需要，增加司法实务技能课程，规定哪些课程必须由具备五年以上法律实务经验的人（包括法官、检察官、律师）来授课，以凸显在职法律硕士的实践教学的目的。

笔者认为，司法改革的目标是司法公正，而司法公正离不开一批高素质的法律职业人员队伍的培养和建设，国家应该审时度势，及时对现行的在职法律硕士教育进行改革，才能培养出一群真正的法律精英和法治建设的后备力量，才能更好更快地实现法治中国建设的伟大战略和梦想。

[发表于《法制日报》2014年11月12日法学院版]

刑法实践教学新模式的探索

　　法学和医学一样，都是一门实践科学。法律的生命在于实践，就如医学的生命在于治病救人的医疗活动一样。在法学教育活动中，如何将法学教育与司法实践有机地结合起来，一直是法学院任课教师必须思考的问题。

　　为了加大法律硕士研究生刑法学科实践教学的力度，全面培养学生运用刑法和刑事诉讼法理论归纳、概括案件事实以及运用法律分析案件的能力，同时也为了鼓励检察官、律师走进高校法学课堂，提升和训练检察官、律师全面分析案件的能力，2021年3月18日下午，由华侨大学法学院和石狮市人民检察院共同主办、北京市京师（泉州）律师事务所协办的"检察官案例教学"第一期在法学院831教室举办。这是法学院首次由检察官、律师和老师三人同堂上课的教学尝试，这种邀请实务部门的检察官和律师共同来法学院给学生上课，犹如把医院不同科室的医生邀请来给医学院的学生授课，有利于全面培养学生的法学专业素质和法律实践技能。

　　"检察官案例教学"属于刑法总论的实践教学。未来，石狮市检察院和北京市京师（泉州）律师事务所将陆续派出7位检察官和律师，以真实案例为素材，模拟案件庭审中的控辩双方，围绕刑法适用中普遍存在的争议问题展开分析和讨论，为华侨大学法学院的法律硕士研究生开设出一门生动有趣而又有启发意义的刑法新课堂。

在法学教育中，我们一直强调理论与实际相结合，法学教育与司法实践相结合。但具体如何结合，以往都是由老师在课堂介绍一些经过裁剪的纸面案例或者零星邀请法官、检察官和律师来给学生授课。前者的案例教学明显不足，因为这种纸面上的案例都没有证据分析，案件事实都是一些固化的事实，与现实生活中的真实案件相差甚远，根本无法训练学生归纳和概括案件事实的能力，无法让学生深入地根据证据还原案件事实，进而无法进行法律的适用；而后者由于课程设计不系统，法官、检察官和律师都是各讲各的专题，没有同堂上课，无法训练学生从正面和反面来解释法律。这两种所谓的案例教学或者实践教学，都存在着明显的不足。

事实上，在司法实践中，不仅法律的规定可以做正反两方面的解释，在一些刑事案件中，控辩双方也能对事实作出完全不同的归纳和概括。因此，为了能够克服上述两种实践教学的不足，也为了训练学生能够从正反两方面去解释法律、运用法律以及归纳和概括案件事实，法学院特地邀请石狮市检察院根据刑法总论教学的需要，遴选出相关的真实案例。这些案例不仅有事实，也有证据，首先由检察官介绍案件的基本情况、争议焦点以及最后的处理结论，再邀请律师针对检察官认定的事实和法律适用进行补充或者反驳。而学生相当于陪审团成员，在控辩双方阐述完后，可以就案件事实和法律适用的争议焦点向双方发问，由双方进行解答，最后由任课教师根据刑法的基本原理对案件事实如何适用法律进行全面的分析和评价。由此，学生可以从中学到多方面认定事实和适用法律的知识。

案例是学习法律最有效的方法，也是训练学生法律思维最有效的路径。但不管如何，法科学生心中要永远充满着正义感，善于解释法律，善于归纳案件事实，坚持以朴素的正义感作出合乎"公道""良心"的判断，使得案例的裁判结论能够被大多数人接受，这种正义感是依靠长期对案例的比较和分析培养出来的。

可以说，"检察官案例教学"的举办旨在为法学院学生提供一个展示学习成果、检验学习效果、激发学习热情的实践平台，加深学生对司法实践的了解，为今后学习专业知识奠定良好的基础，是法学院研究生法律实践教学的一次全新尝试。今后，我们将和检察官、律师一起努力，共同打造法学院研究生的精品课程，提升法学院法学实践教育教学的质量。

值得注意的是，2023年2月26日，中共中央办公厅、国务院办公厅印发的《关于加强新时代法学教育和法学理论研究的意见》（以下简称《意见》）指出："……更新完善法学专业课程体系，一体推进法学专业理论教学课程和实践教学课程建设。……强化法学实践教学，深化协同育人，推动法学院校与法治工作部门在人才培养方案制定、课程建设、教材建设、学生实习实训等环节深度衔接。""检察官案例教学"可以说是一次刑法实践教学的尝试，也是对上述《意见》的最好贯彻。

法学教育应重视学生综合素质的培养

近年来,法治建设日益受到重视,依法治国、建设社会主义法治国家已经成为我党治国理政的根本方略和奋斗目标。"法治中国"是这个时代最强的主题和声音,法治建设已经成为不可逆转的历史潮流,因为大家越来越意识到,只有法治才能保障我们国家、民族和社会克服"弱肉强食"的丛林法则,实现公平和正义。

中国法治的春天已经悄然来临,法治建设和发展带来了对法学教育的重视促进了法学的繁荣,反过来,对法学教育的重视也将进一步推动法治的建设和发展。法学教育的目标是培养优秀的法律人,只有优秀的法律人才能担当起法官、检察官和律师的重任。法学教育中,笔者认为,除了要培养学生掌握扎实的法律知识和熟练的司法实务技能,还要注重学生健全的法律人格、严谨的职业操守和职业伦理的培养。同时,也要注重培养学生以下几个方面的能力。

首先是语言表达能力。法律是调整社会关系的规范,面向的是社会大众,不管是法官、检察官,还是律师,抑或是公证人员,每天都要处理日常生活中各种法律关系,要和不同的人打交道。法律人必须把国家的法律精神和意志准确无误地传递给当事人,让当事人能够尽快了解法律的规定,这就需要法律人具备较好的沟通表达能力。尤其是检察官和律师,时常要在法庭上表达自己的观点,努力说服法官接受自己的主张,如果不具备很好的语言表达能力,就难以胜任这份工作。当然,这里就需要注重培养学生良好的心理素质,没有良好的心理素质,就难以准确、流畅地在公共场合表达思想和观点。

其次是文书写作能力,这也是法科毕业生必须具备的基本能力。法律人在司法实务工作中,每天都要和各种法律文书打交道,并撰写各种各样的法律文书,尤其是起诉书和判决书的撰写,要求法律人在吃透各种证据的基础上,运用逻辑思维和规范的文字将起诉书和判决书中的法理、情理讲出来。这就要求法律人具备深厚的写作能力,否则,就会出现各种逻辑漏洞和语法毛病。法律人除了要具备法律文书的写作能力,还必须具备法学论文的基本写作能力。在法院、检察院和律师协会中,每年都要举行各种各样的实务研讨会和征文比赛,法律人如果能够具备很好的论文写作能力,就很容易在这些研讨会或者比赛中脱颖而出,毕竟写作能力是一个法律人法学综合素质的集中体现。你的写作能力很好,就说明你具备了很好的论证能力、思考能力、逻辑推理能力以及文字表达能力。

此外,还需要观察思考能力。法科学生必须具备良好的观察和思考能力,养成关注社会上的热点案件的习惯,关注国家法治建设的进程,并运用法律人的思维对这些案件和问题进行深入的思考,形成自己的结论。

最后,是公共理性情怀。法科学生还要有公共理性情怀,关心社会弱势群体,要有公民的意识,不能只认识到自己享有什么权利,还要认识自己应当履行什么义务。要积极参与国家和社会的普法宣传，积极从事法律援助、法律诊所工作以及社区矫正等公益工作，通过参加这些公益项目来培养自己的家国情怀和人文精神。

[发表于《华侨大学报》2015年9月8日第806期第2版教坛广角]

法科学生如何提高自身的综合素质

华侨大学法学院自 2010 年 9 月开始与校内部分院系共同培养双学士，希望以此来拓宽学生的知识面，提高学生的综合素质。但是学生综合素质的提高，关键还在于学生自己的努力。那么法科学生该如何提高自身的综合素质呢？笔者有如下建议。

首先，在校法科学生要做好自己的学习规划，养成良好的生活和学习习惯，提高自己的法学素养。在司法考试引导下，一些学生容易走极端，进入法学院之后，除了阅读司法考试有关的辅导书，几乎不去阅读法学课外书，对于教科书中的知识，除上课外，就是在期末考试前临时突击，这样的方法也许能带来考试成绩的提高；但由于几乎采用死记硬背的方式学习，结果是许多知识囫囵吞枣，没有消化，记得快，忘得也快。等真正到了司法考试复习的时候，这些知识几乎要从头开始。为避免这种不良后果，学生应该在日常学习中做好学习规划，紧随课堂教学进度，尽量去阅读相关的法学课外书，尤其是案例分析方面的书籍。因为这些课外书是对教科书知识的拓展和深化，能有效地帮助学生更好地去理解教科书上的基本知识。只有真正理解了，才能终生不忘。

其次，在校法科学生要做好自己的职业规划。许多法科学生毕业的去处集中在考研究生、国家公务员（尤其是法院和检察院）和去律所。因此，学生在校期间，尤其是到了大三时，要对自己的未来职业倾向、性格特点和价值取向有一个比较清晰的判断，并根据这些判断来选择毕业之后所要走的人生道路。若坚定地要走学术研究道路，那就必须考研，并在日常学习中加强对法学专业知识的学习；若决定毕业后进入政府机关单位，那就要认真地去关注公务员考试，适当练习"行政职业能力测试"和"申论"，并积极参与学校举办的公务员模拟考试，以获取对公务员考试的感性认识；若要从事法律职业，如当法官、检察官、律师或公证员，那么，则必须关注国家的司法考试，并将司法考试有机地融入自己的日常学习中。

再次，在校法科学生平时要锻炼自己的口才和心理素质。"能说会道"是一个法律人的基本素质，尤其是在大众面前表达自己观点和意见的能力。这种能力的培养，就要求学生在日常生活中善于利用各种机会来发表自己的观点。例如，在课堂、法学论坛或者学术沙龙上，只要有发表自己言论的机会，都不要错过，尽量地去展示自己。长此以往，不仅自己的口才能得到很好锻炼，自己的心理素质也能有所提高。

最后，那就是法科学生要保持对社会热点问题的关注，养成对社会问题的思考力和洞察力，并形成自己对社会问题的特定看法和价值观。现在许多公务员考试面试中，考试方法非常灵活，大多是考查学生平时是否有足够的知识储备。例如，"平等、公平、尊严、和谐是现代社会热词，假如你是执法人员，你应该如何贯彻这些理论？""现在许多单位都很流行潜规则，假如你是刚进的公务员，你怎么对待这些潜规则？"这样一些题目，如果平时没有足够的知识储备和深入的思考，根本无法很好地回答。

[发表于《华侨大学报》2011年1月11日第622期第2版教坛广角]

法学教育如何应对法律职业资格考试的改革

国家统一法律职业资格考试的前身是2002年开始的国家统一司法考试。2018年6月8日,司法部发布了第181号公告即《国家统一法律职业资格考试实施办法》。根据该公告,2018年举行首届国家统一法律职业资格考试。改革之后的法律职业资格考试共分为两个阶段:2018年9月22日举行第一阶段客观题的考试,具体考查科目与以往国家统一司法考试的科目基本相同;2018年10月20日举行第二阶段的主观题考试,分值从以往司法考试第四卷的150分提高到180分,考试时间延长至4个小时,考查内容包括案例分析题、法律文书题、论述题等题型。

可以看出,国家对法律职业资格考试做出了重大改革,改变了以往司法考试过于重视对应试人员记忆能力的考查,而改为重视考查应试人员对法学基本理论的掌握,对法律的理解和领悟能力以及对案例的分析与解决能力。这就要求应试人员善于将法学理论知识运用到司法实践,以解决实际案例或者问题,同时,主观题也非常重视考查应试人员对法律文书的写作能力以及对国家法治建设中某个重大法治理论问题的分析与论证能力。

因此,应试人员仅仅背诵或者熟记国家的法律法规是远远不够的，还必须理解和领悟法律法规背后的各种法理和学说。要懂得根据法律法规的内容来归纳案件事实，并判断和解决具体的案例。同时，也要掌握基本法律文书的写作技能和对法治建设问题的论证能力。法律职业资格考试的这些重大改革，是选拔优秀和卓越法律人才的必经之路，也是提高我国法治建设水平的重要举措，更是对我国法学本科教育与教学提出了重大挑战。法学教师应该积极应对这种挑战，改变传统的一些教育与教学方式，法科学生也要改变以往死记硬背为主的学习方式。笔者认为，法学本科教育应该从以下几个方面来应对法律职业资格考试的改革。

一、在日常法学教育与教学中，法学教师要善于将法学理论与司法实践中的案例结合起来。我国正处于法治建设的初级阶段，每段时间都会发生各种各样的热点案件，也出现各种各样的法治热点。法学教师要善于捕捉这些热点，并将这些热点引入日常的教学课堂，以丰富课堂教学的内容，提高学生学习法律的积极性，开拓学生解决实际案例的视野，引导学生提升运用法律和法学理论分析、解决真实案例的能力。学生在学习和思考这些案件的时候，要善于不断地改编案件事实，假设在其他情况下该如何分析，又能得出什么结论。这样，就能不断地训练自己的大脑，形成分析案例的思维模式，加深对法学相关理论的理解和掌握。

二、在课堂教学中，法学教师要引导学生关注和学习中国裁判文书网上公布的各种裁判文书。中国裁判文书网是最高人民法院创办的网站，上面储存着全国各地法院上传的大量裁判文书，每份裁判文书都记载着一个活生生的案件。法学教师在日常课堂教学中，要善于利用这种网络资源，查找与教学相关的各类裁判文书，引导学生去关注、下载和阅读一些具有重大影响案件的裁判文书，学习和思考法官的裁判逻辑和论证模式。这不仅可以从中掌握基本法律文书的写作方法，还能锻炼自己论证法律问题的思维能力。

三、在期末考试中，老师要加大试卷中主观题的比例，提高案例分析题的分值。在法学院期末考试的试卷中，不少老师很喜欢出一些名词解释、简答题和论述题。其实，这些题目更多的是考查学生的记忆能力，难以考查学生对法律的理解、领悟以及运用的能力。因此，在法律职业资格考试的指引下，对期末考试的出题，要更加注重考查学生对案例的分析能力以及对某个重大法律问题的论证能力，加大案例分析题和法律文书题的比例和分值，甚至可以在试卷上附上每道案例分析题或者法律文书题可能涉及的法律条文。

四、在毕业论文的撰写上，要倡导学生撰写真实案例的评析报告。现在法学院的每届毕业生都要参加毕业实习，通过实习了解我国的司法实践。如果能够要求学生在毕业实习阶段注意关注和收集自己所接触到的各种真实的疑难案件，并复制或者摘抄这些案件的各种卷宗材料，包括笔录、起诉书、公诉意见书、辩护词、各种各样的代理词、案件审查报告、合议庭笔录以及各种案件的裁判文书，然后要求他们将这些摘抄的材料带回学校，作为毕业论文的写作素材，让他们根据这些卷宗材料撰写真实案件的评析报告，以替代传统的学术论文的写作，那么，这不仅可以降低论文的重复率，还能让学生更早地熟悉实际案例的分析和解决方式，了解各种法律文书的格式，掌握各种法律文书的写作技能，这对于提高他们在法律职业资格考试中的主观题得分是非常有帮助的。

［发表于《华侨大学报》2018年6月19日第919期第2版教坛广角］

法考考生如何应对主观题考试

2018年是国家司法考试改革为国家统一法律职业资格考试元年，本届法考的客观题考试已于2018年9月22日举行，成绩也于9月27日公布，及格分数为180分。不少同学在微信里晒出他们客观题的成绩，让我感觉到客观题通过率还是比较高的，但法律职业资格考试的难度主要还是体现在主观题上。如果说客观题更多地考查考生对法学基础知识的记忆能力的话，那么，主观题更多的是考查考生运用法律和法学知识解决司法实践问题的能力，更能考查考生的法学功底和写作能力，是一个更具有挑战性的考试。一些学生面对全新的主观题无所适从，不知如何复习，在这里，笔者结合自己的教学经验，谈谈考生应该如何应对接下来的主观题考试。

由于我国法学专家学术研究方向比较专一，而法律职业资格考试的题目大多出自这些专家，这就决定了他们在出题目的时候，出现综合性交叉学科的考试题的概率比较低，民法专家出的考题一般是清一色的民法试题，刑法专家出的考题一般也是那种单纯的刑法试题。其实，法律职业考试的主观题应该邀请更多的司法实务专家参加，他们对司法实务的问题有更多的了解，更知道出题的方向。

从十几年司法考试出题历史来看，主观题一般难以有法学各个交叉学科的考题。例如，民法与民诉考题往往是分开出的，一般不会集中在一个民事案例中；刑法与刑诉考题同样也是分开出的，一般也不会集中在一个刑事案例中。而且，历年的司法考试主观题中，一般也不会出现国际法的主观题。

当然，这并不意味着主观考试题比较简单，那种常规的、一看就知道答案的考题不会出现在这种全国性的统一考试当中。法考的主观题通常都是出那些非常规的，需要考生善于观察和思考、善于运用法律和法学知识进行全面分析的考题。

例如，在刑法试题中，完全可能考查学生是否掌握某个刑法问题可能涉及的各种理论学说，要求考生全面介绍涉及该案例的各种学说，并且结合案例阐述哪种学说更合理、更妥当，并说明理由。这个时候，不仅要求考生熟悉案例中具体包含了哪些可罚的行为以及所涉及犯罪的构成要件，还要熟悉并掌握运用刑法的理论学说来分析和解释这些行为的意义，以及如何追究行为人的刑事责任。

再如，在民法试题中，考生要善于运用法律关系找出当事人的请求权的基础，尤其是如果当事人请求权的基础发生竞合，如何选择才能有利于当事人。还有，民法的具体规则与民法基本原则之间什么关系，在具体案件中如何运用规则与原则来分析案情，并得出妥当的结论。

在诉讼法的考题中，完全可能出现一大堆证据，要求考生根据这些证据来归纳和概括案件事实。这时候，考生就要懂得这些证据之间的顺序，一般是从客观证据到主观证据进行分析，运用证据的客观性和关联性来还原所谓的案件事实。甚至，还可能要求写出判决书或者起诉书，这不仅要求考生懂得证据法的基本知识，还要懂得法律文书的基本格式和写作要求。

在论述题的准备上，每年都是考查依法治国或者司法改革方面的内容，这就要求记忆国家领导人有关依法治国的讲话，了解司法改革的文件，甚至要掌握一些基本的法律格言，才能在论述题中游刃有余。

由于今年是实行法律职业考试的第一年，也是主观题单独考试的第一年，对于在下个月即将到来的主观题考试如何出题，上文仅仅是一种预测，不一定准确。

［发表于《华侨大学报》2018年10月2日第928期第2版教坛广角］

如何拓展刑法分论课堂的广度和深度

刑法典体系包括总则、分则以及附则。刑法总论是研究刑法总则的理论体系，而刑法分论则是研究刑法分则、单行刑法以及附属刑法的理论体系。刑法分则中罪刑规范的逻辑结构是"罪状＋法定刑"，这犹如一张菜单，其中的罪状就如菜单中的菜种（菜名），而法定刑就如菜价，一部刑法典中的分则就如一份以国家的名义向全体国民发布的菜单，使那些试图以身试法的国民能够在犯罪所带来的不法收益与刑罚所给予的痛苦之间做一个明确的选择，这就是罪刑法定所追求的意义之一。

传统刑法教科书在撰写刑法分论时，几乎采用了犯罪构成四大要件的模式，再加上此罪的司法认定，过于强调罪与非罪以及此罪与彼罪的界限，而忽视了各罪之间的竞合问题。在刑法分论的课堂教学中，如果完全按照这种模式，可能会失去课堂的生动性和活泼性。因此，如何拓展刑法分论课堂的广度和深度，是我一直在思考的教学问题。

第一，要善于将刑法的基本立场贯彻到各罪的分析中。在德国、日本刑法学的发展史上，曾经出现过激烈的学派之争。学派之争促使各派学者不断地审视自己的学术立场，检讨自己的理论根基，反思自己的解释结论，从而不断地推动刑法学的发展与繁荣。由于解释者的价值观和立场不同，对刑法条文的解释会出现不同的解释结论。因此，在解释各罪的时候，最好能够结合刑法学派的基本立场。解释者必须将这些不同的学术立场贯彻到各罪的研究中去，并结合我国目前现实的社会生活，思考倾向于哪一种学术立场更加合适，从而增加课堂讲授的深度，提升课堂教学的生动性。

第二，要善于将刑法总论的基本原理融入各罪构成要件的判断中。刑法总则是对分则中各罪的解释进行制约和引导。在我国的许多刑法教科书中，刑法总论与刑法分论的研究经常被人为地割裂开来，这不利于分则中各罪的研究和解释。因此，在讲授刑法分论的时候，最好能够有效地将刑法总论中的一些基本问题与各罪研究结合起来。尤其是要善于发现各罪之间的关系和竞合问题，善于利用想象竞合、法条竞合的原理来处理各罪之间的关系。

第三，要以正义的理念去解释各罪的构成要件。任何一部法典都是有缺陷的，但是解释者要相信立法者在制定法典的时候，都是为了实现某种正义。因此，在解释的时候，解释者心中要怀有正义的理念，将任何一个法条朝着正义的方向进行解释。在解释方法上，要注意法条所处的语境，遵循语篇的原则，采用体系解释和目的解释的方法，词语的意义必须在句子中把握，句子的意义必须在整体的文本中理解，而文本的整体意义又必须通过对组成文本的个别句子、词语的准确理解而得到把握。解释者的目光要不断往返穿梭于部分与整体之间、刑法用语与刑法体系之间以及法律文本与社会生活之间，最终达到对法律概念、规范和精神的准确理解，从而得出最合理的解释结论。

第四，要善于将历年司法考试的刑法真题纳入课堂教学中。司法考试已成为法科毕业生从事正式法律职业必经的门槛。因此，在课堂教学中,必须将司法考试与课堂教学有机地结合起来,使得学生在获得刑法知识的同时,也获得解答司考题目的技巧。例如,我们可以通过引用历年司法考试中的刑法真题,来讲解各罪的构成要件和司法认定。因为这些真题大多可以作为很好的教学案例,通过案例的解析来增加学生对具体各罪的理解,也能引导学生对司法考试的认识。

第五,要善于引导学生对国家立法动态的关注。1997年刑法修订至今,已经先后通过一个单行刑法和八个刑法修正案,这些罪刑规范的补充和修改大大地适应了现实生活的需要。刑法教师要注意引导学生关注国家最新的立法动态,及时更新自己的讲义,将最新的立法信息传递给学生。

[发表于《华侨大学报》2012年11月13日第692期第2版教坛广角]

在考试中加强学生能力考核

2012年，在学校颁发的本科教学改革计划中，要求将课堂教学分为三部分：知识、能力和素质，并要求每个教师在填写教学计划时算出这三部分的权重。可以看出，这一次教学改革旨在加强对学生能力和综合素质的培养，试图改变以往过于单纯注重知识传授的教学模式。但要让这项改革顺利推进，并取得效果，还必须改变期末考试的考核模式，改变传统过于注重对学生纯粹知识性的考核，转为加强对学生能力和素质的考核。

就法学教育而言，由于法学是一门实践性很强的学科，法学教育的主要目的还是在于培养学生对法律规范的领悟力和理解力，提升学生对具体案件事实的分析和概括能力，因为我们培养的学生毕业之后大多还是从事法律实务工作。而要做好法律实务工作，关键还在于是否具备对法律规范的解释能力、理解能力以及对案件事实的概括、归纳、提取的能力，而不在于是否具备超强的记忆能力和背诵能力，因为我们的司法工作人员在办理案件的时候可以查阅相关的刑法条文、司法解释或者法学著作。

与传统过于注重法学知识的传授相适应，在以往的期末考试中，许多教师都喜欢出判断题、名词解释、简答题和论述题。但实践证明，这样的考试并不能考查学生的分析和判断问题的能力，只能考查学生短期的记忆能力，许多学生考完之后，几乎忘记考了什么内容。因此，为了提升学生的这种判断、分析能力，我一直主张在刑法期末考试中大量引入案例分析题和法条分析题，甚至把可能涉及的主要相关刑法条文也附在刑法试卷后面，试图通过这种考试来引导学生对案件事实分析能力的重视。例如在我国台湾地区的相关考试中，就允许考生将"六法全书"带进考场，要求考生对照着"法律"条文来分析现实的案例。

但从这几年批改试卷的情况来看，我发现，大部分学生对这类题型还不是很适应，大多同学还停留在以往期末复习中死记硬背的原始学习阶段。虽然每个案例的案情看起来比较简单，但每个案例背后都隐藏了深刻的刑法理论，如果没有具备一定的刑法领悟力和理解力，就无法全面答好这些题目。许多同学还是简单地去套用刑法条文来解释案例，而不善于运用刑法条文背后的法理来阐释案例，更不敢运用刑法的基本理论对有关司法解释甚至刑法条文进行批评性的解释。学生在答题中普遍缺乏发散性的思维，缺乏体系思考与问题思考相结合的思维能力，思维还是单向度的，其做出的答案就缺乏论证性与逻辑性。

事实上，在解答案例分析题的时候，学生要善于利用构成要件的思维模型来提取、概括、归纳案件事实，然后再将刑法规范与案件事实之间是否相对应作出判断，必要的时候还可以对有关司法解释展开批判性分析。但从改卷的具体情况来看，学生的分数还不是很理想，得分大多比较低，只有个别优秀的学生能够全面、深刻地展开分析而得了比较高的分数。

尽管如此，从考试后学生的反应来看，这样的改革方向应该是正确的。我们只有通过这样的考试，才能真正引导学生对自身规范解释能力和案件概括分析能力的重视与培养，才能全面提升学生的法学分析能力和法律人的素质。

[发表于《华侨大学报》2012年6月19日第680期第2版教坛广角]

刑法教学中如何评定学生的平时成绩

华侨大学法学院本科生的期末考试成绩一般由两部分组成：一部分是期末考试的卷面成绩，占 70%；另一部分是学生的平时成绩，占 30%。其中，平时成绩由任课教师评定，而这部分成绩的高低直接影响着大部分学生的成绩等级，甚至关系到个别学生是否能及格，因此，平时成绩的评定，值得任课教师认真对待。

在刑法教学中，笔者评定学生平时成绩主要依据两部分：一部分是学生平时的出勤率、课堂表现；另一部分是学生的期中和期末作业的完成情况。笔者之所以强调学生的出勤率，主要在于出勤率直接体现了一个学生的学习态度和精神面貌，一个学生如果连平时上课都不能保证，那么，我们很难说他的学习态度是端正的。在学习中，一个人的悟性和智商高低往往是先天注定，无法改变且可以原谅的。但勤能补拙，后天的努力和勤奋往往可以在一定程度上弥补先天的不足，可以不断缩小与优秀学生之间的差距，尤其是在法学等人文社会科学的学习中更是如此。同时，学生完成布置的刑法作业情况也同样可看出一个学生平时的学习态度。

在刑法作业的布置中，笔者根据刑法总论和分论的不同特点，安排了不同的期末作业。一个优秀的法律学人仅仅掌握教科书上的基本知识是远远不够的，还必须在平时阅读大量的课外著作。因此，在刑法总论的教学中，为了让学生能够利用在校期间阅读更多的好书，了解更多的刑法理论，认识更多的刑法学者，笔者曾给学生布置一篇刑法总论方面著作的书评。通过对这些名家名作的阅读，不仅拓展学生的刑法视野，而且通过书评的撰写，还能让学生了解目前刑法学术界的研究动向，掌握刑法学发展的脉搏。

而在刑法分论的教学中，为了让学生能够更好地了解我国的法学期刊，掌握撰写法学学术论文的基本套路，增强学生对我国刑法学研究现状的了解，笔者每次都给学生布置一篇文章评论，要求他们到图书馆期刊室（过刊室）找近三年来法学核心期刊上发表的有关刑法分论的一篇学术论文，并把它复印下来进行阅读，写出自己的读后感。这样做的主要目的在于：一是鼓励学生学会去图书馆查阅期刊资料，了解我国法学核心期刊的出版状况；二是让学生掌握学术论文写作的基本套路，学会运用法律思维去观察、洞察社会问题；三是让学生了解目前刑法学界的研究动态和一些刑法权威学者的姓名以及供职的单位。学生如果不去阅读法学期刊，根本就不知道刑法学界到底在关注什么，更不知道目前刑法学界有哪些权威的学者。

［发表于《华侨大学报》2010年1月5日第583期第2版教坛广角］

法科学生要带着什么去实习

  每年的七月，就会有一批毕业生要走出校门，走上工作岗位，同时，也有一批在校生也要走出校门，去实习单位实习锻炼。其中，法科学生的实习单位大多在法院、检察院和律师事务所。由于制度和条件所限，法科在校生的毕业实习并不能办理案件或者协助办理案件，许多实习生到单位只能帮助法官、检察官和律师做一些辅助性的内勤工作，例如帮助他们装订卷宗、送送传票、旁听庭审等。于是，就有一些学生抱怨：干这些体力活能学到什么知识？我们来实习就是要学到办案的经验和技巧，天天免费做这些没有技术含量的体力活，能有什么意思啊？

  应当说，学生的抱怨有一定的道理。20多年前，当时全国法科学生不多，法科毕业生的实习确实比较正规，许多法学院校都组织安排学生到单位实习，甚至专门派来指导老师带队，与实习学生同吃、同住、同事，实习生在工作中遇到什么法律问题都能够随时找指导老师或者实习单位的师父请教。在这样的实习中，法科学生确实能够很快学到很多书本上没有的知识和经验，那时的毕业实习确实很令人向往和怀念。

  但时代不一样了，随着全国法科学生的扩招，据统计，现在全国在校法科生已超过 40 万人，每年都有十几万法科毕业生，要统一安排和组织学生毕业实习，对任何一个法学院校而言都是一件十分困难的事情。因此，现在许多法学院校的毕业实习都采取"放羊式"，由学生自行联系实习单位，学校也不专门派指导老师。在这种情况下，实习生如何利用有限的时间从实习中获得一些实务经验就显得至关重要。对此，笔者认为，学生在实习中要做到以下四点。

一要抱着学习的心态。学生首先要有一种明确的认识：为什么实习？实习什么？如何实习？只有学生抱着学习的心态去实习，而不是抱着应付学校的教学环节去实习，才能在实习中获得有益的经验和知识。

二要保持良好的形象。在实习中，学生不仅代表着自己，还代表着学校的形象；不仅要获得知识，同时也是要检验一下经过三年的学习，到底学到了多少知识。因此，实习中，要注意保持勤快、吃苦的精神，不管实习单位让你做什么，都不要去抱怨，想想那些到少林寺学习武功的人，也不是一进少林寺就是学习武艺的，而是先被安排挑水、种菜、做饭类的杂活，在这些习以为常的工作中耳濡目染打下武功的基础。只有这样，才能给实习单位留下良好的印象，同时才能维护学校的形象和荣誉。

三要带着观察和思考的精神。在毕业实习中，要充分利用机会，以一个客观法律人的身份，去观察和思考法院、检察院、律师事务所的运作机制。要认识到，即使是装订卷宗，也是能学到知识的。例如，可以利用装订卷宗的机会，研究案件材料，看看起诉书是如何撰写的，要证明一个案件事实成立需要什么证据，思考判决书的裁判结论是如何形成的，法官的合议庭笔录是如何记载的等，这些都是书本上、教室里学不到的知识。

四要持有谦虚的态度。在实习中，经常会遇到一些不明白的法律问题，要虚心向法官、检察官、律师请教。一个法科实习生不要去抱怨说师父没有给你传授什么经验，因为学习都是要靠自己主动的，只有在虚心请教中才能获得知识。

总之，一位法科学生抱着什么心态去实习很重要，如果抱着应付学校的态度去实习，那永远也学不到真东西。当然，在实习中，遵守实习单位的纪律也很重要。

[发表于《华侨大学报》2013年6月4日第716期第2版教坛广角]

第六辑

青春记忆

1995 年：我傻傻地去读大学

今年大学新生开学的日子又要到来了，每次看着一年又一年比我年轻的大学生步入华侨大学校园的时候，我就禁不住回忆起 20 多年前我刚上大学开学的那段日子，都会想起那个时候我读大学的那个傻样。

我是 1995 年 9 月中旬进入西北政法学院（即现在的西北政法大学）就读法律系。那一年的高考，我考得并不理想，因自己家庭比较困难，想着报考一所师专学校，能够尽快出来工作。但在一次偶然的机会，当时的班主任林春源老师得知西北政法学院在福建省增补录取名额的时候，就让我的同桌林玉辉同学打电话通知我赶快来学校补填志愿。

于是，我就来到学校补填了志愿。当时我看到西北政法学院招收的专业中，有法学、经济法学、行政法学等，也不知道这些专业有什么区别或者联系，更不知道这些专业学成之后能够做什么；但当时考虑学校给我们填志愿的表格中，那一栏专业名称的空格非常小，我平时写字又很大，就随意填了"法学"两个字。说实话，我当时对政法以及法学根本就不懂，只是知道我要去那里学习法律，但对于什么是法律，也没有什么感觉和认识。

现在想起来，我非常感谢当时的班主任林春源老师和林玉辉同学，是他们的一个电话，改变了我的一生。我也非常庆幸当初报考了西北政法学院，而且还是进入该校历史最为悠久、师资力量最为雄厚、学生人数最多的第一大系——法律系学习。

当时真的没有想到，入学仅过了两年，1997年党的十五大就提出了依法治国，建设社会主义法治国家的伟大战略，并写进了宪法，更没有想到二十多年后的今天，中央更是在全面推进依法治国，将法治建设提升为治国理政的基本方略。我真的很庆幸自己能够赶上了法治建设的好时代和新时代，能够让我一辈子以法律为职业，从事我热爱的法学教育与研究工作，从事让我充满热情的刑事辩护工作。

那是我第一次出远门，而且是第一次一个人乘飞机。尽管我家境贫寒，但家里有一直关心我成长的叔叔和婶婶慷慨解囊，不仅给我购买了去西安的飞机票，还给我提供学费，使得我有机会第一次乘坐飞机从厦门直飞西安，减少了很多舟车劳顿之苦。记得当时我哥哥带着我到厦门高崎国际机场坐飞机，那也是我第一次去厦门，第一次这么近距离地接触机场和飞机，所以，一切都感到十分的陌生和新奇，甚至自己连航班号也看不懂，更不懂得如何登机，差一点错过了登机的时间。最后，在机场工作人员的帮助下，他们用调度车将我送到飞机的舷梯。

经过两个多小时的飞行，我记得是晚上11点才到了西安咸阳国际机场，出了机场，由于是晚上，根本分不清东西南北，也不知道西北政法学院在哪里。于是，我只好在机场出口处随便叫了一辆出租车。上车之后，我就告诉司机说要到西北政法学院，当时没有现在发达的导航系统和西安绕城高速，开夜车的司机对路况也不太熟悉，司机只能开着汽车一边走，一边询问学校的位置。最后，凌晨

第六辑　青春记忆

一点多，我才来到了西北政法学院的大门。当时趁着夜色，看了一下学校大门，发现学校的大门很四方、高大、威严，看着那块用舒同体写的校名，我知道，这就是我将在这里学习和生活四年的大学。

我问了一下门口的保安，在哪里可以住一晚上，保安说，要去外教楼，并且给我指了指方向，于是，我就一个人拖着行李到了外教楼。到了前台办入住手续的时候，前台的服务员告诉我，已经没有房间了，只能和别人合住，我说行，那就合住吧，反正第二天办了入学手续，就可以住宿舍了。

我办好入住手续之后发现，已经入住的那个人也来自福州，他是送他儿子来读书的，一看见是来自福建的老乡，显得格外地亲切。第二天，一个学长模样的小伙子来见这位福州老乡，当他得知我也是从福建来报到的，并且得知我是读法律系的，就非常热情地接待我，带着我去学校的报到处报到，帮我办理了全部手续。记得在报到处遇到了我们的班长毕家亮同学，当他知道我也是95级四班的同学之后，很热情地帮我提行李，并和学长一起带着我去学校后面的宿舍办理入住。这位学长就是我们法律系93级的师兄杨锦嵩，一位对我大学生活有诸多关照的师兄。那天晚上和我住同一个房间的福州人是当时来读刚刚成立不久的法律外语系林昌龙的父亲。

当时我对这所学校一无所知，我就跟在杨师兄和毕家亮同学后面，让他们带着我熟悉学校的每个角落。当我走在校园里的时候，感觉学校还是蛮大的，起码比我就读的安溪一中还大，而且学校中央还有一个南方少见的足球场。尽管家乡的天气还很闷热，但当时的西安已经开始转凉了。与南方四季如春的校园不同，这所学校内的梧桐树已经开始掉叶子，显得有点秋意。

入住宿舍之后，当时已经先来报到的同学，好像是辅导员事先安排的临时班干部来宿舍看望我。可以看出，他们对学校已经非常熟悉。在那种远离故乡，容易想家的日子里，同学们的到来给我莫大的温暖。尽管当时入住的是学校条件最差的四合院平房，但当我想起这一次来之不易的读书机会，想起自己贫寒的家境，我就感到十分知足。这几位同学中就有班长毕家亮、副班长郝鹏涛以及团支部书记孙茜。

到了第二天，全班同学都到齐之后，当时辅导员侯红梅老师组织召开了第一次班会，让每个同学自我介绍。由于我出生在闽南，从小到大，平时都是讲闽南话，一下子面对着那么多来自全国各地的同学，要让我讲普通话，我感觉很困难。但是，没有办法，只好鼓足勇气用闽南普通话自我介绍。

我记得我说，我来自福建安溪，我们家乡盛产铁观音，因为铁观音是名茶，一说铁观音，相信大家就知道了。尽管，我已经费了很大的劲，用自己认为已经很标准的闽南普通话作了自我介绍，但大多数同学还是没有听懂我说的话，以至于班会结束之后，好多同学过来问我叫什么名字？来自哪里？现在想起来真是不好意思。

于是，在后来的日子里，我也是努力看着人家说普通话的嘴型，学着苦练北方人说普通话的翘舌和卷舌等，但至今仍没有掌握，仍说着一口浓重闽南口音的普通话。尽管后来去中国人民大学读了三年研究生，自己的普通话水平略有提高，没有想到最后还是回到自己家乡泉州工作，我的普通话又回到了原来的水平，以至于每次见到同学，同学们都会笑着对我说："你的普通话又退步了。"

[发表于《法治周末》2018年9月11日法学院版]

生死与共的研究生时代

2000年9月,我考入中国人民大学法学院成为刑法专业硕士研究生,2003年7月毕业后回到家乡的一所大学——华侨大学法学院任教。回想起二十多年前那次重要的人生选择,追忆起研究生时代的许多往事,我深感幸运,为自己能够有机会到中国这所法学最高殿堂研习刑法而骄傲,也为自己能够在这里结识许多法学名家和来自全国各地的优秀学子而感到幸福。那一段日子是我人生当中最值得珍惜和怀念的美好时光。

一、共患难的那一刻

我们刑法专业的硕士研究生共有16人,其中,男生11个,女生5个。

2002年4月20日星期六,那一天注定是一个令我们终生难忘的日子,我们刑法班有15个同学结伴前往北京郊区的密云县春游。中午11点多钟,我们一行人乘车到了密云县城,受到了当时一位在密云县国防科工委工作的人民大学法学院校友郭双全同学的热情接待。他既是我班上许多同学大学时代的同学,也是我的一位安溪老乡,平时交往比较多,他经常在周末来学校找我,我与他结下了深厚的友谊。

吃完午饭之后,我们乘坐两辆"松花江"牌的小面包车,兴致高昂地前往密云水库。在车上,有的同学在说笑,有的同学在打盹,但万万没有想到,一场突如其来的灾难从天而降。当时,我们的面包车走的是上坡路,在某一个拐弯处,突然有一辆北京首汽集团的大客车迎面而来,强大的撞击力不仅把我们的小面包车撞翻了,而且还撞扁了。我当时眼前一黑,晕倒过去,什么都不知道了。当我醒来的时候,才发现自己已经躺在了密云县医院,看到的是我的另外一位已经醒来的同学默默地半躺在病床上。此时,我才意识到我们刚刚遭遇了一场特别重大的恶性交通事故。在半昏半醒的时候,我迷迷糊糊地听到了两个医生在我们身边议论道:"这两个小子命够大的!"听到这话,我当时就预感到,可能有我的同学在这场事故中离开了我们。

当天晚上,我和那位醒来的同学被两辆救护车紧急送往北京军区总医院接受治疗。救护车在马路上一路鸣笛,一路奔走,真的没有想到,我的人生中是在这种情况下第一次乘坐救护车。到了北京军区总医院的时候,医院马上安排医生给我缝好已经裂开的上唇。在缝线的过程中,开始陆续有中国人民大学的刑法老师和同学来看望我们。我一边在接受缝合,一边听他们的介绍。此时,我才知道,我们乘坐那辆小面包车的八个人中,已经有四个人永远离我们而去,即我的两位研究生同学、那位安溪老乡以及司机,而我则是四位幸存者之一。我们四位幸存者被紧急送往北京市区的三家医院接受治疗。在随后后事的处理中,人民大学法学院在密云县殡仪馆为我那两位研究生同学举办了两场隆重的追悼仪式,虽然我的手也骨折了,但还能走路,我就特别交代我同学,追悼会那一天,一定带着我去参加,我要送那两位同学最后一程。

二十多年过去了，我仍然清晰地记得，在那两次追悼会上，人民大学法学院的领导、刑法教研室的全体老师、我们刑法专业的其他同学以及这两位同学生前的同学好友，共有300多人参加了追悼会，大家都表达了对两位同学深深的哀思。当我看到我那两位同学家属几近昏厥的场面，我不禁痛哭流涕，悲痛万分，我能想象他们失去至亲骨肉的悲痛心情。如今，在我的内心深处，我一直在默默地为他们祈福！

二、见真情的那一段

在事故发生后的几个月里，我和其他三位受伤的同学就一直在北京三家不同的医院分别接受治疗。在那段最艰苦也是最难熬的日子里，正是法学院的老师们给了我们许许多多的鼓励、支持和帮助，正是我那些热情而又善良的同学帮助我们度过艰难的时光。

在刚刚开始的一个月时间里，每天中午，我们四位在医院接受治疗的同学都能喝到同学轮流为我们炖好的骨头汤，都能收到来自老师、同学和朋友送来的鲜花。在那段时间里，尽管其他同学都有着繁重的学业，但他们一直坚持每天给我们炖骨头汤，每次都安排三个人同学兵分三路送到医院来，风雨无阻，坚持不懈。要知道，偌大的北京城，他们都要先搭坐公交车，再转乘地铁，然后再乘公交车，每次都要转乘好几种交通工具，尽管这样辛苦，这么麻烦，他们仍然坚持了一个多月，以至于我都能摸出他们送汤的规律来。有一天，我告诉在同一个医院的同学说：今天，肯定是某某同学送汤来。结果还真的是那位同学送汤来。此时，我在想，他们每天都要上课，肯定都有值日安排表。

后来，当我出院之后回到宿舍，看到我同学的桌上放着一张写满同学姓名的值日表时（上面写着哪天谁买骨头，谁负责炖，谁负责送），我感动得流下了泪水。在那段最艰难的日子里，正是以杨丹为班长的同学们无微不至地关心和安排，正是他们天天不辞辛苦地送汤，才让我们的身体恢复得那么快，也让我们在苦难当中享受幸福的时刻，在最脆弱的时候感到同学们真诚的情意。

至今仍令我感到温馨和幸福的是我刚住院的时候，一度非常苦闷和寂寞，有三位细心而又贴心的民商法专业的女同学：蒋桂芝、陈艳、王云，她们为了让我在医院里面有一个好心情，共同出资为我购买了一台收音机，让我在医院里能够随时收听广播。我一直非常感谢这三位女同学无私的关爱，尽管我们不是同一个专业的，但彼此之间都非常熟悉和友好，她们对我的关心我将终生铭记。

三、要感恩的那些人

2003年四五月份之后，随着研究生毕业日子的一天一天临近，我当时在想，我们应该通过什么方式来记载和怀念我们曾经一起走过的风雨同舟的日子，怎么纪念我们三年真挚而又伟大的友谊，应该怎么感谢和感恩这些曾经帮助过我们的老师和同学。经过与同学的探讨，我们一致决定编辑一本毕业纪念册，将我们曾经经历的往事一一写入这本纪念册。那段时间，北京正值"非典"，但仍然有不少同学留在了校园，耐心地等待着毕业答辩，等待着毕业日子的到来。

在那段日子里，我和其他同学都非常认真地编辑着这本纪念册，我们当时就表示，一定要让这本毕业纪念册成为每位同学的传家宝，让我们的子孙后代知道，我们曾经在人民大学法学院这所非常温馨的法学殿堂中学习和生活过，让他们知道，我们在这里结识了许许多多可亲可敬的老师和同学，让他们知道，我们曾经经历的苦难以及在苦难中结下的彼此关心的伟大情谊。

对于我个人而言，我也一直想通过自己的行动来感谢同学曾经对我的帮助和关心。当时在校园内，有一家专门销售法律书的书店，平时我经常去那里看书买书，与老板非常熟悉。在毕业前夕，我看到许多同学都在打包行李，我就找那位书店老板借了一把打包机，并购买了两捆打包带，回到我们这一年级居住的研究生宿舍楼，为同学们一一免费打包。

我至今仍清楚地记得，当时我一个肩膀扛着打包机，一个肩膀套着两捆打包带，走到二楼的女生宿舍，挨个宿舍叫喊："谁要打包，免费打包。"当时有不少女生打开宿舍门，探出头，让我去帮她们打包。我也不知道当时为多少女生打了多少包，反正两捆包装袋都用完了。因为这些女同学，在我们患难的时候，在繁重的学业之余，经常去医院看望我们，关心我们，我一直心存感恩，总觉得在毕业前夕，自己应该为她们做点什么，如果不在毕业前夕为她们做点什么，恐怕以后再也没有回报、表达感恩之情的机会了。

研究生毕业已经20多年了，我的3位好同学、好朋友——赵飞、李兆涛、郭双全也已走了23年了。此时此刻，我在内心深处更加强烈地怀念他们，不知道他们在天堂过得还好吗？

日本著名刑法学家山中敬一教授武大讲学记

我于 2007—2011 年在武汉大学法学院攻读刑法学博士学位，师从我国著名的刑法学家马克昌先生。我很珍惜年过三十还有机会来到这所美丽的大学读书，更珍惜能够有机会得到令人尊敬的马先生的耳提面命。在读博士期间，听了不少来自日本、德国以及我国台湾地区著名刑法学家的讲座，每场讲座，我都会认认真真听讲，仔仔细细记录，并根据事后的回忆或者翻译稿进行补充整理。本文写于 2009 年，是我在武汉大学法学院听日本刑法学家山中敬一教授关于犯罪论体系的一则日记，现在发布出来，以飨读者，并以此追忆在马先生门下求学的幸福时光。

山中敬一，1947 年生，是日本刑法学家，关西大学教授。2009 年 5 月 18 日上午 8 点半，在武汉大学法学院 120 学术报告厅举行了日本著名的刑法学家山中敬一教授任武汉大学客座教授的聘任仪式与学术报告会。山中教授演讲的题目是"刑法中犯罪论的现代意义"。讲座结束后，还举行了山中先生受聘武汉大学客座教授的仪式，马先生和武大副校长吴俊培教授以及其他有关部门的老师也出席了报告会。

在报告中，山中教授首先介绍了德日通说三阶段的犯罪成立要件理论（犯罪论体系），从日本社会和国家观变迁的角度描述了日本在"二战"前后犯罪观的变化，介绍了现代社会与刑法机能的关系，指出了在现代系统社会（体系社会）中刑法所应该发挥的机能。他认为，现代社会是一个高度风险的社会，许多公害犯罪。例如，恐怖组织犯罪、环境污染、交通事故的频发，要求刑法作出及时的反应，这种反应在日本刑法中就是要求处罚早期化，刑罚的处罚不再局限于实害犯，还包括对一些严重的危险犯进行处罚，才能有效地展开对这些犯罪的斗争，保护社会共同体的安全。这也就对传统的犯罪论体系提出了许多挑战，需要对传统的犯罪论体系进行适当的改造，这些改造包括构成要件符合性、违法性和有责性。

为此，山中先生在讲座中提出了以刑事政策的目的为导向的机能主义犯罪论，即规范体系的机能主义犯罪论。他认为在构成要件符合性的判断上，要从罪刑法定入手，并在宪法上判断处罚某一行为是否具有适当正确的适正处罚原则；在违法论的判断上，坚持"优越利益"原则；在有责方面的判断上，考虑刑罚目的等因素的"可罚的责任论"。他认为该体系重要的特征，首先可以列举出作为刑罚论的犯罪的事后预防观点。但这种立场并非通过扩大处罚范围、使处罚早期化以及严罚化来实现刑法对犯罪的有效预防，而是最大限度地尊重国民的自由与权利或自我决定权，在一旦实施了犯罪后，通过事后整理再社会化的条件等，采用刑罚来进行犯罪的事后处理。即刑法作为行为规范具有犯罪的事前预防机能；作为制裁规范又具备对已经实施的犯罪进行事后处理这一机能。事后处理具有恢复对法律的信赖这种机能，也意味着积极的一般预防。然而，科处刑罚还会进一步实现特别预防（消极的）和一般预防的机能（事后预防）。

由此，应当在受宪法的价值判断指导的整体的规范论体系中，构想能达到上述刑法目的的合理的、机能的犯罪论体系。在这一指导理念之下，就要求通过经验科学和事例群的分析来制作类型学的下位基准，据此展开规范与事实考察相融合的解释学。经验科学的机能主义，是以预防犯罪为主要着眼点，力图有效地预防犯罪为立场。与此相对，我们在考虑调和与之相对抗的宪法上价值的实现，在构筑犯罪论这一点上，与过去的机能主义有很大的区别。

接着，山中先生从罪刑法定主义的角度深入探讨了构成要件符合性的判断问题，指出了明确性原则与实体的正当程序理论在构成要件符合性判断上的重要意义，并通过日本的一些案件和地方授权立法阐释了罪刑法定主义原则视野中要坚持的"合宪的限定解释"。在违法论领域，山中教授指出了违法的统一性与相对性，认为在维持违法性判断的统一性的同时，从刑事违法的观点力图对其加以限定的可罚的违法性的构想，既满足法秩序的统一性又考虑谦抑主义的见解。作为刑法上的政治表现活动而行使权利时，即使它的形态未必合法，但通过对两者的利益衡量，认为行使宪法上的权利更为优先时，就能够作为欠缺可罚的违法性的情况而不加以处罚。

在责任论领域，山中教授提出了规范体系的机能主义的责任论，认为应设想责任的概念在实体上发挥限定刑罚机能的同时，在其限度内还应从合目的的观点来发挥刑罚限定机能。责任概念为了实现这两个目的可分为两类。一类是"行为状况正常时"的通常的"规范责任"，另一类是"行为状况异常时"的"可罚的责任"。认为在体系社会中的责任论，处罚个人并非预防犯罪的唯一有效手段。更重要的是要建立和充实刑法以外的预防犯罪手段以及处理纠纷的和处理事后的机构。刑法虽然是判断能否追究被告人责任的制度，但在现代社会中，抑制犯罪的对策如果仅仅只通过依靠非正式的社会约束力也达不到规范的预防，同时当然要避免因为社会责任的委托，行为者的替罪羊化的处罚。反之如果没有这样替代手段的建立与展开，抑制刑罚的主张也不会被社会接纳。作为结束这种恶性循环的社会政策，预防犯罪必须实现被害恢复或事后处理政策。

在结尾部分，山中先生认为，在这种"体系社会"中，在尊重个人的自由与自己决定权的同时，从犯罪的事前预防和事后处理的观点出发，考虑刑法作为行为规范与制裁规范的意义，认定犯罪的体系是重要的。从这种指导理念出发，构想协调预防犯罪和保障人权，将以宪法为基准的规范的价值纳入在内的犯罪论。这就是"规范体系的机能主义"的刑法理论。

2009 年 5 月 19 日上午 9 点，为了让学生近距离地接触这位日本著名的刑法学家，武汉大学刑事法研究中心还专门安排了山中先生与老师、学生的座谈会。座谈会开始前，法学院的老师就鼓励大家要有提问的勇气，要珍惜向刑法大家学习的机会。座谈会一开始，由于大家可能担心自己的问题比较幼稚，都不敢提问，面面相觑。这个时候，主持讲座的莫老师把第一个提问的机会让给我，这让我受宠若惊。而我准备的问题则是与我博士论文的题目"客观处罚条件研究"有关，于是，我就斗胆地问了这样一个问题："在德国、日本刑法中，一些个别的犯罪要受到处罚，除了具备犯罪成立要件以外，还必须具备一定的条件，这些条件在犯罪论体系中的地位存在着各种各样的学说。请问山中教授，在您的犯罪论体系中，您认为这些条件与犯罪成立条件到底是什么关系，其在犯罪论体系中处于什么样的地位？"

山中先生非常耐心仔细地回答了这个问题，他说，在日本的通说仍然是刑罚发动条件，与犯罪成立没有关系，但是现在日本的有力学说是要将这些条件消解在犯罪成立条件中，但他不赞同这种观点。他还介绍道：最近有日本的判例，将这些条件是否成就作为判断违法性阻却事由，条件成就了，就阻却违法，条件不成就，就不阻却违法。他还举例日本刑法中的虚假破产罪和名誉损害罪的规定加以说明，并现场举了一个例子，例如，有人说他的论文存在着许多错误，这个行为是否需要处罚，关键是看他说的是否真实。由于是否真实是事后判断（法院裁定时）的，所以与故意认识无关，但是如果事先有权威专家说，这个是真实的，就可以认为是一种违法阻却事由。但他最后说，关于这个问题，即使在日本刑法学界，也是存在着不少争论，还鼓励我好好思考这个问题，争取把论文写好。

在现场担任协助翻译的台湾地区学者陈子平教授也对我说，这个问题争论比较大，我有发挥空间，并鼓励我好好思考并论述好这个问题。这样，山中教授对我问题的解答估计用了10多分钟，让我对该问题有了进一步的了解。接下来，还有其他老师和同学提问，其中有一个人问道，最近这几年，日本刑法研究的热点有哪些，日本的刑法学研究出现了哪些趋势。山中教授回答说，在日本不存在什么热点问题，每个刑法学者都研究着自己感兴趣的问题，而且都比较喜欢研究一些小问题，不像有些德国学者喜欢研究那些宏大论题。还有一个学生问道，在客观归属理论中不断增加了许多实质性的东西，而客观归属理论本身又是构成要件领域中的问题，这样，构成要件本身就不断被实质化，这与中国大陆平面的四要件的犯罪构成理论有什么差别？山中教授承认日本刑法中的构成要件确实不断被实质化，在说到中国的"犯罪构成四要件"时，他不是很明白，现场翻译的陈家林老师给他介绍了四要件的内容，即犯罪客体、犯罪客观方面、犯罪主体和犯罪主观方面。山中教授马上条件反射似的提出这样一个令大家觉得非常有意思的问题：那第二个阶段呢？陈家林老师给他解释说，没有啦，符合四个要件就犯罪成立。

从山中先生的表情，我们可以看出，习惯于三个阶段判断的他肯定感到非常惊讶：怎么会这样呢？怎么判断一个行为构成犯罪一次性判断就完了呢？这就是刑法理论的差异，他实在不明白我们的犯罪构成理论，怎么这么简单就可以得出是否犯罪的结论。这个小细节给大家都留下了非常深刻的印象，大家都会心地一笑。在下午陈子平教授的讲座中，再次提到了这个细节。在后来的提问中，提到了消极预防和积极预防的关系，提到了采用欺骗手段占有不法给付是否构成诈骗罪，提到了处罚过失行为所造成的危险是否会导致处罚的扩大化？提到了银行的存款到底是谁占有？如果有人错误地往某个人的账户上汇款，这笔汇款是谁占有？等等。

据现场翻译的陈家林老师介绍道，此前，他也曾问过山中先生，许霆的案件在日本如何处理？山中教授说，在日本，这种行为肯定构成犯罪，如果不能认定为盗窃罪，也要认定为侵占脱离占有物罪。他认为，在日本，机器不能被骗处于通说的地位。其中，有一个学生用非常流利的日语问了不纯正不作为犯罪与罪刑法定之间的关系，不仅给山中教授留下了深刻的印象，也给现场的师生留下了深刻的印象。

时间很快就到上午11点半了。每次提问，不管是问什么问题，山中教授都非常耐心地给予解释，显示出了一个大刑法学家谦逊平易的风范，也给大家提供了一顿非常丰盛的精神美餐，这种和刑法大家近距离交流的机会，在我人生中也留下了不可磨灭的记忆。

当时我刚好从网络上获悉，2008年司法考试的辅导教材刑法部分全部要采用三阶段的犯罪论体系。这个消息传出后，有人惊喜，有人担忧。惊喜的是，我国平面的四个构成要件的体系总算就这样被"替代"了，一些学者研究的目的实现了；担忧的是，司法人员怎么掌握这么抽象的理论？三阶段的犯罪成立要件本身在德国、日本也是存在着这样或者那样的问题，我们为什么要移植呢？这个犯罪论体系真的能够有效地保障人权吗？而且，推翻一个理论体系，还会涉及其背后的法治文化与观念，对于司法人员而言，要重新学习和掌握，面对的挑战也是巨大的。

在我看来，德日三阶段的犯罪论体系确实存在着许多问题，但是，这些问题经过学者的研究，可以在体系内不断得到完善，日益焕发出青春的活力，而且，这个经过一百多年，多少学者殚精竭虑研究完善的体系，能够在今天的德国、日本以及其他一些大陆法系的国家和地区长期存在，这就说明他的生命力。德日的犯罪体系，虽然本身也是存在着各种问题，但是这些问题都是体系内部的一些小问题，他们从来没有动摇过整体的三阶段的犯罪论体系（不法与责任的区分），在其内部，每次问题出现后，都有一种新的理论体系替代他，例如，行为理论的更替，过失论的发展以及因果关系学说，从而使三阶段的犯罪论体系顽强地发展到今天，而且其内容不断丰富，体系不断完善。

但这并不意味着我们国家就要采用这个体系。其实，从三阶段犯罪论体系中，第一个构成要件的不断被实质化，也开始证明我们国家实质性的犯罪构成也是有其内在的合理性。我们完全可以通过适当的改造来完善我们国家的犯罪论体系，例如，有学者所主张的，将正当化行为中的各类正当化事由分别消解在犯罪客观方面和犯罪主观方面中，根本没有必要推倒重来。

在我和马克昌先生的交谈中，先生也是对"推翻重来"的设想保持一种非常谨慎的态度。在先生看来，一个国家的刑法能否真正保障人权，与犯罪论体系没有必然联系，而是与该国家的性质和刑法的性质有着必然的联系。如果是一个极权独裁的国家，哪怕采取了三阶段的犯罪论体系，也无益于人权的保障。先生还举例说，德国希特勒时期的刑法，其犯罪论体系也是采取三阶段体系，但是仍然无法阻挡希特勒对犹太人以及其他民族的屠杀,仍然无助于对这些国民的人权保障。反过来,如果是一个民主、法治、自由的国家,即使采用了平面的四个构成要件体系,也仍然能够有效地保障人权。因此,要有效地保障人权,不要纠缠于犯罪论体系构造之争,而是应该努力把我们国家真正建设成一个民主、法治、自由的国家,努力通过法治学说的引进和介绍,以改变一些当权者的观念。如果一些当权者没有树立人权保障的观念,即使采取了三阶段的犯罪论体系,践踏人权的事件仍然会不时出现,冤假错案仍然会时而发生。

先生此言真是一语中的,道出了国家的性质和刑法的本质才是保障人权的根本,国家性质和刑法的性质如果没有改变,再好的犯罪论体系也无助于人权的保障。先生的这种认识,发现了刑法的根本,指明了人权保障的方向。我非常相信这种判断:即使日后真的采用了三阶段的犯罪论体系,如果我们的一些办案人员没有在心中真正树立起人权保障的理念,而是满脑子只有惩罚打击犯罪的观念,那么,不管采取什么犯罪论体系都难以发挥人权保障的作用。

深切怀念我的刑辩启蒙老师李明律师

2002年,福建天衡联合律师事务所决定在泉州开设分所,由李明律师出任主任。而我与天衡的结缘是在2004年。2003年7月,我从中国人民大学硕士研究生毕业之后来华侨大学法学院任教,当时与我同一个办公室的骆旭旭老师经常给我讲许多有关李明的传奇经历,说李律师是福建刑辩界"三李一黄"中的"一李"。听完之后,我就充满了对李明律师的景仰,很想马上见见这位律师界的传奇人物,于是,在骆老师的推荐下,我很快就加入福建天衡联合律师事务所泉州分所,决定拜他为师,学习刑事辩护的经验和技巧。

我还记得,在此期间,我和骆旭旭老师还邀请李明律师来华侨大学给我们学生讲授刑事辩护。当时由于经费有限,法学院才给他300元,至今想起来都觉得很惭愧,很对不起他。那次李律师讲得相当精彩,讲了很多他的刑事辩护的经历以及办过的一些有趣案件。虽然过去20年了,许多内容已经想不起来了,但他讲到律师与法官、检察官的关系应该是"要沟通而不要勾结,要交流而不要交易"已经成为我从事律师职业的职业准则,也是我律师人生的一句座右铭。2014年11月2日,我受福建省律师协会的邀请,为全省200多位执业不满3年的青年律师讲刑事辩护的时候,我还在引用这句话，还在强调律师与法官、检察官的这种良性关系。

李明主任对我的到来很欢迎，很快就安排我和他一起办理一起发生在泉州土地巷的故意杀人案。那时我刚刚出道，连看守所也没有去过，也不知道怎么做笔录，于是，李律师手把手教我。后来案件到了泉州市检察院，他亲自阅卷，然后，由我拿去复印。卷宗印回来之后，他认真看完之后，又拿给我看了一遍，并给我口授本案可以辩护的要点。我根据他的要点撰写辩护词。

开庭那天，我拿着辩护词给他，他看了一下，我还想会得到他的表扬，并且他可能会按照我的辩护词在法庭上宣读一下，但没有想到，他根本就不需要我写的辩护词，而是根据自己的辩护思路，完全脱稿发言。那是我第一次见到李明作为一名律师的法庭风采，辩护思路清晰，逻辑结构严谨，语言表达铿锵有力，慷慨陈词，声如洪钟，顿时，整个法庭犹如他的课堂，所有的人都认真安静地在听他讲课。当时，我对他佩服得五体投地，对他的才华、知识以及刑事辩护的经验和技巧也加深了认识。直到今天，我自己出庭发表法庭辩论意见也基本上是脱稿发言，这样才能吸引法官的注意和受到重视。

我在天衡期间，每次所里开会，只要学校没有课，我基本上都会去，为的是聆听他的发言，他对律师的管理、对律师执业以及对刑事辩护都有着自己一套独特的看法，这些见解都深深影响了我。最令我感动，也是我一辈子不会忘记的是，2006年3月3日晚，我在泉州航空酒店举行婚礼，当时已经被查出身体有问题的他，还亲自开车从厦门赶来参加我的婚礼。要知道，当时我在律师事务所也仅仅是一名小律师，但他却对我如此关照和关心，怎能不令我感动呢？此后，尽管他身体状况开始恶化，但他仍坚持一边办案，一边治疗。直到最后身体实在不行了，才慢慢放弃他所钟爱的刑事辩护事业。其间，他对人生始终保持了十分乐观的态度，可以说是笑对人生。

在他的身体被查出有问题之后，他的许多同学都知道了这个不好的消息，但大家也不会过多地说什么，都是在内心默默地祝福他。记得有一次在律所开会，我听到他说起自己在北京的经历：他在北京的同学见到他之后，眼神很异样，他自己马上意识到什么，于是幽默起来说："我还没死呢，我是人，不是鬼，不要这么看我啊！"（大意如此）与会者听完，心情格外沉重。他知道自己来日不多了，但始终看得比较淡，也没有怨天尤人。我还记得他曾经说过："我虽然命不是很长，但我做过的事情，赚过的钱，经历过的人生等，比一些长寿的人不知道多多少！"（大意如此）

他在厦门住院期间，我和以前的天衡同事去医院看望他。他是一个很讲究形象的人，也是一个十分爱面子的人。当时病已经非常严重了，身体很消瘦，可以说，整个人的形象已再无往日神采。但为了能够给我们这些同事留下一个美好的印象和形象，他交代他侄子告诉我们，先不要进病房，他先收拾一下！

事实上，他平时对自己要求都很严格，每次律所开会，他从不迟到，每次都是他先坐在主持人位置上等大家来开会，每次出庭都穿得很整齐，笔挺的西装，雪白的衬衣，鲜艳的领带，黑亮的皮鞋。同时，也要求我们每次出庭时一定要穿正装或者穿律师袍（根据季节），以显示出我们这个律师行业整体的职业形象。李明律师一直坚持穿律师袍出庭的习惯深刻地影响了我。迄今为止，我仍保留和坚持了这个习惯，并把这个习惯传递给我的徒弟黄华强律师，要求他出庭一定坚持穿律师袍而不要在乎他人有没有穿。

2010年11月21日上午，我带着我的学生去爬校园的后山，忽然接到同事发来的短信：李大走了！我顿时都不知道该说什么，虽然，我也知道会有这一天的到来,但似乎也来得太突然了,往日和他一起办案的情景历历在目,他妙语连珠的发言在耳畔萦绕!

在李明律师出殡的那天,我也去厦门参加了。当我看到他穿着笔直的西装,戴着鲜艳的红领带,静静地躺在那里,我的泪水不由自主地流了下来,我点了三根香,跪在地上,给他祭拜,这也算是最后给他行弟子之礼!全省听过李律师的课的人肯定不少,受过李律师影响的律师也不少,受过李律师帮助的人更是不少,因此,那天有很多人都来给李律师送行。

如今十多年过去了,但李明律师以往对我的教诲和关心,一直影响着我,他对刑辩事业的那份热爱、执着和激情,也一直在激励着我。他是我刑辩的启蒙老师,值得我终身怀念!

海峡两岸法学交流的点滴故事

2016年2月25日至8月23日,我受学校公派到台北大学犯罪学研究所进行为期半年的访学生涯。在访学期间,利用台湾地区尤其是台北市充分的学术资源,参加了不少学术会议,认识了不少台湾的学者和法官、检察官、警察。例如,2016年4月16日,参加由台北大学犯罪学研究所、财团法人台湾更生保护会联合主办的第二届两岸社区矫正与犯罪问题论坛;5月2日,参加由高雄大学法学院主办的第七届两岸刑事法制暨财经法律国家学术研讨会;5月10日,参加由东吴大学法学院主办的第二届两岸刑事法论坛等。通过参加这些学术研讨会,不仅可以了解台湾同行对犯罪和刑法问题的最新研究动态,观察到台湾在犯罪预防、法治建设等方面的最新状况,也加强了自己与台湾法学界、司法界的交流与合作。其中,有两个故事可以看成是海峡两岸法学交流的一个小注脚和小插曲,希望能成为海峡两岸法学交流小小的佳话。

2016年4月1日,我到台北"自由广场"对面的"国家图书馆"参观,并赠送了拙作《客观处罚条件研究》(社会科学文献出版社2015年版)两册,该图书馆给我出具了一张收据,并盖着该图书馆的印章。这张收据写得文绉绉的,颇有中国古文之风,让我越发感慨，中华传统文化在台湾的扎根和生命力。收据内容如下：

> 敬啟者：頃承，惠贈佳籍，至紉高誼。業經拜收登錄，即可編目珍藏，供眾閱覽。謹肅蕪箋，藉申謝忱。"國家圖書館"敬啟。

在台湾访学期间，我得到了台湾高等法院检察署一级检察官张熙怀先生等诸多台湾朋友的关照，从他们身上了解了不少台湾地区司法和法治建设的最新动向。因司法院与"台湾高等法院"、"台湾高等法院检察署"同在司法大厦上班，张熙怀先生与"司法院"的领导和"大法官"都很熟悉，曾经介绍我拜见"司法院"副院长苏永钦先生，简单的交流之后，苏院长还赠送我一条领带。此外，还拜访了陈新民法官和黄茂荣法官，临走的时候，陈新民法官赠送我好几本台湾的刑事诉讼法著作和他的著作《公法学札记》。黄茂荣法官还宴请我和武汉大学法学院的黄启辉老师，为我们介绍了台湾司法的一些新情况，让我增加了对台湾司法的了解。感谢他们对我在台湾访学的诸多关照。回到大陆后，我向法学院院长请示后，专门去信邀请陈新民法官卸任之后担任法学院的客座教授，陈新民法官收到我的去信之后，很乐意接受了我们法学院的邀请。

为了让大陆的朋友更加全面地了解台湾地区的法律和法治建设，我曾经为大陆的朋友代购 124 本新学林出版社出版的《综合小六法》，张熙怀先生知道后，曾经建议说，如果需要《小六法》，可以找"司法院"要，他们每年都印刷不少《简明小六法》，每年许多参观"司法院"的法学院师生，"司法院"都会惠赠《简明小六法》作为纪念，让我试一试找他们要。但我在台湾访学期间始终没有勇气开这个口。

2016 年 9 月 22 日，张熙怀先生应我们法学院的邀请，来泉州参加由我们学校主办的"东亚司法改革前沿问题国际研讨会"（日方参加者主要有日本桐荫横滨大学法学院的教授、横滨律师），并给我们法学院的师生开了一场讲座，介绍了台湾检察制度的变迁与现状。

在泉州期间，张熙怀先生再次鼓励我向"司法院"要《简明小六法》100本，可以发给学生作为教学辅助材料，并用繁体字帮我修改了一封给"司法院"院长赖浩敏先生的请求信。9月28日，我将这封用繁体字写成的请求信与有华侨大学标志的书签及拙作《法律的断章》一书通过EMS快递给赖浩敏先生，信件内容如下：

令人尊敬的赖院长兼大法官：

您好！在您日理万机，百忙之中，冒昧致函，深表歉意！期盼，海涵见谅之！

后学吴情树现任位于福建省泉州市的华侨大学法学院副教授，曾于2016年2月25日—8月23日，在台北大学犯罪学研究所担任访问学者。在台湾访学期间，进一步研习"六法全书"，也拜访过陈新民、黄茂荣两位"大法官"。从法学专业角度而论，深感六法全书条理清晰、严谨实用，其立法理由、框架、内容、条文等诸多元素，编排科学，令人赞许，诚乃大陆法学理论与司法实务发展过程之对照橱窗，学习标杆。大陆地区的立法与司法实务，可以有效借鉴台湾地区的有效做法。

海峡两岸，闽台两地，同文同种，情同一家，两地在文化信仰、风俗习惯、民族思维、经贸发展及社会变迁，如出一辙。当下大陆正在推进依法治国，建设法治国家，台湾地区的立法与司法实务经验可资裨益，以彰显法纪，保障人权，并促进两岸法学的交流与发展。

1960年华侨大学建校以来，一直秉承"会通中外，并育德才"之校训，招收海外华侨子弟和台湾地区学子无数。晚近，世界局势不变，南洋东协各国华人后裔，进入本校就读法律者，为数不少，学子毕业返国后，为当地的政治、社会、经贸、教育等发展做出杰出贡献。

后学从台访学交流回闽，时而在课堂上与同学们分享台湾之司法体制，讲述海峡两岸"法律"之差异所在，以及台湾法律之特征及优异，来自东南亚，包括香港、澳门地区的学子，对台湾法律之规定，兴趣盎然，非常向往，只可惜他们因欠缺台湾的"法律条文"手册，难窥台湾法律之全貌，遗憾之。

后学在台湾访学之际，得悉"司法院"接待各级学校师生，观览宪法法庭及一般法庭实务运作，倡导法律，认识法治，此外，为期向下扎根，援例慨赠师生们由贵院所编撰的《简明小六法》一本，普及法律，弘扬法治。

后学思筹再三，鼓起勇气，向院长诚挚商请，冀求"司法院"能赠予华侨大学法学院《简明小六法》100本，作为教学辅助教材，让本校的法律教学更加多元化，并藉以广传台湾法律于课堂，促进两岸法律之共进。如能遂愿，我院师生不胜感激！

顺祝秋安，盼复！

后学：吴情树敬上
2016年9月28日孔子诞辰日

当我将这封信寄出之后，本来是不抱很大的希望，觉得人家"司法院"院长很忙，且赖院长将于10月底卸任，不一定会给我回信并惠寄《简明小六法》。但是，令我喜出望外的是，10月21日，我收到了赖浩敏先生的回信和 10 本《简明小六法》。信件内容如下：

> 情樹副教授惠鑒：來函誦悉。承贈大作《法律的斷章》1 冊，謹致謝忱。教授盡心盡力推動兩岸法學教育及研究之精神，浩敏深表敬佩。關於所詢能否致贈本院編印之《簡明小六法》100 本乙節，鑒於本院目前庫存不足，無法提供所需數量；然為支持教授為學研究之熱忱，謹致贈 10 本《簡明小六法》，盼於促進兩岸司法交流有所助益，有負所請，尚望諒解。顒複，順候秋祺。

感谢赖浩敏先生的回信和赠书，欢迎赖浩敏先生在卸任"司法院"院长之后能够来华侨大学法学院讲学指导。那天，我收到这些书后，已经全部将其置放在华侨大学图书馆港澳台阅览室和法学院七楼图书馆，供各位同学和读者阅览，希望各位同学在写作论文的时候，如果有引用到台湾地区的法律条文，不要再采取那种懒惰的间接引用方式，而是能够尽量去核实和核对法律条文，完整理解台湾地区法律的真义。当然，台湾地区的立法非常活跃，每年都制定和修改大量的法律，因此，在引用台湾地区的法律条文时，更要去关注台湾地区立法的最新动态。

总之，海峡两岸虽然政治制度不同、生活方式不同，但在法治建设的愿景和目标上都是一样的，都是为了维护社会公平正义，保障每一个公民的人权。因此，海峡两岸在法学教育、法学研究以及司法、法治建设上要多交流和合作，携手并进，共同推动中华法治水平的提高，造福海峡两岸的中国人民，共同为世界法学作出中国人应有的贡献。

后　记

这段时间，我正在追《人生之路》这部电视剧（部分取材改编于路遥先生中篇小说《人生》），它书写了时代机遇与人生抉择的相互成就，相互支撑，让人感慨每个人的发展都离不开时代，跳不出时代的大舞台，是时代变迁搭建了每个人发展的舞台，而每个人的发展反过来又推动着这个时代不断向前发展。

自从我于2013年出版《法律的断章》开始，至今已有十年了。在这十年中，我国的法治建设取得了巨大的进步，"全面依法治国，建设社会主义法治国家"的理念已经深入人心，成为这个新时代发展的最强音之一。在国家法治建设过程中，我们每个法律人既是观察者，又是见证者，更是参与者和亲历者。感谢全面依法治国的新时代，为我们每个法律人书写自己的精彩人生提供了一个大舞台。如果说《法律的断章》是我作为法治建设时代的观察者、见证者的产物，那么，这本《法律的续章》则更多是我作为法治建设新时代的参与者、亲历者的思考成果。

2010年年底，我在华侨大学晋升为副教授，次年年底在武汉大学法学院完成学业，获得了刑法学博士学位。从那时起，我就想学以致用，把自己对刑事法治的理想付诸司法实践，以刑事个案来推动中国刑事司法的点滴进步。于是，我开始有意识地接受一些比较有争议、有难度的刑事案件当事人的委托，担任他们的辩护人，参与刑事司法的过程。一方面可以极大地丰富我在刑法教学中的实战素材，另一方面又可以缓解我的一些经济压力。

十年来，我辩护的案件已近两百件，其中，不乏有一些成功辩护的案件。每次看到当事人因我的介入和辩护，我的辩护意见能够被办案机关所采纳，让那些无罪人的不受法律追究，有罪的人能够得到法律的公正对待，我的内心都会由衷地高兴，身为执业律师为生命和自由而辩的那种职业自豪感油然而生。

说来惭愧，十多年前，我还没有真正办理过多少刑事案件，司法实践经验有限，每次给公检法的办案人员或者律师事务所律师讲课的时候，对司法实践问题不乏纸上谈兵，内心不免战战兢兢。但是，经过这十多年来司法实践的磨炼，我了解了当下司法实践存在的一些问题，发现了公检法和律师事务所的办案人员的一些想法，知道了他们办案的难处在哪里。因此，现在每次当我在给任何一家公检法、监委的办案人员或者律师事务所律师培训讲课的时候，我发现已然没有十多年前上课时的那种胆怯，更多的是一份从容和自信。

这十年中，我将自己对中国法治建设的沉思、司法实践的观察、刑法问题的见解、社会热点的评议、执教刑法的心得等付诸文字，陆续上传到我实名制新浪微博或者微信公号"清源论法"。其中一些文章发表在《检察日报》《法治日报》《人民法院报》等国家级报纸上，本书也选择收录了几篇。在此，首先要感谢《检察日报》的陈章、刘卉等编辑，《法治日报》的薛洪涛编辑以及《人民法院报》的屠少萌编辑，正是他们的信任和辛苦编辑，才使得本书中的不少文章已经被读者所熟知。还要感谢《华侨大学报》的编辑张为健。《华侨大学报》是华侨大学自主创办的具有CN刊号公开发行的报纸，每次国家法治建设有什么重大文件需要解读的时候，他就会第一时间邀请我撰写相关评论文章。自从我于2004年在这份报纸发表第一篇文章以来，20年间先后发表了近50篇关于法治建设和法学教育、教学的短文。

2019年3月，北京市京师（泉州）律师事务所获批成立，2019年7月正式投入营业。我于2019年12月底加盟北京市京师（泉州）律师事务所，成为该所的一名兼职律师。这是泉州地区一家比较年轻的律师事务所，这里的"年轻"不仅是指律师事务所成立的时间比较晚，更主要是指其是一家主要由年轻人"自我管理、自我经营"的律师事务所。像我这样年纪的律师，在律师事务所都算"老同志"了。律师事务所决策层和管理层大多是80后出生的年轻人，他们有理想、有才华、有担当。律所管委会主任杨嘉文律师提出律师事务所管理的"沙滩理论"在这里得到了淋漓尽致的演绎和展现，吸引了众多年轻律师纷纷加盟，许多年轻律师得以在京师泉州所这片广阔的"沙滩"上尽情地施展自己的才华和抱负，努力地追求和实现自己的律师梦想。例如，律师事务所党支部书记许侃侃律师带领的业尊团队更是京师泉州所最强的支柱之一。这是一个主要由80后、90后的年轻律师组成的专业团队，也是京师泉州所最优秀的团队之一。这个团队的律师不仅年轻能干，勤奋好学，还具有很强的协同理念和作战精神，我与他们一起办案，感到十分默契快乐。感谢业尊团队对本书出版提供的特别支持。

十年来，"一路走来，一路读"，人生之路不容易，正是这种不容易，让我懂得更加珍惜生命中遇到的一群陪伴者。感谢我一路上遇到的各位相识相知的良师益友；感谢我的学生经常在刑法教学中提出的一些问题，促使我保持学习思考的状态，感谢华侨大学法学院院长刘超教授在百忙之中拨冗为本书作序,为本书增色不少;感谢知识产权出版社庞从容的编辑团队辛苦而又专业的编辑;感谢北京市京师(泉州)律师事务所和华侨大学法学院对本书出版提供的资助;感谢我的家人对我学习和工作的支持。他们都是我人生中的贵人和恩人,值得我永远心存感恩!

2023 年 4 月 2 日谨记于泉州